Gisela Haupt

KREATIVE BUCHFÜHRUNG

Wie Sie als Kaufmann alle gesetzlichen Möglichkeiten ausschöpfen können

SÜDWEST

Inhalt

Keine langweilige Zahlenauflisterei, sondern wertvolle Hilfe

Der Begriff »Buchführung« bereitet vielen zunächst Kopf- und Bauchschmerzen. Denn je fremder einem die Materie anfangs ist, desto mehr erscheint sie als eine langweilige, trockene und zudem komplizierte und pingelige Arbeit, die mancher zudem auch noch als überflüssig erachtet. Aber was soll's: Buchführung ist für Freiberufler und gewerbliche Unternehmer nicht nur wichtig, sondern sogar gesetzlich vorgeschrieben. Und so beugen sich viele eher notgedrungen diesem Übel.

Gesetzlich vorgeschrieben

Wer sich erst einmal damit beschäftigt und gelernt hat, die Zahlen zu lesen und Auswertungen zu verstehen, wird ganz schnell den positiven Nutzen erkennen und die Zahlentabellen als wertvolle Hilfe schätzen lernen.

Und diese Erfahrung machen früher oder später nicht nur Unternehmer, sondern praktisch alle, die Geld zu verwalten haben – auch als Privatperson, egal, ob bei der Verwaltung der Haushaltskasse oder vielleicht einer kleinen vermieteten Wohnung.

Versuchen Sie deshalb zunächst, sich von allen bösen Vorurteilen im Hinblick auf die Buchführung zu befreien. Denn hierbei handelt es sich nicht um eine von Finanz- oder anderen Ämtern erfundene Folter, sondern um ein wichtiges Hilfsmittel für diejenigen, die mit Geld umzugehen haben und dabei den Überblick behalten wollen.

Wichtiges Hilfsmittel

So ist es zu erklären, dass die Grundlagen der heutigen Buchführung bereits im 14. Jahrhundert gelegt wurden. Damals »erfand« der Franziskanermönch Luca Pacioli das System der doppelten Buchführung. Diese Grundtechnik wurde aufgrund der fortschreitenden wirtschaftlichen Entwicklung verfeinert und später von staatlicher Seite durch

Buchführungs- und Bilanzierungsbestimmungen vereinheitlicht. Und sie ist unerlässlich für die Ermittlung von Besteuerungsgrundlagen. Denn wenn die fehlen, erfolgt eine Schätzung durch das Finanzamt. Und die ist noch nie vorteilhaft ausgefallen …

Buchführung als Organisationshilfe und Planungsinstrument

Also ohne Vorurteile: Eine Finanzbuchführung ist immer dann sinnvoll, wenn Geld vorhanden ist, das verwaltet werden muss; im privaten ebenso wie im geschäftlichen Bereich. Die Buchführung hält jede Geldbewegung fest. Alle Geldeingänge und -ausgaben werden zeitlich geordnet in einzelnen Buchungen erfasst. Dieses Verfahren bringt Übersichtlichkeit und Transparenz in die finanziellen Verhältnisse.

Woher kommt das Geld und wohin fließt es

Die Buchführung zeigt Ihnen auf einen Blick, woher die Geldeingänge kommen und wofür in welcher Höhe die -ausgaben erfolgen.

Zusätzlich erhalten Sie Informationen darüber, ob Sie in einer bestimmten Buchungsperiode gut gewirtschaftet haben. Dies trifft dann zu, wenn Sie am Ende eines bestimmten Zeitraumes noch Geld übrig haben, also weniger ausgegeben haben, als Geld vorhanden war.

Nun wird jeder Buchführungskritiker einwenden, dass er dies auch durch einen Blick in die Geldbörse ermitteln könne. Stimmt. Aber besser als die plötzliche Feststellung, dass kein Geld mehr im Portemonnaie ist, wäre ja ein möglichst frühzeitiger Hinweis darauf, dass sich in der Kasse die finanzielle Schwindsucht ausbreitet. Und genau diese Frühdiagnose ist mit der Buchführung möglich: Sie werden rechtzeitig auf drohende Finanzlücken aufmerksam gemacht und behalten im Auge, wann von wem wieder Geld kommen müsste bzw. wann weniger dringende Zahlungen aufgeschoben werden sollten. Und das gilt für Geschäftsleute

Finanzlücken rechtzeitig erkennen

ebenso wie für Privatpersonen. Das beste Beispiel für eine private Buchhaltung ist übrigens das Haushaltsbuch.

Auch Arbeitnehmer, die viele berufliche Ausgaben (Werbungskosten) zu tragen haben, sollten diese schriftlich und lückenlos erfassen. Es verschafft ihnen nicht nur Überblick, sondern erleichtert ihnen auch die Erstellung der jährlichen Einkommensteuererklärung. Denn mit Buchführung wird es künftig nicht mehr passieren, dass ein wertvoller Ausgabenbeleg vergessen und Geld ans Finanzamt verschenkt wird.

Kein Geld ans Finanzamt verschenken

Und clevere Vermieter erstellen für jedes vermietete Objekt eine gesonderte Buchführung. So kann jede vermietete Einheit als »Profitcenter« separat betrachtet werden. Sie erhalten einen Überblick, welches Objekt »sich rechnet« oder wo sie mit Mieterhöhungen oder Einsparungen nachhelfen müssen. Außerdem erleichtert die getrennte Erfassung der Einnahmen und Ausgaben ebenfalls die Erstellung der Steuererklärung.

Buchführung mit Computerprogrammen

Endlose Zahlenkolonnen und bergeweise Zettelwirtschaft – viele dieser Schrecken hat die Buchführung dadurch verloren, dass es schon seit Jahren eine Unzahl von Computerprogrammen für PC-Buchführung gibt; gute und schlechte, teure und billige – wobei gut noch lange nicht teuer heißen muss. Gerade bei der Arbeit mit solchen Programmen aber werden Sie allein mit dem jeweiligen Programmhandbuch kaum weiterkommen. Denn da wird meistens nur beschrieben, wie gebucht werden muss – aber was zu buchen ist und welche Gestaltungsmöglichkeiten bei den einzelnen Buchungsvorfällen möglich sind, darüber können die meisten Handbücher keine Auskunft geben. Gerade solche Hinweise aber sind interessant für steuerliche Gestaltungen. Deshalb werden Sie in diesem Buch zahlreiche Hinweise finden, die gerade für die Arbeit mit PC-Programmen interessant sind.

Gewusst wie und warum

Empfehlungen für einzelne Programme möchte ich jedoch nicht aussprechen, da man seine Wahl nach den individuellen Erfordernissen treffen sollte. Dazu finden Sie in diesem

Buch (siehe Seite 15 ff. und 43 ff.) wichtige Hinweise. Unbedingt aber sollten Sie sich im guten Fachhandel die unterschiedlichen Arbeitsmasken vorführen lassen. Denn was der eine als hilfreich empfindet, erscheint dem anderen verwirrend. Und auf gar keinen Fall sollten Sie bei einem Buchführungsprogramm die Katze im Sack kaufen, also Software anwenden, die Sie sich nicht vorher auf dem Bildschirm anschauen konnten.

Was ich Ihnen in diesem Buch zeige, bezeichnet man normalerweise als Finanz- oder Geschäftsbuchführung. Unternehmer, die Personal beschäftigen, führen außerdem oft noch eine gesonderte Lohnbuchhaltung, auf die ich allerdings nicht detailliert eingehe, weil sie den Rahmen sprengen würde. Ich habe mich stattdessen auf die Hinweise konzentriert, mit denen Unternehmer nicht nur die Buchführung selbst, sondern aus deren Ergebnissen sie auch einen Jahresabschluss erstellen können. Und das gilt ebenso für nicht abschlusspflichtige Privatpersonen oder z. B. Freiberufler, Unternehmer, die freiwillig eine Buchführung erstellen. Dabei wurde das Buch so aufgebaut, dass Sie es nicht zwingend von vorn nach hinten »durchlesen« müssen. Wer sich nur für bestimmte Schwerpunkte interessiert, wird feststellen, dass auch jedes einzelne Kapitel für sich allein verständlich ist.

Buchführung und Jahresabschluss

Ein wenig eigene Kreativität ist allenfalls im Hinblick auf steuerlich vorteilhafte Gestaltungsmöglichkeiten noch gefordert. Denn ich kann zwar Anregungen für nutzbringende Buchungen und Ansätze geben – aber natürlich kann (weil darf) ich Sie nicht zur Steuerhinterziehung oder zu anderen strafbaren Manipulationen auffordern. Dies aber ist gar nicht nötig. Denn wer die Möglichkeiten kennt und berücksichtigt, was eindeutig verboten ist und von Betriebsprüfern mit Argusaugen kontrolliert wird, dem erschließt sich wie von selbst, wo sich die Grauzone der Gestaltung eröffnet.

Möglichkeiten erkennen

Schon deshalb bin ich mir sicher, dass Sie mit diesem Buch nicht nur den Nutzen der Buchführung erkennen, sondern auch die Möglichkeiten.

Die Autorin

Was ist Buchführung?

Betriebliches Rechnungswesen

Aufgabe der Buchführung ist die lückenlose, zeitlich geordnete sowie nachprüfbare schriftliche Erfassung aller Geschäftsvorfälle. Sie ist damit ein Teil des betrieblichen Rechnungswesens, das sich in folgende Teilgebiete gliedert:

1. Buchführung und Bilanz
- Buchführung
- Inventar
- Jahresabschluss

2. Kosten- und Leistungsrechnung
- Betriebsabrechnung (kalkulatorische Buchführung)
- Selbstkostenrechnung (Kostenträger-Stückrechnung)

3. Statistik- und Vergleichsrechnung
- Auswertung der Buchführungsdaten

4. Planungsrechnung
- Erfassung betrieblicher und außerbetrieblicher Daten zur Berechnung und Erstellung von Prognosen

Die Informationen aus den genannten Teilbereichen des betrieblichen Rechnungswesens gehen in das betriebliche Controlling ein, das zu den wichtigsten Fachbereichen eines Unternehmens gehört.

Controlling

Das Controlling benötigt die Informationen aus dem betrieblichen Rechnungswesen, um eine ergebnisorientierte Unternehmensplanung, -steuerung und -überwachung durchführen zu können.

Bilanz

Die Buchführung nimmt deshalb eine zentrale Stellung innerhalb des Rechnungswesens ein, weil hier alle Geldbewegungen (Zugänge und Abgänge) in chronologischer Reihenfolge festgehalten werden. Sie dokumentiert genau, wofür der Unternehmer Geld ausgegeben hat. Die Daten der Buchführung bilden die Grundlage für den Jahresabschluss (Bilanz mit Gewinn-und-Verlust-Rechnung oder Einnahmen-Überschuss-Rechnung).

Dem Unternehmer gibt die Buchführung Informationen über Vermögens-, Finanz- und Ertragslage.
Da jeder Unternehmer auch Steuerschuldner ist, liefert die Buchhaltung außerdem die wichtigsten Daten für verschiedene Steuerarten.

⚡ Blitzübersicht: In- und externe Aufgaben der Buchführung

Die Buchführung übernimmt **interne** Informations- und Dokumentationsaufgaben für

↓

Betriebsinhaber, Gesellschafter, Geschäftsführer

↓

und gibt Auskunft:

- Über Finanz-, Liquiditäts- und Ertragslage
- Über Vermögen und Schulden
- Über finanzielle Änderungen gegenüber der Vergangenheit
- Für Statistik und Planungsrechnungen sowie betriebliches Controlling

Informations- und Dokumentationsaufgaben

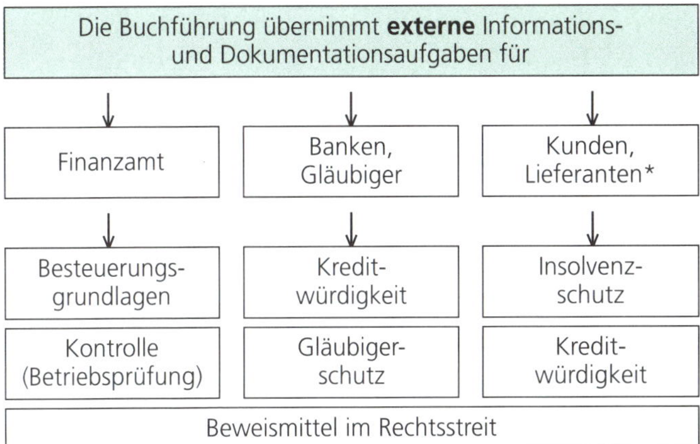

* betrifft nur Großunternehmen, die zur Veröffentlichung interner Daten verpflichtet sind (Publizitätspflicht)

Was müssen Sie über Buchhaltung, Bilanzen und Abschlüsse wissen?

Die Aufzeichnungen Ihrer Einnahmen und Ausgaben dürfen nicht wahllos erfolgen, sondern müssen in eine bestimmte vorgeschriebene Form gebracht werden.

Die Buchführung hat neben der Dokumentations-, Kontroll- und Dispositionsaufgabe auch die Aufgabe der Ermittlung des wirtschaftlichen Erfolges eines Unternehmens. Sie ist außerdem Berechnungsgrundlage für alle steuerlichen Erhebungen.

Ermittlung der Wirtschaftlichkeit

Hierbei handelt es sich um alle Geschäftsvorfälle, die schriftlich bzw. computerunterstützt regelmäßig festgehalten werden, um eine Feststellung der Besteuerungsgrundlagen für die einzelnen Steuerarten zu ermöglichen. Die Feststellung dieser Daten erfolgt in Form der Buchführung, aus der der Jahresabschluss erstellt wird. Aus dem Jahresabschluss ergibt sich dann entweder ein Gewinn oder ein Verlust.

Der Unternehmensgewinn oder -verlust wird jeweils nach den handelsrechtlichen Grundsätzen ordnungsgemäßer Buchführung ermittelt. Es sind jedoch nicht alle Unternehmer zur Buchführung verpflichtet. Die meisten werden aber schon für die eigene Betriebsplanung freiwillig eine Buchhaltung erstellen.

Wer ist buchführungs- und abschlusspflichtig?

Es gibt Unternehmen, die gesetzlich zur Buchführung und somit gleichzeitig zur Erstellung eines Jahresabschlusses verpflichtet sind. Dies ergibt sich sowohl aus steuerrechtlichen (§§ 140 und 141 AO) wie aus handelsrechtlichen Vorschriften (§ 238 sowie §§ 1, 2, 3 und 6 HGB). Nach §§ 140 und 141 AO gilt eine Buchführungs- und Abschlusspflicht für:

Vorschriften

- Kaufleute aufgrund § 140 AO (das sind u. a. Versicherungsunternehmen, Banken, Genossenschaften, Kapitalgesellschaften, z. B. oHG, KG, GmbH)
- Gewerbliche Unternehmer, die nicht Kaufleute sind, sowie Land- und Forstwirte, die folgende Kriterien erreichen bzw. überschreiten:

Größenmerkmale

- Jahresumsatz einschließlich der steuerfreien Umsätze über 500.000 DM
- Selbst bewirtschaftete land- und forstwirtschaftliche Flächen mit einem Wirtschaftswert über 40.000 DM
- Gewinn aus Gewerbebetrieb über jährlich 48.000 DM
- Gewinn aus Land- und Forstwirtschaft über jährlich 48.000 DM

Achtung: Schon wenn nur eines der vorgenannten Größenmerkmale erreicht wird, tritt die Buchführungs- und Abschlusspflicht ein.

Wird keines der Größenmerkmale mehr erreicht, so endet die Buchführungs- und Abschlusspflicht mit Ablauf des Wirtschaftsjahres, das auf das Kalenderjahr folgt, in dem festgestellt wurde, dass die Buchführungsgrenzen nicht mehr überschritten werden.

Beispiel: *Erfolgt die Feststellung im Januar, so endet die Buchführungs- und Abschlusspflicht also erst mit dem Dezember des Folgejahres.*

Folgende Personen sind von der Buchführungs- und Abschlusspflicht befreit:

Nichtkaufmann

- Nicht als Kaufmann ins Handelsregister eingetragene Gewerbetreibende (geänderte HGB-Vorschriften), sonstige Gewerbetreibende und Land- bzw. Forstwirte unterhalb der Größenmerkmale nach § 141 AO (siehe oben)

Freiberufler

- Freiberufler nach § 18 EStG, die nicht gewerblich tätig sind, also z. B. Ärzte, Rechtsanwälte, Steuerberater, Notare, Architekten, Heilpraktiker, Psychologen, Journalisten usw.

Diese Unternehmergruppen können jedoch eine Buchhaltung führen. Sie haben beim Jahresabschluss die Wahl zwischen einer Bilanz mit Gewinn-und-Verlust-Rechnung nach § 5 EStG oder einer Einnahmen-Überschuss-Rechnung nach

§ 4 Abs. 3 EStG. Auch bei der Einnahmen-Überschuss-Rechnung sind jedoch gewisse Aufzeichnungspflichten zu beachten, auf die ich noch näher eingehe (siehe Seite 32 f.).

Neben diesen steuerrechtlichen Vorschriften verpflichtet § 238 HGB jeden im Handelsregister eingetragenen Kaufmann zur Buchführung. Für nicht im Handelsregister eingetragene Kleingewerbetreibende entfällt diese Verpflichtung nur, solange sie nicht freiwillig die Kaufmannseigenschaft durch Eintragung ins Handelsregister erwerben.

Wie lange muss eine Buchhaltung erstellt werden?

Monatlich oder vierteljährlich

Eine monatlich oder vierteljährlich geführte Buchführung muss ab der Gründung eines Unternehmens bzw. der Betriebsübernahme bis zum Verkauf oder der Liquidation des Unternehmens erstellt werden.

Die Buchführung als Grundlage für verschiedene Steuerarten

Aus dem Zahlenwerk der Finanzbuchführung wird der Jahresabschluss erstellt. Er ist Grundlage für die verschiedenen Steuerarten, mit denen ein Unternehmer sich herumärgern muss. Oft entsteht ein Rechtsstreit über die Höhe der vom Finanzamt festgesetzten Steuern, dann dient eine ordnungsgemäß erstellte Finanzbuchführung als Beweismittel im Besteuerungsverfahren.

Die Buchführung ist Besteuerungsgrundlage für folgende Steuerarten (siehe auch Seite 148 ff.):

1. Umsatzsteuer

Jahreserklärung und Vorauszahlungen

Bemessungsgrundlage für die Umsatzsteuerschuld sind die Entgelte (Einnahmen) zuzüglich des Eigenverbrauchs und abzüglich der vorsteuerbelasteten Betriebsausgaben. Neben der Umsatzsteuer-Jahreserklärung werden auch monatliche oder vierteljährliche Umsatzsteuervorauszahlungen angefordert, was dann eine monatliche oder vierteljährliche Buchführung nötig macht. Die Abgabefrist endet z. Zt. am jeweils zehnten Kalendertag nach Ablauf:

- Eines Monats, wenn die Jahressteuerschuld des Vorjahres über 12.000 DM lag
- Eines Monats auf Antrag, wenn der Vorsteuerüberschuss des Vorjahres über 12.000 DM lag
- Eines Vierteljahres, wenn die Jahressteuerschuld des Vorjahres zwischen 1.000 DM 12.000 DM lag

Die Abgabefrist entspricht der der Jahressteuererklärung, wenn die Steuerschuld für das Vorjahr nicht über 1.000 DM lag.

2. Einkommensteuer

Bemessungsgrundlage ist hauptsächlich der Gewinn oder Verlust des Einzelunternehmers (zuzüglich eventueller weiterer Einkünfte), der sich aus dem Jahresabschluss ergibt.

Einzelunternehmen

3. Körperschaftsteuer

Bemessungsgrundlage ist hauptsächlich der Gewinn oder Verlust der Kapitalgesellschaft, der sich aus dem Jahresabschluss ergibt.

Kapitalgesellschaft

4. Gewerbeertragsteuer

Bemessungsgrundlage ist der Gewerbeertrag (Gewinn) aus dem Jahresabschluss zuzüglich Hinzurechnungen sowie abzüglich Kürzungen.

Für jede Buchhaltung gelten dieselben Grundsätze

Eine Buchführung darf nicht wahllos erfolgen, also einem selbst erdachten System folgen, sondern sie muss nach den Grundsätzen ordnungsmäßiger Buchführung (GoB) vorgenommen werden. Die GoB legen fest, nach welchen Regeln die Buchungsverfahren erfolgen müssen, damit sie einen objektiven Aussage- und Beweiswert haben.

Es hat nicht jeder sein eigenes System

§ 238 Abs. 1 und 2 HGB besagt:

- Jeder Kaufmann ist verpflichtet, Bücher zu führen und in diesen seine Handelsgeschäfte und die Lage seines Vermögens nach den Grundsätzen ordnungsmäßiger Buchführung ersichtlich zu machen.

- Die Buchführung muss so sein, dass sie einem sachverständigen Dritten in einer angemessenen Zeit einen Überblick über die Lage des Unternehmens vermitteln kann.
- Die Geschäftsvorfälle müssen sich in ihrer Entstehung und Abwicklung verfolgen lassen.
- Der Kaufmann ist verpflichtet, eine mit der Urschrift übereinstimmende Wiedergabe der abgesandten Handelsbriefe (Kopie, Datenträger) zurückzubehalten.

Lebende Sprache

Nach § 239 Abs. 1–4 HGB muss sich der Kaufmann bei der Führung von Handelsbüchern und bei den sonst erforderlichen Aufzeichnungen einer »lebenden Sprache« bedienen.

- Werden Abkürzungen, Ziffern oder Symbole verwendet, muss im Einzelfall deren Bedeutung eindeutig festliegen.
- Die Eintragungen in Büchern und die sonst erforderlichen Aufzeichnungen müssen vollständig, richtig, zeitgerecht und geordnet vorgenommen werden.
- Eine Eintragung oder eine Aufzeichnung darf nicht in einer Weise verändert werden, dass der ursprüngliche Inhalt nicht mehr feststellbar ist. Auch solche Veränderungen dürfen nicht vorgenommen werden, deren Beschaffenheit es ungewiss lässt, ob sie ursprünglich oder erst später gemacht worden sind.

Korrekturen

Wichtig für die Benutzer vom Computerprogrammen zur Buchführung

Die Handelsbücher und die weiter erforderlichen Aufzeichnungen können auch in der geordneten Ablage von Belegen bestehen oder auf Datenträgern geführt werden, soweit diese Formen der Buchführung einschließlich des dabei angewandten Verfahrens den Grundsätzen ordnungsmäßiger Buchführung entsprechen. Bei der Führung der Handelsbücher und der sonst erforderlichen Aufzeichnungen auf Datenträgern muss insbesondere sichergestellt sein, dass die Daten während der Dauer der Aufbewahrungsfrist verfügbar sind und jederzeit innerhalb angemessener Frist lesbar gemacht werden können.

Neben diesen gesetzlichen Vorschriften gibt es aber noch weitere Anforderungen, die eine ordentliche Buchführung erfüllen muss.

Grundsätze der formellen Richtigkeit

- Keine Buchung ohne Beleg! Es darf nur gebucht werden, was durch Rechnung, Quittung oder Eigenbeleg belegt werden kann.
- Die Geschäftsvorfälle müssen vollständig, richtig und sachlich geordnet festgehalten werden.
- Die Belege sollten nummeriert werden.
- Belege und Buchungen sollen nicht durch Radieren, Überschreiben oder Löschen verändert werden.
- Erforderliche Korrekturen sollen als Stornobuchungen ausgeführt werden.
- Wenn auf Belegen etwas durchgestrichen wird, dann muss der Vorgang trotzdem immer noch leserlich und nachvollziehbar bleiben.

Ordentliche Belege

Grundsätze der zeitlichen Abfolge

- Alle Buchungen müssen grundsätzlich zeitnah und fortlaufend erfolgen.
- Kassenbücher sind täglich zu führen.

Grundsatz der Klarheit und der Übersichtlichkeit

- Alle Buchungen müssen klar und übersichtlich sein, damit sich auch ein sachverständiger Dritter innerhalb einer angemessenen Zeit einen Überblick verschaffen kann.

Grundsatz der Vollständigkeit

- Alle Belege müssen lückenlos gebucht werden.

Grundsätze der materiellen Richtigkeit

- Die gebuchten Geschäftsvorfälle müssen ihrem tatsächlichen Inhalt entsprechen.
- Rechnungsbeträge dürfen nicht auf- oder abgerundet werden.

Nichts auf- oder abrunden

Grundsätze der periodengerechten Abgrenzung

- Die Buchungen müssen für den Zeitraum erfolgen, zu dem sie wirtschaftlich gehören.
- Einnahmen oder Ausgaben dürfen generell nicht verschoben werden.

Nach diesen materiellen und formellen Voraussetzungen muss eine Finanzbuchführung erstellt werden, die folgende Inhalte hat:

- Belegsammlung und Belegführung
- Laufende Buchführung
- Bilanz
- Gewinn-und-Verlust-Rechnung

Ungünstige Schätzungen

Achtung: Erst wenn alle genannten Grundsätze erfüllt sind, dient die Buchführung als Beweismittel in Besteuerungsverfahren (§ 158 AO).
Fehlt jedoch die formelle Ordnungsmäßigkeit der Buchführung und kann das Finanzamt diesen Vorwurf begründen, darf es die Besteuerungsgrundlagen nach § 162 AO schätzen – meistens geschieht das zu Ungunsten des Steuerpflichtigen.

Möglichkeiten und Kosten der Buchhaltungserstellung

Die Form der Buchführung kann frei gewählt werden, wobei sich die elektronische Datenverarbeitung aus Rationalisierungsgründen durchgesetzt hat.

Alle Belege werden kontiert

Der Buchhalter muss die Geschäftsvorfälle jedoch trotzdem vorher kontieren, also die Buchungssätze auf den Belegen bzw. Bankauszügen notieren. Diese vorkontierten Belege bzw. Buchungslisten werden dann üblicherweise in den Computer eingegeben.

Wichtig für die Benutzer vom Computerprogrammen zur Buchführung

Die Grundsätze ordnungsmäßiger Speicherbuchführung (GoS) ergänzen die GoBs. Die Buchführung auf Datenträgern muss wie eine manuelle Buchhaltung nachprüfbar und während der Aufbewahrungsfrist verfügbar und lesbar sein.

Diese Grundsätze gelten auch für eine Fernbuchhaltung, bei der die gespeicherten Daten z. B. vom Steuerberater an ein externes Rechenzentrum und nach Buchung wieder an den Kunden geschickt werden (z. B. DATEV in Nürnberg).

Qualität ist nicht immer gleichzusetzen mit teuer

Wenn Sie Ihre Buchhaltung selbst oder durch Mitarbeiter hausintern erstellen wollen, haben Sie die Qual der Wahl. Das Angebot an Buchhaltungssoftware ist sehr groß, wobei ein hoher Preis nicht immer die beste Qualität verspricht. Entscheidend ist zunächst, welche Leistungen und Auswertungsunterlagen Sie wünschen. Wichtig sind auch regelmäßige Updates und bei Fragen eine Hotline der Herstellerfirma, die immer besetzt sein sollte. Dies wird zwar oft versprochen, jedoch nur bedingt gehalten.

Es gibt auch sehr komfortable Programme. Bedenken Sie vor deren Anschaffung, dass Ihnen die Software das Denken nicht abnehmen kann; Sie müssen den Computer ja mit Informationen füttern! Vor der Eingabe sind deshalb alle Geschäftsvorfälle zu bewerten, also sachgerecht nach den steuerlichen Vorschriften zu ordnen.

Wichtig für die Benutzer vom Computerprogrammen zur Buchführung

Wenn Ihre Buchhaltungskenntnisse lückenhaft sind oder Sie sich zum ersten Mal an diese Materie herantrauen, sollten Sie nicht zu viel Geld für ein teures PC-Programm ausgeben. Denn je umfangreicher (und teurer) die Pro-

gramme sind, desto mehr Vorkenntnisse werden meist vorausgesetzt.
Fazit: Als Anfänger werden Sie mit einem sehr großen Programm meist mehr Probleme haben als mit einer preiswerteren Einfachversion. Denn bei falscher Zuordnung von Buchungen (die Ihnen der Computer leider nicht abnimmt) ist nicht sichergestellt, dass die Buchhaltung und damit der spätere Jahresabschluss sachlich richtig sind.

Besinnen Sie sich auf Ihre Stärken – sparen Sie nicht am falschen Ende

In der Zeit, die ein Laie für die Erstellung seiner Buchhaltung benötigt, könnte mancher in seinem eigentlichen Beruf doppelt und dreifach so viel verdienen wie durch die Selbsterledigung der Buchhaltung.

Der Fachmann haftet

Sparen Sie deshalb nicht am falschen Ende, sondern überlegen Sie, ob sich die eigene Beschäftigung mit der Buchführung wirklich lohnt. Lassen Sie sich Angebote von Fachleuten (Buchführungshelfer, Bilanzbuchhalter, Steuerberater) machen, und prüfen Sie, ob diese Kosten in einem vernünftigen Verhältnis zur selbst aufzuwendenden Zeit stehen. Es kann finanziell lohnender sein, die Erstellung von Buchhaltung und Abschluss einem Fachmann zu überlassen, der für seine Arbeit auch haftet!

Trotzdem Basiswissen zur Kontrolle

Aber: Lassen Sie sich die Auswertungsunterlagen ausführlich erklären, damit Sie sich anhand der Zahlen jederzeit einen Überblick über Ihr Unternehmen und dessen Finanz- und Ertragslage verschaffen können. Und: Ein bisschen Basiswissen zum Thema Buchführung, wie Sie es sich mit diesem Buch aneignen können, ist trotzdem sinnvoll. Denn nur dann sind Sie in der Lage, mit dem Buchhalter auch kreative Gespräche zu führen und ihn zu fragen, warum er dieses oder jenes so und nicht anders gebucht hat.

Mittelgroße und große Kapitalgesellschaften müssen Buchhaltung und Jahresabschluss ohnehin von einem Wirtschaftsprüfer erstellen und testieren lassen. Da lässt sich also ohnehin durch eigenen Einsatz kaum etwas sparen.

Mögliche Fremdkosten

Die Kosten für die Erstellung einer Finanzbuchführung richten sich bei Steuerberatern und Wirtschaftsprüfern nach den Gegenstandswerten (Umsätzen). Buchführungshelfer und selbstständige Bilanzbuchhalter rechnen oft nach dem Zeitaufwand ab.

Wie wird denn nun eine Buchhaltung geführt?

Eine Buchhaltung erfolgt im Normalfall immer in Form der so genannten doppelten Buchführung. Das bedeutet, dass jeder Geschäftsvorfall zweimal erfasst wird. Diese Datenerfassung erfolgt heute fast ausschließlich per EDV.
Trotzdem aber sollte man wissen, was da eigentlich bei der Buchung im Hintergrund passiert. Deshalb ist es nicht unwichtig, einige Grundzüge des Systems der doppelten Buchführung zu kennen:

Zeitliche und sachliche Erfassung

- Jeder Geschäftsvorfall wird zeitlich und sachlich erfasst. Die zeitliche Erfassung bedeutet, dass alles mit richtigem Datum gebucht wird.
  Die sachliche Erfassung meint die richtige Bewertung oder Einordnung der Geschäftsvorfälle als bestimmte Einnahme- oder Ausgabeform.
- Die Buchungen werden in einem Buchungssatz festgehalten, der immer zwei Konten anspricht, da jeder Geschäftsvorgang eine Doppelwirkung entfaltet.

T-Konten-Modell

- Doppelte Buchführung bedeutet nämlich, dass ein Buchungssatz immer eine Sollseite und eine Habenseite desselben Kontos anspricht. Jedes Konto hat sowohl Soll- als auch Habenseite (T-Konten-Modell).
- Die Sollseite bezeichnet bei einem Kostenkonto immer einen Zugang, die Habenseite immer einen Abgang.

> **Achtung: Nicht verwirren lassen!**
> Wenn ich hier von Konten spreche, dann hat das nichts mit Bank- oder Girokonten zu tun. Die buchhalterischen Konten müssen Sie sich wie verschiedene Fächer in Ihrer Firmenkasse vorstellen.
> Aus den einen werden immer nur Ausgaben ein und derselben Art bezahlt (das so genannte Sollkonto). Direkt daneben gibt es immer ein weiteres Fach, in das immer nur Einnahmen ein und derselben Art gelegt werden (das Habenkonto).

Beispiel: *Gastwirt Maier kauft Bier für 1.500 DM und bezahlt die Ware per Banküberweisung.*
Der Buchungssatz lautet: Wareneingang (Geldverwendung) an Bank.

Ausgeglichene Konten

Auf einem Konto erfolgt eine Zubuchung, während auf dem anderen Konto der gleiche Betrag wieder abgeht. Per Saldo müssen die Konten ausgeglichen sein, sonst ist die Buchhaltung fehlerhaft.
Für Gastwirt Maier zeigt der Buchungssatz also, dass das Wareneingangskonto um 1.500 DM gestiegen ist, während sein Bankkonto natürlich um den gleichen Betrag schrumpfte. Der Geschäftsvorfall wird beim Wareneingangskonto als Zugang im Soll gebucht.
Beim Bankkonto wird die Buchung dementsprechend im Haben erfasst.

Soll	*Wareneingangskonto*	*Haben*
1.500		–

Soll	*Bankkonto*	*Haben*
–		*1.500*

Zur Erfassung aller Geschäftsvorfälle gibt es folgende Kontenarten:

1. Bestandskonten

Hier bucht man zunächst für jede Vermögens- und Kapitalart den Anfangsbestand, dann erfasst man Zugänge und Abgänge und ermittelt den Endbestand. Somit ist ein Vermögensvergleich zu Beginn und am Ende der Buchungsperiode möglich. Als Rechenformel ausgedrückt, sieht das so aus:

Erfolg in einer Buchungsperiode

Erfolg = Vermögen am Ende der Buchungsperiode
./. Vermögen am Anfang der Buchungsperiode
\+ Entnahmen
./. Einlagen

2. Erfolgskonten

Hier werden alle Erträge und Aufwendungen erfasst. Der Unterschied zwischen allen Erträgen und Aufwendungen einer Buchungsperiode ist der Erfolg (oder Misserfolg) des Unternehmens. Ein Gewinn erhöht das Eigenkapitalkonto, ein Verlust reduziert es. Als Rechenformel ausgedrückt, sieht das so aus:

Erträge und Aufwendungen

Erfolg = Ertrag ./. Aufwand

3. Gemischte Konten

Diese sollten gar nicht verwendet werden, sondern zugunsten einer aussagefähigen Buchführung in reine Bestands- und Erfolgskonten geteilt werden.

Kontenklassen und Kontenarten

Alle Buchungssätze (Sätze deshalb, weil immer zwei Konten anzusprechen sind) werden nach einem Kontenplan bzw. Kontenrahmen als Ziffern erfasst. Bezogen auf unser Beispiel mit den Fächern in der Firmenkasse bedeutet das: Die Fächer werden mit Ziffernkombinationen bezeichnet, die üblicherweise vierstellig sind. Die erste Ziffer nennt die Kontenklasse, die weiteren Ziffern dienen zur Feinunterscheidung.

Insgesamt ist der Kontenplan in die folgenden zehn Kontenklassen eingeteilt:

Kontenklasse	Kontenart
0	Anlage- und Kapitalkonten
1	Finanz- und Privatkonten
2	Abgrenzungskonten
3	Wareneingangs- und Bestandskonten
4	Betriebliche Kosten
5	Sonstige betriebliche Aufwendungen
6	Sonstige betriebliche Aufwendungen
7	Bestände an Erzeugnissen
8	Erlöskonten
9	Vortragsstatistische Konten

Wichtigster Grundsatz ordnungsgemäßer Buchführung: Keine Buchung ohne Beleg

Bei Verlust: Eigenbeleg

Als Belege gelten Rechnungen, Verträge, Dokumente, Kontoauszüge, Geschäftsbriefe. Ist ein Beleg verloren gegangen, wird auch der so genannte Eigenbeleg anerkannt. Bei größeren Geschäftsvorfällen sollten Sie jedoch ein Rechnungsduplikat anfordern. Das erspart dann später unnötige Diskussionen mit dem Betriebsprüfer vom Finanzamt.

Von jedem Beleg muss auf die Buchung verwiesen werden und umgekehrt. Dazu wird am besten der jeweilige Buchungssatz als vierstellige Ziffernkombination auf den Beleg geschrieben.

Wie die Buchführung organisiert werden kann

Bevor Sie als Unternehmer richtig durchstarten, müssen wichtige kaufmännische Planungen durchgeführt werden. Auch der Aufbau Ihrer Buchführungsorganisation sollte zu Beginn Ihrer Selbstständigkeit stehen, damit Ihre eigentlichen unternehmerischen Aktivitäten nicht behindert werden. Wichtigste Frage ist zunächst, wer diese Aufgaben übernimmt und wie die Buchhaltung organisiert werden soll. Größe und Struktur des Unternehmens entscheiden oft darüber, ob diese Aufgaben betriebsintern oder extern vergeben werden sollten. Hier sind auch Mischformen möglich, wenn z. B. eine kaufmännische Mitarbeiterin oder die Ehefrau des Betriebsinhabers die Belegverwaltung übernimmt, die Kontierung jedoch durch den Steuerberater erfolgt. Oft wird auch die Finanzbuchhaltung betriebsintern und der Jahresabschluss vom Steuerberater erstellt.

Größe des Unternehmens

Wer wird mit der Buchführung betraut?

Entscheidend ist die Frage, wer die inhaltliche Verantwortung für die Richtigkeit der Buchführung übernehmen soll. In kleineren Betrieben trägt der Firmeninhaber diese Verantwortung, die mit wachsender Betriebsgröße delegiert wird.

Verantwortlichkeit

Für Ihre unternehmerische Grundsatzentscheidung bieten sich folgende Alternativen:

Alternative 1: Sie geben alle Belege einem Steuerberater – die bequemste Lösung

Diese Alternative entlastet Sie von allen Sorgen rund um die Buchhaltung. Sie delegieren sämtliche diesbezüglichen Aufgaben nach draußen und müssen nur die entsprechenden

Belege sammeln und die vorgeschriebenen gesetzlichen Aufbewahrungspflichten beachten.

Vorteil: Sie können sich ganz Ihren eigentlichen Aufgaben widmen und sparen auf diese Weise Zeit. Sie müssen keine Software anschaffen und keinen Arbeitsplatz für die Buchhaltung einplanen.

Der Steuerberater

Die komplette Haftung wird auf den Steuerberater »abgewälzt«. Sie haben meistens einen festen Ansprechpartner, der Ihnen auch in anderen dringlichen betrieblichen Fragen zur Seite steht.

Nachteil: Sie entscheiden sich hier für eine relativ teure Lösung – und es kann ein Nachteil sein, wenn Sie sich auch ansatzweise nie mit der Buchhaltung befassen. Denn dadurch berauben Sie sich selbst der Möglichkeit, mit dem Steuerberater kreative Gestaltungsmöglichkeiten diskutieren zu können.

Alternative 2: Sie lassen die Buchhaltung von einem Buchführungshelfer und den Jahresabschluss vom Steuerberater erstellen

Auch hier delegieren Sie alle Buchhaltungsaufgaben an externe Dienstleister. Diese Lösung erscheint auf den ersten Blick preiswerter als die erste Alternative. Wenn der Steuerberater nun aber aus dem Buchhaltungswerk den Jahresabschluss erstellen soll, übernimmt er nur eine eingeschränkte Haftung. Grund ist, dass die Buchhaltung nicht von ihm erstellt wurde.

Viele Köche

Soll er diese überprüfen, muss er die Arbeiten dafür berechnen, was dann so viel kostet, als ob er die Buchhaltung selbst erstellt hätte.

Vorteil: Es können sich geringfügige finanzielle Einsparungen gegenüber der ersten Alternative ergeben.

Nachteil: Bedenken Sie, dass viele Köche bekanntlich den Brei verderben.

Klartext: Wenn sich Fehler einschleichen, wird es schwerer, den dafür wirklich Verantwortlichen zu greifen – die Haftungsfrage ist nur mühsam zu klären.

Alternative 3: Sie kaufen die Software und stellen einen Buchhalter ein

Dies ist die mit Abstand teuerste Lösung, die ebenfalls für größere Betriebe sinnvoll erscheint. Nur wenn die kaufmännische Kraft auch noch andere Büroarbeiten erledigt, kann sich die Alternative rechnen.

Ein Buchhalter

Bedenken Sie jedoch immer, dass Sie diesen Mitarbeiter bei krankheits- und urlaubsbedingter Abwesenheit weiter zu bezahlen haben und die Buchhaltungsarbeiten trotzdem erledigt werden müssen!

Vorteil: Auswertungen sind jederzeit auch innerhalb der laufenden Buchhaltungsperioden und in jeder gewünschten Spezifikation möglich.

Nachteil: Hohe Kosten durch Mitarbeiterbeschäftigung und Arbeitsplatzeinrichtung, Vertretungsrisiko bei Urlaub und Krankheit. Außerdem erwirbt der jeweilige Mitarbeiter Insiderkenntnisse über alle Geschäftsvorfälle, was vor allem in kleineren Unternehmen nicht immer wünschenswert erscheint.

Alternative 4: Sie kaufen die Software und erledigen die Buchführung selbst nach Feierabend oder am Wochenende

Verantwortlich: der Firmeninhaber

Sämtliche Arbeit und inhaltliche Verantwortung hängt an Ihnen, angefangen von der Belegverwaltung bis zum fertigen Buchhaltungswerk.

Vorteil: Sie haben alle Zahlen und Daten im Hause – und außerdem auch noch ständig vor Augen. Alle Geschäftsvorfälle sind für Sie völlig transparent.

Nachteil: In derselben Zeit, die Sie für Ihre Buchführung benötigen, können Sie in Ihrem Betrieb durch unternehmenstypische Arbeiten eventuell höhere Umsätze und damig auch Gewinne erzielen.

Bei betrieblichen Problemen im Kerngeschäft bleiben Buchführungstätigkeiten erfahrungsgemäß liegen, es entsteht ein Buchungsstau, den Sie vermutlich nur durch Nacht- oder Wochenendarbeit wieder auflösen können.

Alternative 5: Sie kaufen die Software, und ein Mitarbeiter oder die Ehefrau übernimmt die Buchführung

Kostengünstige Alternative

Wenn keine Zusatzkosten entstehen, kann dies in kleineren bis mittleren Betrieben eine sinnvolle Lösung sein, sofern der Betriebsinhaber die Verantwortung übernimmt, dass die Buchführungskenntnisse der beauftragten Personen ausreichend sind.

Vorteil: geringe Kosten und hohe Transparenz durch ständigen Datenzugriff im Hause.

Nachteil: Fehlerrisiken in Abhängigkeit von den Fähigkeiten der mit der Buchhaltung beauftragten Person, erheblicher Einblick in alle Geschäftsvorfälle.

Die Verarbeitung der Belege

Unabhängig davon, wer nun die Buchführungsarbeiten übernimmt, müssen Sie für alle geschäftlichen Belege ein Ablagesystem einrichten – sonst ersticken Sie nach kurzer Zeit im Papierdschungel!

Auch Kopien sind wichtig

Ohne ein vernünftiges Ablagesystem ist eine Buchführung nicht möglich, denn der oberste Buchführungsgrundsatz lautet schließlich: Keine Buchung ohne Beleg! Darüber hinaus könnten Sie ohne ordentliche Belege auch nicht Ihren gesetzlichen Aufzeichnungs- und Aufbewahrungspflichten nachkommen.

Achtung: Sie sollten von jedem Geschäftsbeleg mindestens eine Durchschrift oder Kopie in Ihrem Unternehmen behalten, damit wichtige Beweisstücke nicht verloren gehen.

Sie können Ihre Belege nach Eigen- und Fremdbelegen differenzieren und hierüber getrennte, beschriftete Ablageordner einrichten. Eigenbelege werden im Unternehmen selbst erstellt, während Fremdbelege von außen ins Unternehmen kommen. Folgende Unterscheidungen sind zu treffen:

Eigenbelege	Fremdbelege
Durchschriften der Ausgangs-rechnungen	Eingangsrechnungen
Durchschriften von Gutschriften	Gutschriften
Quittungsdurchschriften	Quittungen
Belege über Privatentnahmen	Bankauszüge
Kassenbuch	Eingangsrechnungen, Barquittungen
Gehaltslisten (Löhne, Gehälter, Aushilfslöhne)	Bankauszüge
Durchschriften der ausgehenden Geschäftskorrespondenz	erhaltene Geschäfts-korrespondenz
Durchschriften der ausgehenden Korrespondenz mit dem Finanzamt (Schriftwechsel, Rechtsbehelfe, Erlassanträge, Stundungsanträge, Kopien vom Steuerberater)	Steuerbescheide, Umbu-chungsmitteilungen, Stundungsverfügung, normaler Schriftverkehr, Prüfungsanordnungen
Zweitschriften von: Steuererklärun-gen, Jahresabschlüssen, Auswer-tungsunterlagen zur Buchführung (BWA, Summen- und Saldenlisten, Kontenblätter)	Schreiben des Steuer-beraters, Steuerbescheide vom Finanzamt

Achtung: Für einen verlorenen Beleg können Sie entweder ein Duplikat anfordern oder einen Eigenbeleg erstellen, den auch das Finanzamt anerkennt. Auch von Eigenbelegen sollten Kopien aufbewahrt werden.

Wenn etwas verloren geht

Die verschiedenen Schritte bei der Belegbearbeitung

Für Ihre Belegorganisation und die Finanzbuchhaltung gibt es verschiedene Arbeitsschritte:

1. Erstellung von Zweitschriften aller Belege

2. Einrichtung eines Buchhaltungsordners mit den Geschäftsbelegen für die Buchhaltungsabteilung

3. Ablage und Aufbewahrung der Zweitschriften nach Datum und Belegart im Betrieb
4. Kontierung bzw. Verbuchung der Belege
5. Nach Datum sortierte Ablage und Aufbewahrung der Belege nach Buchhaltungserstellung in einem gesonderten Buchhaltungsordner (z. B. für spätere Betriebsprüfungen)

Die Belegbearbeitung im Detail

Jeder Beleg durchläuft drei verschiedene Belegbearbeitungsstufen:

1. Belegvorbereitung

Hier erfolgen eine Überprüfung der sachlichen Richtigkeit und die Einteilung z. B. nach folgenden Belegarten:

Belegarten

- Eingangsrechnungen, Ausgangsrechnungen
- Gutschriften an Kunden, Gutschriften an Lieferanten
- Bankbelege
- Kassenbelege
- Barquittungen
- Lohn- und Gehaltslisten
- Privatentnahmen (nicht bei juristischen Personen, z. B. GmbH)
- Betriebliche Steuerzahlungen
- Private Steuerzahlungen des Betriebsinhabers (nicht bei juristischen Personen)
- Sonstige Belege
- Debitoren (Forderungen)
- Kreditoren (Verbindlichkeiten)

2. Buchen der Belege

Jeder Geschäftsvorgang wird schriftlich bzw. per EDV durch einen Buchungssatz festgehalten (siehe Seite 41).

3. Ablage der Belege

Die Zweitschriften der Belege sollten nach Datum und Belegart in verschiedenen Ordnern abgelegt werden; für jedes Geschäftsjahr ein neuer Ordner. Hierfür bietet sich folgendes Ordnungssystem an:

Belegart	Im jeweiligen Ordner sortiert nach
Eingangsrechnungen	Alphabet
Ausgangsrechnungen	Alphabet oder Kunden-nummern
Kassenbelege	Datum
Bankbelege	Datum
Betriebliche Steuerzahlungen (Steuerbescheide)	Steuerart und Datum
Gehalts- u. Lohnabrechnungen	Alphabet oder Mitarbeiternr.

Zweitschriften

Diese Aufzeichnungspflichten müssen Sie beachten

Jeder Unternehmer hat gesetzliche Aufzeichnungspflichten. Sie werden unterschieden nach originären Aufzeichnungspflichten (geregelt in § 141 AO), die in den verschiedenen Steuergesetzen verankert sind, und abgeleiteten Aufzeichnungspflichten, auf die ich im folgenden Text noch eingehe. Bei den originären Aufzeichnungspflichten sind folgende zu beachten:

1. Aufzeichnungspflicht nach der Abgabenordnung

Waren-eingang

Nach § 143 AO müssen gewerbliche Unternehmer ein Wareneingangsbuch führen. Diese Pflicht entfällt, wenn eine Buchhaltung erstellt wird, da die Wareneingänge dann aus dem Wareneingangskonto hervorgehen. Großhändler müssen ein Warenausgangsbuch führen, das bei Buchführung durch ein Warenausgangskonto ersetzt werden kann.

2. Aufzeichnungspflicht nach dem Umsatzsteuergesetz

Umsatzsteuer

Unternehmer müssen nach § 22 Abs. 2 UStG, §§ 63–67 UStDV die vereinnahmten bzw. vereinbarten Entgelte sowie die sonstigen Bemessungsgrundlagen für die Erhebung der Umsatzsteuer (z. B. Eigenbedarf, Privatentnahmen aus dem Betriebsvermögen) aufzeichnen. Wenn diese Angaben je-

doch schon aus der Buchführung hervorgehen, entfallen gesonderte Aufzeichnungen.
Aufzeichnungen für die aus den Eingangsrechnungen resultierenden Vorsteuerbeträge, die zur Minderung der Umsatzsteuer-Zahllast führen, muss der Unternehmer zwar nicht führen. Er wird dies jedoch freiwillig erledigen.

3. Aufzeichnungspflicht nach dem Einkommensteuergesetz

Geringwertige Wirtschaftsgüter sind in einem laufenden Verzeichnis aufzuführen (§ 6 Abs. 2 Satz 4 EStG). Wird eine Buchführung erstellt, entfallen diese Aufzeichnungen.
Erhöhte Absetzungen für Abnutzungen und Sonderabschreibungen für Wirtschaftsgüter des Betriebsvermögens müssen in einem gesonderten, laufenden Verzeichnis aufgeführt werden (§ 7a Abs. 8 EStG), sofern die Angaben nicht aus einer Buchhaltung hervorgehen.
Betriebsausgaben nach § 4 Abs. 5 EStG (Bewirtungsaufwendungen, Geschenke an Geschäftskunden, Verpflegungsmehraufwendungen, Aufwendungen für ein häusliches Arbeitszimmer) dürfen den Gewinn nur mindern, wenn sie einzeln und getrennt von den übrigen Betriebsausgaben aufgezeichnet werden (§ 4 Abs. 7 EStG). Dies gilt bei einer ordnungsgemäßen Buchführung als erfüllt.

4. Sonstige steuerrechtliche Aufzeichnungspflichten

Lohnkonten

Nach § 41 Abs. 1 EStG, § 4 LStDV muss der Arbeitgeber für jeden Arbeitnehmer ein gesondertes Lohnkonto führen. Bei Pauschalversteuerung ist ein Sammelkonto zulässig (§ 4 Abs. 2 Nr. 8 LStDV).

5. Aufzeichnungspflichten für eine Gewinnermittlung nach § 4 Absatz 3 EStG (Einnahmen-Überschuss-Rechnung)

Nicht im Handelsregister eingetragene Kleingewerbetreibende und Freiberufler sind nicht buchführungs- und abschlusspflichtig. Sie haben ein Wahlrecht zwischen der Einnahmen-Überschuss-Rechnung (einfache Gegenüberstellung von Einnahmen und Ausgaben) und der Bilanz mit Gewinn-und-Verlust-Rechnung (Vermögensvergleich). Sie unterliegen eingeschränkten Aufzeichnungspflichten:

Kleingewerbetreibende und Freiberufler

- Besondere und getrennte Aufzeichnung von Repräsentationsaufwendungen nach § 4 Abs. 5 und 7 EStG.
- Besonderes Verzeichnis für die Sofortabschreibung geringwertiger Wirtschaftsgüter, für erhöhte Absetzungen, Sonderabschreibungen.
- Aufzeichnung der Entgelte und des Eigenverbrauchs laut § 22 Abs. 2 UStG.
- Gewerbliche Unternehmer müssen den Wareneingang aufzeichnen, Großhändler zusätzlich den Warenausgang.

Achtung: Alle vorstehenden Angaben ergeben sich aus einer ordnungsgemäß geführten Buchführung, die, falls vorhanden, gesonderte Aufzeichnungen ersetzt.

Abgeleitete (derivative) Aufzeichnungspflichten

Im Handelsregister eingetragene Kaufleute und Formkaufleute sind buchführungs- und abschlusspflichtig. Dies ist geregelt in den §§ 238 und 242 HGB. Die dort festgeschriebene Buchführungs- und Abschlusspflicht wird über § 140 AO auch zu einer steuerrechtlichen Pflicht.

Folgen einer Verletzung der Aufzeichnungspflicht

Wer gegen die unternehmerischen Aufzeichnungspflichten verstößt, wird zunächst nicht mit Zwangsgeldern bestraft. Das klingt gut – aber das dicke Ende folgt. Denn wer Geschäftsvorfälle unrichtig oder gar nicht verbucht und somit Steuern verkürzt oder ungerechtfertigte Steuervorteile erlangt, handelt ordnungswidrig (§ 379 Abs. 1 Nr. 2 AO). Und diese Ordnungswidrigkeit kann dann mit einer Geldstrafe bis zu 10.000 DM geahndet werden, sofern keine Geldstrafe wegen leichtfertiger Steuerverkürzung nach § 378 AO erfolgt, die bis zu 100.000 DM betragen kann.

Ordnungswidrigkeit

Wer seinen Aufzeichnungspflichten nicht oder nur mangelhaft nachkommt, kann im Konkursfall sogar strafrechtlich belangt werden. Nach § 283b StGB drohen Geldstrafen oder Freiheitsstrafen bis zu zwei Jahren.

Konkursfall

Die Aufzeichnung aller Geschäftsvorfälle empfiehlt sich auch für nicht aufzeichnungs- und buchführungspflichtige Unternehmer, weil:

- Viele Steuervergünstigungen steuerrechtlich von genauen Aufzeichnungen abhängen (Bewirtungsaufwendungen, Abschreibungen).
- Ohne Aufzeichnungen keine Steuererklärungen erstellt werden können und das Finanzamt Schätzungen durchführt. Hiergegen kann der Steuerpflichtige zwar Rechtsmittel einlegen, seine Einwände aber mangels Beweisen (Buchführungsunterlagen) nicht begründen. Die Folge sind dann oft viel zu hohe Steuerzahlungen aufgrund der falschen, aber nicht angreifbaren Schätzungen.

Aufbewahrungspflichten, die Sie unbedingt einhalten müssen

Bei Aufbewahrungspflichten gibt es Unterschiede zwischen dem Handels- und dem Steuerrecht. Handelsrechtlich müssen nur Kaufleute ihre Unterlagen aufbewahren (§§ 257, 261 HGB). Steuerrechtlich jedoch ist jeder Unternehmer (§ 147 Abs. 3 AO) dazu verpflichtet, sofern er buchführungspflichtig ist oder bilanziert.

Jeder bilanzierende Unternehmer unterliegt Aufbewahrungspflichten

Steuerrechtliche und handelsrechtliche Aufbewahrungspflichten differieren in einigen Punkten. Die nachfolgende Tabelle zeigt die wichtigeren Aufbewahrungspflichten nach dem Steuerrecht für die wesentlichen Unterlagen eines Unternehmens.

Auf die handelsrechtlichen Aufbewahrungspflichten habe ich an dieser Stelle verzichtet, weil sie durchaus von geringerer Relevanz sind und Sie Ihren Steuerberater darauf ansprechen sollten, auf den Sie ohnehin nicht verzichten können, wenn die handelsrechtlichen Pflichten für Ihren Betrieb relevant sind.

⚡ Blitzübersicht: Das Abc der Belege und die Aufbewahrungspflicht nach dem Steuerrecht

Stichwort	Frist
Abrechnungsunterlagen, wenn Buchungsbeleg	10 Jahre
Abtretungserklärungen	6 Jahre
Angebote	6 Jahre
Ausgangsrechnungen	10 Jahre
Außendienstabrechnungen, wenn Buchungsbelege	10 Jahre
Anlagevermögensbücher	10 Jahre
Aufzeichnungen	10 Jahre
Anhang zum Jahresabschluss	10 Jahre
Betriebsprüfungsberichte	6 Jahre
Buchungsbelege bei Buchführungs- und Aufzeichnungspflichtigen	10 Jahre
Bankbelege, wenn Buchungsbeleg	10 Jahre
Bankbürgschaften	6 Jahre
Beitragsabrechnungen für Sozialversicherungsbeiträge	10 Jahre
Betriebskostenabrechnung	6 Jahre
Bewirtungsbelege, wenn Buchungsbelege	10 Jahre
Bilanzen	10 Jahre
Bilanzunterlagen	6 Jahre
Buchungsbelege	10 Jahre
Darlehensunterlagen	6 Jahre
Dauerauftragsunterlagen	6 Jahre
Eingangsrechnungen, Einfuhrunterlagen	10 Jahre
Exportunterlagen, wenn Buchungsbelege	10 Jahre
Fahrtkostenerstattungsunterlagen, wenn Buchungsbelege	10 Jahre
Frachtbriefe	6 Jahre
Finanzierungsunterlagen	6 Jahre
Gewinn-und-Verlust-Rechnung	10 Jahre

Unterlagen aufbewahren

Steuerrechtliche Aufbewahrungspflichten

Stichwort	Frist
Geschäftsberichte	6 Jahre
Gehaltslisten	6 Jahre
Geschäftsbriefe	6 Jahre
Geschenknachweise, wenn Buchungsbelege	10 Jahre
Grundbuchauszüge	6 Jahre
Gutschriften, wenn Buchungsbelege	10 Jahre
Handelsbriefe	6 Jahre
Handelsregisterauszüge	6 Jahre
Inventar	10 Jahre
Investitionszulagenunterlagen	6 Jahre
Jahresabschlüsse	10 Jahre
Journale	10 Jahre
Jahresabschlusserläuterungen	6 Jahre
Kassenbücher	10 Jahre
Kontenpläne	10 Jahre
Kassenberichte	10 Jahre
Kalkulationsunterlagen	6 Jahre
Kreditunterlagen	6 Jahre
Kontoauszüge	10 Jahre
Lieferscheine	10 Jahre
Lohnunterlagen	6 Jahre
Mahnbescheide	6 Jahre
Mietverträge, Mietunterlagen	6 Jahre
Magnetbänder (Buchhaltungsdaten)	10 Jahre
Nachnahmebelege	10 Jahre
Organisationsbelege der EDV-Buchhaltung	10 Jahre
Pachtunterlagen	6 Jahre
Preislisten	6 Jahre
Protokolle	6 Jahre

Stichwort	Frist
Prozessakten	6 Jahre
Quittungen	10 Jahre
Rechnungen bei Offene-Posten-Buchhaltung	10 Jahre
Registrierkassenstreifen	10 Jahre
Reisekostenabrechnungen	10 Jahre
Repräsentationskostenbelege	10 Jahre
Schadensunterlagen	6 Jahre
Scheck- und Wechselunterlagen	6 Jahre
Spendenbescheinigungen, wenn Buchungsbelege	10 Jahre
Steuerbescheide	6 Jahre
Steuererklärungen	6 Jahre
Steuerunterlagen	6 Jahre
Telefonkostennachweise, wenn Buchungsbelege	10 Jahre
Überstundenlisten	6 Jahre
Verbindlichkeitenaufstellungen	10 Jahre
Verkaufsbücher	10 Jahre
Vermögensverzeichnis	10 Jahre
Vermögenswirksame Leistungen	6 Jahre
Versandunterlagen	6 Jahre
Versicherungspolicen	6 Jahre
Verträge	6 Jahre
Wareneingangs- und -ausgangsbücher	10 Jahre
Wechsel	6 Jahre
Zahlungsanweisungen, wenn Buchungsbelege	10 Jahre
Zwischenbilanzen	10 Jahre
Zollbelege	10 Jahre
Die Aufbewahrungsfrist beginnt mit dem Schluss des Kalenderjahres, in dem bei kontinuierlich geführten Aufzeichnungen der letzte Eintrag vorgenommen wurde.	

Wie lange Belege aufbewahrt werden müssen

Was passiert, wenn Unterlagen verloren gehen?

Haben Sie keine Unterlagen gesammelt und aufbewahrt, können Sie Ihrer steuerlichen Beweispflicht nicht nachkommen. Das Finanzamt wird dann Ihre Besteuerungsgrundlagen willkürlich schätzen. Es werden dazu oft von den Finanzbeamten Unternehmensgewinne angenommen, die völlig aus der Luft gegriffen sind.

Illusorische Gewinne

Besonders in der Aufbauphase eines Unternehmens sind anfängliche Verluste völlig normal. Diese Verluste führen dazu, dass Sie meistens nicht steuerpflichtig werden oder zumindest in eine niedrigere Progressionsstufe kommen. Unterstellt das Finanzamt stattdessen aber hohe Gewinne, müssen Sie Steuern zahlen. Sie können gegen die Schätzungsbescheide jedoch Einspruch einlegen, damit die Bescheide nicht rechtskräftig werden. Zusätzlich können Sie die Aussetzung der Vollziehung beantragen, damit Sie die geforderte Summe nicht oder nicht in voller Höhe zahlen müssen.

Rechtsmittel

Beide Rechtsmittel müssen jedoch durch die Einreichung der Steuererklärungen begründet werden. Und bei fehlenden Aufzeichnungen können Sie Ihre Rechtsmittel vor dem Finanzamt mangels Beweisen nicht begründen.

Zweitschriften oder Eigenbelege

Folge: Sie müssen die eventuell unzutreffenden Besteuerungsgrundlagen des Fiskus akzeptieren! Schon deshalb ist es sinnvoll, bei verloren gegangenen Belegen sofort Zweitschriften anzufordern oder Eigenbelege zu erstellen.

Achtung: Unternehmer müssen dem Finanzamt eigentlich keine Belege zu ihren Jahresabschlüssen und Steuererklärungen übersenden. Sie müssen jedoch trotzdem bei der Wahrheit bleiben. Erstens, weil eine vorsätzlich falsch abgegebene Steuererklärung den strafbaren Tatbestand der Steuerhinterziehung (geregelt in § 370 AO) darstellt. Zweitens kann das Finanzamt stichprobenhaft jederzeit bestimmte Unterlagen anfordern. Und zusätzlich können Betriebsprüfungen angeordnet werden, anlässlich deren Sie alles offen legen müssen.

Können Sie keine oder nur unvollständige Unterlagen als Beweismittel vorlegen, bleibt es bei den Schätzungsbescheiden und den geforderten Nachzahlungen.

Und sollte die Schätzung dennoch zu Ihrem Vorteil ausfallen, dürfen Sie sich nicht zu früh freuen. Denn eine Schätzung der Besteuerungsgrundlagen entbindet Sie nicht von der Abgabe der Steuererklärungen. Diese müssen Sie trotzdem wahrheitsgemäß einreichen und dann auch die festgesetzten Steuern zahlen.

Schätzung

Achtung: Sind Ihre Unterlagen unverschuldet abhanden gekommen, so muss das Finanzamt Ihren Ausführungen glauben.

In Fällen von höherer Gewalt (Naturkatastrophen, Überschwemmungen, Einbrüchen, Bränden) werden Sie so gestellt, als ob Ihre Unterlagen noch vollständig vorliegen würden. Angenommen, der Aktenkeller brannte aus und alle Belege sind verloren, die Disketten mit Buchführungsdaten aber sind noch vorhanden, so müsste das Finanzamt von deren Richtigkeit ausgehen.

Höhere Gewalt

Die Buchführungs-methoden

Die vorangegangenen Kapitel haben die Zielsetzung der Buchführung erläutert und Hilfestellungen für die Organisation Ihres Belegwerkes gegeben. Dies aber reicht noch lange nicht aus, um eine Buchführung zu erstellen. Deshalb wollen wir uns jetzt vorsichtig dem eigentlichen Buchhaltungs-Know-how nähern.

Dazu muss man wissen, dass jede Buchführungsform einer eigenen Ordnung folgt. Sie richtet sich nach der Systematik entweder der einfachen oder der doppelten Buchführung.

Die einfache Buchführung

Für sehr kleine Unternehmen

Die einfache Buchführung wird, wenn überhaupt, nur noch in sehr kleinen Unternehmen angewandt. Für buchführungs- und abschlusspflichtige Unternehmen ist diese Buchhaltungsform untersagt.

Kennzeichen einer einfachen Buchführung

- Die Geschäftsvorfälle werden zeitnah geordnet und in einem Kassenbuch erfasst.
- Es erfolgt keine sachliche Gliederung der Geschäftsvorfälle (keine Sachbuchungen).
- Es werden keine Erfolgskonten angelegt.
- Das Jahresergebnis wird durch Betriebsvermögensvergleich nach folgender Formel errechnet:
  Erfolg = Endkapital ./. Anfangskapital + Entnahmen ./. Einlagen

Da diese Buchführungsform kaum Informationen und Auswertungsmöglichkeiten bietet, wird sie trotz ihrer einfachen Ausführung kaum angewandt.

Die doppelte Buchführung (Doppik)

Buchführungs- und abschlusspflichtige Unternehmen sind zur doppelten Buchführung, dem so genannten Doppik, verpflichtet. Wegen der vielfältigen Detailinformationen und der verschiedenen Auswertungsmöglichkeiten hat sich diese Buchführungsform jedoch auch immer mehr bei Kleinunternehmen durchgesetzt.

Aussagekräftig

Kennzeichen der doppelten Buchführung

- Sachliche Ordnung aller Geschäftsvorfälle (Sachbuchung)
- Zeitliche Ordnung aller Geschäftsvorfälle (Grundbuchung) in chronologischer Form
- Zweifache Erfassung jedes Geschäftsvorfalles auf zwei Konten, einmal auf der Soll- und einmal auf der Habenseite
- Gegenüberstellung von Aufwendungen und Erträgen zum Jahresende ist möglich, ebenso Vergleich des Betriebsvermögens von Anfang und Ende des Geschäftsjahres

Doppelte Buchführung bedeutet also konkret, dass jeder Geschäftsvorgang eine Doppelwirkung hat, die in zwei Konten festgehalten wird.

Doppelwirkung

Dabei wird immer bei dem einen Konto die Sollseite, bei dem anderen Konto die Habenseite angesprochen. Die Doppelwirkung (auch Doppik genannt) zeigt immer eine erste Bestandsveränderung sowie eine zweite Bestandsveränderung in gleicher Höhe oder einen Erfolgsausweis. Hieraus wird für jeden Geschäftsvorfall ein Buchungssatz hergeleitet, der zwei Konten anspricht.

Buchungssatz

Es stellt sich jedoch zunächst die Frage, welche Konten überhaupt angesprochen werden müssen. Folglich muss jeder Geschäftsvorfall vor einer Buchung erst sachgerecht zugeordnet oder bewertet werden.

Klartext: Der Buchhalter muss entscheiden, ob es sich nun um einen Vorgang für das Konto Wareneinkauf, Fremdarbeiten oder Bewirtungskosten handelt. Erst wenn Sie wissen, um welchen Geschäftsvorgang es sich bei jedem Beleg handelt, können Sie die Buchung schriftlich fixieren. Hierbei können Sie den Buchungssatz handschriftlich auf die Belege notieren (Kontierung), eine manuelle Buchungsliste anfertigen oder den Buchungssatz sofort in Ihr EDV-Programm eingeben.

Es werden immer zwei Sachkonten angesprochen

Beispiel: *Sie kaufen Waren im Wert von 3.000 DM zuzüglich 16 Prozent Mehrwertsteuer und zahlen diese in bar. Dieser Geschäftsvorfall löst folgende Buchungssätze aus:*
Konto Wareneingang (Soll 3.000 DM) ***an*** *Konto Kasse (Haben 3.000 DM)*
Konto Vorsteuer (Soll 480 DM) ***an*** *Konto Kasse (Haben 480 DM)*

Die Fixierung dieser Geschäftsvorfälle erfolgt jedoch nicht so umständlich in Worten, sondern in kurzen, meist vierstelligen Zahlenfolgen. Die Einteilung dieser Zahlenkombinationen erfolgt in neun Kontenklassen eines bestimmten Kontenrahmens (siehe Seite 54 ff.).
Ein Buchungssatz spricht bei der doppelten Buchführung immer zwei Sachkonten an. Diese sind:

- Bestandskonten, deren Schlusssalden in die Bilanz gehen
- Erfolgskonten, deren Schlusssalden in die Gewinn-und-Verlust-Rechnung eingehen
- Gemischte Konten, deren Salden teilweise in die Bilanz, teilweise in die Gewinn-und-Verlust-Rechnung eingehen

Folgende Mindestanforderungen muss die doppelte Buchführung erfüllen:

- Fortlaufende Erfassung aller Geschäftsvorfälle
- Aufzeichnung aller Forderungen und Verbindlichkeiten
- Aufstellung eines jährlichen Jahresabschlusses mit Inventar und Anlagespiegel

EDV-BUCHFÜHRUNG

Die Buchführung mit Hilfe elektronischer Datenverarbeitung arbeitet, egal was sich auf dem Bildschirm abspielt, immer auf der Grundlage der doppelten Buchführung. Und sie ermöglicht neben der normalen Buchführungserstellung auch viele Zusatzfunktionen, z. B. die Darstellung grafischer Auswertungen. Weitere Vorteile sind (je nach Software):

Vorteile der EDV-Buchführung

- Einfache und schnelle Buchführungserstellung
- Kosteneinsparungen, da Routinearbeiten von der EDV übernommen werden
- Übersichtliches Buchhaltungswerk
- Hilfestellungen und Plausibilitätskontrollen, die in das EDV-Programm eingearbeitet sind und bei der Fehlervermeidung helfen
- Automatische Erstellung von Auswertungen, Statistiken, Grafiken aus dem erfassten Datenmaterial
- Automatische Erstellung von betriebswirtschaftlichen Übersichten (monatlich oder quartalsweise)
- Automatische Erstellung von Summen- und Saldenlisten
- Automatische Erstellung von Umsatzsteuer-Voranmeldungen
- Automatische Erstellung von Kontenblättern
- Erstellung des Jahresabschlusses aus dem erfassten Datenmaterial nach Eingabe der Abschlussbuchungen

Vieles erfolgt automatisch

Wichtig für die Benutzer vom Computerprogrammen zur Buchführung
Auch eine per EDV erstellte Buchführung kann ohne fundierte Grundkenntnisse nicht erstellt werden. Hauptgrund ist, dass die Geschäftsvorfälle vor der Eingabe in den Computer zugeordnet (kontiert) werden müssen.

Für diese Zuordnung gibt es zwei Möglichkeiten:

- Der Mitarbeiter, der die inhaltliche Verantwortung übernimmt, kontiert während der Eingabe, gibt also die Buchungssätze direkt in den Computer ein.

- Ein qualifizierter Mitarbeiter übernimmt die Vorkontierung durch Erstellung von manuellen Buchungslisten oder Kontierung auf den Buchungsbelegen, und eine Hilfskraft gibt die Buchungen in den Computer ein (Datenerfassung).

Für die Datenerfassung bieten die EDV-Programme zwei Verfahren:

1. Die Dialogbuchung

Eingabefehler

Beim Dialogverfahren geht jeder abgeschlossene Buchungssatz sofort in die Buchführung ein. Korrekturen können nur während der Datenerfassung vor Abschluss einer Buchung durchgeführt werden. Eingabefehler können bei einem abgeschlossenen Buchungssatz nur behoben werden durch eine Stornobuchung, die dann auch entsprechend auf den Auswertungsunterlagen sichtbar wird.

2. Die Stapelbuchung

Zwischenlager

Bei der Stapelbuchung werden die eingegebenen Buchungssätze nicht sofort verbucht, sondern zunächst zwischengelagert, so dass sie vor der Buchung nochmals kontrolliert und evtl. korrigiert werden können. Erst wenn die Datensätze zur Verbuchung freigegeben werden, gehen sie in die Buchführung ein.

Zusatzfunktionen einer EDV-Buchführung

Die meisten teuren EDV-Programme sind sehr komfortabel und gehen zum Teil weit über die eigentlichen Buchführungsfunktionen hinaus. Folgende Zusatzfunktionen werden angeboten und sollten, je nach Ihren persönlichen Erfordernissen, bei der Auswahl des Programms berücksichtigt werden:

- Überwachung von Steuerterminen
- Fristkontrolle und Mahnwesen
- Automatische Kombination von Buchhaltungsdaten und Formschreiben
- Fakturierung
- Lagerbuchführung

- Kosten- und Leistungsrechnung
- Lohnbuchhaltung
- Statistische Auswertungen
- Planrechnungen
- Grafische Auswertungen

Folgende Funktionen muss ein EDV-Buchführungsprogramm enthalten

Das muss das Programm leisten

- Offene-Posten-Verwaltung
- Buchung und Druck von Bank- oder Postüberweisungen
- Umsatzsteuer-Voranmeldungen (monatlich, vierteljährlich oder jährlich)
- Ausdruck von Kontenblättern
- Betriebswirtschaftliche Auswertungen
- Summen- und Saldenlisten
- Anlagenbuchführung

Wichtig für die Benutzer vom Computerprogrammen zur Buchführung

Achten Sie beim Kauf Ihrer Software auf Erweiterungsmöglichkeiten und Updates, die z. B. eine automatische Umstellung des Programms auf neue Steuersätze ermöglichen. Auch eine Hotline für telefonische Hilfestellungen oder (unserer Erfahrung nach besser) Faxanfragen, die 24 Stunden am Tag besetzt ist, sollte wichtiges Entscheidungskriterium beim Kauf sein.

Alle Buchführungsprogramme müssen den Grundsätzen ordnungsgemäßer Buchführung sowie den Grundsätzen ordnungsgemäßer auf Datenverarbeitung gestützter Buchführungssysteme entsprechen (siehe Seite 15 ff.).

Aufbewahrungspflichten bei der EDV-Buchführung

Auch bei einer EDV-Buchführung müssen die Aufbewahrungspflichten eingehalten werden. Wenn Daten verloren gehen, ist quasi Ihr gesamtes Buchhaltungswerk vernichtet.

Wichtig für die Benutzer vom Computerprogrammen zur Buchführung
Haben Sie versäumt, regelmäßig Kontenblätter auszudrucken, muss im schlimmsten Fall die gesamte Buchführung neu erstellt werden.

Aufbewahrt werden müssen:

- Daten mit Belegfunktion zehn Jahre
- Daten mit Grundbuch- und Kontenfunktion zehn Jahre

Die Verantwortung liegt beim Unternehmer

Die Aufbewahrung kann auf Bild- oder Datenträgern erfolgen. Für die Einhaltung der GoB trägt der Buchführungspflichtige (Unternehmer) die Verantwortung. Dies gilt auch dann, wenn er die Buchführung extern erstellen lässt. Der Unternehmer kann jedoch den externen Buchhalter oder Steuerberater schadenersatzpflichtig machen, wenn bei diesem Daten verloren gehen und die Buchführung neu erstellt werden muss.

Ohne Datensicherung läuft gar nichts

Daten immer sichern

Schon um den gesetzlichen Aufbewahrungspflichten folgen zu können, muss der Unternehmer regelmäßig eine Datensicherung vornehmen. Dies kann bei einer EDV-Buchführung z. B. auf Disketten, CD-Rom oder zweiter Festplatte erfolgen.

Folgende Daten müssen unbedingt geschützt werden:

- Alle gespeicherten Informationen, die für die Buchführung wichtig sind, z. B. Stammdaten, Bewegungsdaten, Daten der Finanzbuchführung, Daten der Lohnbuchhaltung, Daten der Anlagebuchhaltung
- Sonstige ergänzende Aufzeichnungen zur Buchführung

Diese Daten sind nicht nur auf weiteren Datenträgern zu sichern, sondern auch zu schützen gegen:

- Verlust und Diebstahl
- Unbefugte Kopieerstellung
- Unbefugte Manipulation
- Unbefugte Dateneinsichtnahme

Wichtig für die Benutzer vom Computerprogrammen zur Buchführung
Lassen Sie sich nicht dadurch in trügerischer Sicherheit wiegen, dass Ihr Programm eine automatische Datensicherung anbietet. Das mag zwar stimmen, weil der Rechner z. B. während des Buchens und bis zur manuellen Sicherung automatisch sichert. Aber das geschieht bestenfalls auf der einzelnen Festplatte im Gerät. Folge: Bei deren völliger Zerstörung – z. B. durch einen Head-Crash, Feuer, Überspannung durch Blitzeinschlag in der Nähe – wären alle Daten verschwunden.

Mehrere Sicherungskopien getrennt aufbewahren

Die Sicherungskopien sollten in gleichmäßigen Abständen erstellt werden. Zur weiteren Absicherung wird die Anfertigung von mehreren Sicherungskopien empfohlen, die an verschiedenen, sicheren Orten verschlossen aufbewahrt werden sollten. Das Datensicherungssystem umfasst auch die Sicherung von Hardware und Elektroleitungen. Das Datensicherungskonzept des Unternehmers sollte schriftlich dokumentiert werden. So lässt sich bei Datenverlust nachweisen, dass dieser nicht auf grober Fahrlässigkeit beruht.

Was sich hinter typischen Buchführungsbegriffen verbirgt

Auf den folgenden Seiten habe ich Begriffe erläutert, die Ihnen in den folgenden Kapiteln immer wieder begegnen. Und auch in Handbüchern zu PC-Programmen werden dieselben Begriffe immer wieder auftauchen. Bewusst folge ich bei der Erklärung dieser Begriffe einer logischen Ordnung vom Buch zum Konto.

Bücher

Inhaltliche Aspekte

Als Bücher bezeichnet man in der Buchführung die Sammlung der Geschäftsvorfälle nach verschiedenen Inhalten. Diese Bücher bestehen z. B. aus Karteien, Magnetbändern, Disketten oder Festplatten, deren Inhalte den GoBs entsprechen müssen.

Bei einer doppelten Buchführung werden alle Geschäftsvorfälle in folgenden Büchern festgehalten:

- Inventarbuch
- Bilanzbuch
- Journal (Grundbuch)
- Hauptbuch

Journal (Grundbuch)

Das Journal ist das Tagebuch der Buchführung. Hier werden alle Geschäftsvorfälle zeitnah und in chronologischer Reihenfolge aufgezeichnet unter Angabe folgender Daten:

Laufende Geschäftsvorfälle

- Datum
- Belegnummer
- Vorgangsbeschreibung
- Angesprochene Konten
- Buchungsbetrag

Eine übersichtliche Belegablage kann nach den Vorschriften des § 239 Abs. 4 HGB sowie § 146 Abs. 5 AO ein Grundbuch ebenso ersetzen wie eine EDV-geführte Buchführung, soweit sie den GoBs entspricht.

Im Grundbuch werden alle laufenden Geschäftsvorfälle gebucht, ferner alle Eröffnungs- und Abschlussbuchungen.

Hauptbuch

Das Hauptbuch übernimmt alle Geschäftsvorfälle aus dem Journal oder Grundbuch. Alle Konten werden hier nochmals

Sachkonten

sachlich gegliedert und auf Sachkonten gebucht, so dass der Unternehmer einen genauen Überblick erhält.

Da sich heute allgemein die EDV-Buchführung durchgesetzt hat, übernimmt nun der Computer die Erstellung der einzelnen Bücher.

Sobald die Buchungssätze eingegeben und verbucht wurden, erfolgt der Ausdruck der Bücher und Auswertungsunterlagen per Knopfdruck. Auf diese Weise erhält der Unternehmer jederzeit einen schnellen und aktuellen Überblick über seine Finanz- und Ertragssituation.

Schneller Überblick

Neben- und Hilfsbücher

Zur Übersichtserweiterung können Grund- und Hauptbuch um folgende Nebenbücher ergänzt werden:

- Lohn- und Gehaltsbücher
- Anlagenbücher
- Lagerbücher
- Wertpapierbücher
- Wechselbücher
- Kontokorrentbücher

Inventur

Die Inventur ist die körperliche und buchmäßige Aufzählung aller Vermögensgegenstände und Schulden eines Unternehmens, die in der Bilanz angesetzt werden. Diese Bestandsaufnahme erfolgt zu einem bestimmten Zeitpunkt durch Messen, Wiegen oder Zählen. Das Verzeichnis aller aufgeführten Vermögensgegenstände und Schulden ist das Inventar (siehe Seite 50 f.). Die Inventur muss aber nicht zwingend zum Ende des Jahres erfolgen:

Bestandsaufnahme

- Sie kann vorverlegt werden auf einen Tag innerhalb der letzten drei Monate vor dem Bilanzstichtag.
- Oder sie kann nachverlegt werden auf einen Tag innerhalb der ersten zwei Monate nach dem Bilanzstichtag.

Nicht immer am Jahresende

Stellen Sie dabei Abweichungen zu den Buchwerten fest, so gelten die Inventurwerte als verbindlich.

Nicht jeder Unternehmer muss eine Inventur erstellen. Nach § 240 HGB und §§ 140, 141 AO ist aber jeder Kaufmann verpflichtet, Vermögen und Schulden zu einem bestimmten Stichtag zu bewerten. Dies erfolgt meist am Ende eines Geschäftsjahres, aber auch bei Gründung oder Beendigung des Unternehmens.

Die Vermögensteile und die Schulden werden in einem Bestandsverzeichnis (Inventar) nach Art, Menge und Wert (wahlweise in DM oder Euro) zum Stichtag erfasst.

Achtung: Ermitteln Sie Ihren Gewinn nach der Einnahmen-Überschuss-Rechnung, so sind Sie nicht verpflichtet, eine Inventur zu erstellen.

Befreiung von der Inventur

Ändern Sie später die Gewinnermittlungsart und erstellen eine Bilanz, so müssen Sie eine Kasse führen und zusätzlich die Mühe der Inventur auf sich nehmen.

Buchinventur und körperliche Inventur

Die Buchinventur erfasst das nicht körperliche Vermögen und die nicht körperlichen Verbindlichkeiten durch zahlenmäßige Aufzeichnungen und Belege.

Die körperliche Inventur erfolgt durch Messen, Wiegen, Zählen oder auch Schätzung.

Sie unterscheidet folgende Inventurverfahren:

- Stichtagsinventur (zehn Tage vor oder zehn Tage nach Bilanzstichtag)
- Permanente Inventur (durch Lagerbücher, Lagerkartei)
- Zeitlich verlegte Inventur (drei Monate vor oder zwei Monate nach Bilanzstichtag)
- Stichprobeninventur (durch mathematisch-statistische Methoden)

Inventar

Buchführungspflichtige Steuerpflichtige müssen ihre Finanzbuchhaltung und den Jahresabschluss durch ein Inventar ergänzen (§ 240, 241 Abs. 1 Satz 2 HGB). Ohne Inventar ist eine ordnungsgemäße Bilanzerstellung nicht möglich.

Das Inventar wird durch die mengenmäßige und wertmäßige Bestandsaufnahme (Inventur) aller Vermögensgegenstände und Schulden zum Bilanzstichtag ermittelt. Das Ergebnis ist das Eigenkapital des Unternehmens.

Der Unterschied zwischen Bilanz und Inventar liegt darin, dass die Bilanz Kontoform hat (Aktiv- und Passivseite) und

Vermögen und Schulden nur art- und wertmäßig, jedoch nicht mengenmäßig erfasst. Noch deutlicher: Das Inventar führt jeden einzelnen Vermögensgegenstand auf, während die Bilanz gleichartige Wirtschaftsgüter zu Bilanzpositionen zusammenfasst.
Das Inventar muss zehn Jahre aufbewahrt werden.

Blitzübersicht: Inventaraufbau
A. VERMÖGEN
I. Anlagevermögen Immaterielles Anlagevermögen (z. B. Firmenwert) Grundstücke Gebäude Maschinen und maschinelle Anlagen Fahrzeuge Werkzeuge Betriebs- und Geschäftsausstattung II. Umlaufvermögen Roh-, Hilfs- und Betriebsstoffe Unfertige Erzeugnisse Fertige Erzeugnisse Forderungen Bankguthaben Kassenbestände
B. VERBINDLICHKEITEN
I. Langfristige Verbindlichkeiten Hypothekenschulden Sonstige langfristige Darlehensschulden II. Kurzfristige Verbindlichkeiten Verbindlichkeiten aus Lieferungen und Leistungen Bankschulden
C. REINVERMÖGEN
Dieses wird ermittelt, indem die Summe B Verbindlichkeiten von der Summe A Vermögen abgezogen wird. Es verbleibt als Ergebnis das Reinvermögen, welches dem Eigenkapital entspricht.

Ermittelt wird das Eigenkapital des Unternehmens

Beispiel für ein Inventar					
Konto	**Bezeichnung**	**DM**	**Summe A Vermögen**	**Summe B Schulden**	**Summe C Rein-vermögen**
	A. Vermögen				
	I. Anlagevermögen				
0210	Maschinen	20.000 DM			
0400	Geschäftsausstattung	10.000 DM			
0320	Pkw	50.000 DM			
			80.000 DM		
	II. Umlaufvermögen				
3970	Vorräte	15.000 DM			
1200	Bankguthaben	70.000 DM			
1000	Kassenbestand	18.000 DM			
1400	Forderungen aus Lieferungen und Leistungen	8.000 DM			
			111.000 DM		
	B. Schulden				
	I. Langfristige Schulden				
1708	Bankkredit	40.000 DM			
1601	Verbindlichkeiten aus Lieferungen und Leistungen	20.000 DM			
				60.000 DM	
	C Eigenkapital				
	Summe Vermögen		191.000 DM		
	./. Summe Schulden			60.000 DM	
	= Reinvermögen (Eigenkapital)				**131.000 DM**

Konten

Alle Geschäftsvorfälle werden auf Konten gebucht. Ein Konto ist eine Zusammenstellung gleichartiger Geschäftsvorfälle, wobei für jeden Posten in der Bilanz ein Konto angelegt wird. Die Geschäftsvorfälle müssen immer sachgerecht den jeweiligen Konten zugeordnet werden. Die Kontobezeichnung erfolgt durch die Zuteilung meist vierstelliger Ziffern, die nach einem bestimmten System, dem Kontenrahmen, geordnet sind.

Sachgerechte Zuordnung auf Konten

Ein Konto wird für Lernzwecke auch »T-Konto« genannt, weil es in der grafischen Darstellung eben diese T-Form besitzt. Sie macht deutlich, dass jedes Konto eine Soll- und eine Habenseite hat. Eine Buchung spricht immer zwei Konten an und dabei jedes Mal eine Soll- und eine Habenseite.

Konto Bank	
Soll	Haben

Bei einem Aktivkonto (linke Bilanzseite) befindet sich auf der Sollseite eines Kontos immer ein Zuwachs, auf der Habenseite eine Minderung. Bei einem Passivkonto (rechte Bilanzseite) stehen Mehrungen immer auf der Habenseite und die Minderungen auf der Sollseite.

Aktiv- und Passivkonto

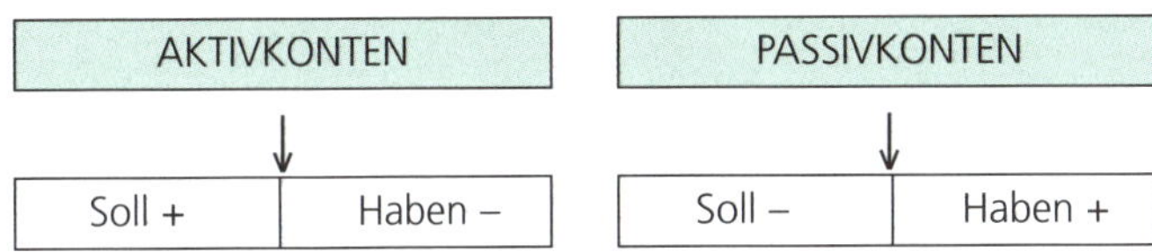

Bestandskonten

Hier handelt es sich um Konten, die aus den Beständen der beiden Bilanzseiten hervorgehen.

- Die Aktivkonten gehen aus den Beständen der Aktivseite hervor.
- Die Passivkonten aus denen der Passivseite.

Die Summe der jeweiligen Aktiv- und Passivkonten ist somit identisch mit der jeweiligen Bilanzposition.

Erfolgskonten

Aufwands- und Ertragskonten

Unterkonten des Eigenkapitalkontos sind die Erfolgskonten, die sich in Aufwands- und Ertragskonten gliedern. Betriebliche Aufwendungen mindern das Eigenkapital, betriebliche Erträge führen zur Kapitalerhöhung.

Summe und Gegenüberstellung der Aufwands- und Ertragskonten finden Sie in der Gewinn-und-Verlust-Rechnung. Übersteigt die Summe auf den Ertragskonten die Aufwandssumme, so ist das Jahresergebnis ein Gewinn, sind die Aufwendungen höher als die Erträge, entsteht ein Verlust.

Kontenrahmen

Die Kontenverteilung erfolgt nicht wahllos, sondern richtet sich nach bestimmten Kontenrahmen. Hier handelt es sich um eine systematische Zusammenstellung verschiedener Konten, die wiederum in Gruppen eingeteilt sind, die so genannten Kontenklassen. Und damit sich da nun nicht jeder ein eigenes, für andere undurchschaubares System ausdenkt (was ja den GoBs widerspräche), gibt es Standardkontenrahmen, auf die der Unternehmer zurückgreifen kann, z. B.

Standardkontenrahmen

- Industriekontenrahmen
- Kontenrahmen für den Einzelhandel
- DATEV-Kontenrahmen
- Kontenrahmen für Groß- und Außenhandel

Ein standardisierter Kontenrahmen ermöglicht Ihnen dennoch die Einrichtung individueller Konten. Wenn Sie z. B. mehrere Bankkonten haben, müssen Sie verschiedene Konten für die Position Bank (1200) einrichten, z. B. 1201 für Bank Nummer eins, 1202 für Bank Nummer zwei etc.

Ein Kontenrahmen besteht immer aus zehn Kontenklassen (00-09), die Reihenfolge der aufgeführten Konten orientiert sich an den Bilanzpositionen. Die am häufigsten verwendeten Kontenrahmen sind die SKR 03 und 04 der DATEV e. V.

Damit Sie nicht lange suchen müssen, in welcher Kontenklasse Sie das Konto für den jeweiligen Geschäftsvorfall finden, wird der Inhalt der zehn Kontenklassen nachfolgend kurz erläutert:

⚡ Blitzübersicht: Einteilung der Kontenklassen am Beispiel des SKR 03

Kontenklasse 0: Anlage- und Kapitalkonten
- Sachanlagen (abnutzbares und nicht abnutzbares Anlagevermögen, z. B. Gebäude und Grundstücke)
- Immaterielle Vermögensgegenstände (Firmenwert, Konzessionen)
- Finanzanlagen und Beteiligungen (Kapitalkonten)

Kontenklasse 1: Finanz- und Privatkonten
- Konten der liquiden Mittel (Kasse, Bank)
- Kurzfristige Forderungen
- Privatkonten
- Kurzfristige Verbindlichkeiten

Kontenklasse 2: Abgrenzungskonten
Außerordentliche Aufwendungen, sie hängen nicht direkt mit der betrieblichen Leistungserstellung zusammen, mindern jedoch das Betriebsergebnis, z. B. sind dies
- Zinsaufwendungen
- Anlagenabgänge
- Bestimmte Steuerzahlungen

Außerordentliche Erträge, sie hängen nicht direkt mit der betrieblichen Leistungserstellung zusammen, erhöhen jedoch das Betriebsergebnis, z. B. sind dies
- Zinserträge
- Steuererstattungen

Die verschiedenen Kontenklassen

Kontenklasse 3: Wareneingangs- und Bestandskonten
- Wareneingangskonten (Materialeinkauf, Roh-, Hilfs- und Betriebsstoffe, Fertigerzeugnisse)
- Warenbestandskonten

Kontenklasse 4: Aufwandskonten
- Materialverbrauch
- Personalaufwand
- Raumkosten
- Betriebsbedarf
- Steuerzahlungen
- Werbekosten
- Bürobedarf

Kontenklasse 5: Nicht belegt im SKR 03

Kontenklasse 6: Nicht belegt im SKR 03

Kontenklasse 7: Bestände an Erzeugnissen
- Bestände an unfertigen und fertigen Erzeugnissen

Kontenklasse 8: Erlöskonten
- Betriebliche Erträge, die mit der betrieblichen Leistungserstellung zusammenhängen
- Erlösschmälerungen
- Eigenverbrauch

Kontenklasse 9: Vortragskonten und statistische Konten
Diese Konten werden zur Erfassung der laufenden Geschäftsvorfälle nicht benötigt.
Sie dienen nur dem Vortrag der Salden der Bestandskonten aus der Vorjahresbilanz oder statistischen Zwecken.

Kontenplan

Die Zusammenstellung der tatsächlich verwendeten Konten ist der so genannte Kontenplan.

Jedem Betrieb sein eigener Kontenplan

Der Unternehmer kann aus dem gewählten Kontenrahmen einen auf den individuellen betrieblichen Bedarf zugeschnittenen Kontenplan zusammenstellen.
Hierbei können innerhalb des gewählten Kontenrahmens individuelle Konten eingerichtet und nicht benötigte Konten weggelassen werden.

Wichtig für die Benutzer vom Computerprogrammen zur Buchführung
Sie finden in Ihrer Software immer vorgegebene Kontenrahmen. Ich rate, sich aus diesem Angebot einen Ihren Bedürfnissen entsprechenden auszuwählen und diesen ohne Kürzungen zu verwenden. Es mag zwar unnötig erscheinen, manche nicht benutzten Konten stets »mitzuschleppen« und eventuell auch auf den Drucklisten zu führen. Aber wenn Sie später z. B. wegen einer weiteren Bankverbindung zusätzliche Konten einrichten müssen, werden Sie sich über den ungekürzt vorhandenen Kontenrahmen freuen.

DATEV-Kontenrahmen nach dem Bilanzrichtlinien-Gesetz

Spezialkontenrahmen (SKR) 03

Gültig ab 1999

Bilanz-Posten[2]	Programm-verbindung[4]	Konto	0 Anlage- und Kapitalkonten
Aufwendungen für die Ingangsetzung und Erweiterung des Geschäftsbetriebs		**0001**	**Aufwendungen für die Ingangsetzung und Erweiterung des Geschäftsbetriebs**
Aufwendungen für die Währungsumstellung auf den Euro		**0002**	**Aufwendungen für die Währungsumstellung auf den Euro**
			Immaterielle Vermögensgegenstände
Konzessionen, gewerbliche Schutzrechte und ähnliche Rechte und Werte sowie Lizenzen an solchen Rechten und Werten		**0010**	**Konzessionen, gewerbliche Schutzrechte und ähnliche Rechte und Werte sowie Lizenzen an solchen Rechten und Werten**
		0015	Konzessionen
		0020	Gewerbliche Schutzrechte
		0025	Ähnliche Rechte und Werte
		0027	EDV-Software
		0030	Lizenzen an gewerblichen Schutzrechten und ähnlichen Rechten und Werten
Geschäfts- oder Firmenwert		**0035**	**Geschäfts- oder Firmenwert**
Geleistete Anzahlungen		**0038**	**Anzahlungen auf Geschäfts- oder Firmenwert**
		0039	**Anzahlungen auf immaterielle Vermögensgegenstände**
Verschmelzungsmehrwert		**0040**	**Verschmelzungsmehrwert**
			Sachanlagen
Grundstücke, grundstücksgleiche Rechte und Bauten einschließlich der Bauten auf fremden Grundstücken		**0050**	**Grundstücke, grundstücksgleiche Rechte und Bauten einschließlich der Bauten auf fremden Grundstücken**
		0060	**Grundstücke und grundstücksgleiche Rechte ohne Bauten**
		0065	Unbebaute Grundstücke
		0070	Grundstücksgleiche Rechte (Erbbaurecht, Dauerwohnrecht)
		0075	Grundstücke mit Substanzverzehr
Geleistete Anzahlungen und Anlagen im Bau		0079	Anzahlungen auf Grundstücke und grundstücksgleiche Rechte ohne Bauten
Grundstücke, grundstücksgleiche Rechte und Bauten einschließlich der Bauten auf fremden Grundstücken		**0080**	**Bauten auf eigenen Grundstücken und grundstücksgleichen Rechten**
		0085	Grundstückswerte eigener bebauter Grundstücke
		0090	Geschäftsbauten
		0100	Fabrikbauten
		0110	Garagen
		0111	Außenanlagen
		0112	Hof- und Wegebefestigungen
		0113	Einrichtungen für Geschäfts- und Fabrikbauten
		0115	Andere Bauten
Geleistete Anzahlungen und Anlagen im Bau		0120	Geschäfts-, Fabrik- und andere Bauten im Bau
		0129	Anzahlungen auf Geschäfts-, Fabrik- und andere Bauten auf eigenen Grundstücken und grundstücksgleichen Rechten

Bilanz-Posten[2]	Programm-verbindung[4]	Konto	0 Anlage- und Kapitalkonten
Grundstücke, grundstücksgleiche Rechte und Bauten einschließlich der Bauten auf fremden Grundstücken		0140	Wohnbauten
		0145	Garagen
		0146	Außenanlagen
		0147	Hof- und Wegebefestigungen
		0148	Einrichtungen für Wohnbauten
Geleistete Anzahlungen und Anlagen im Bau		0150	Wohnbauten im Bau
		0159	Anzahlungen auf Wohnbauten auf eigenen Grundstücken und grundstücksgleichen Rechten
Grundstücke, grundstücksgleiche Rechte und Bauten einschließlich der Bauten auf fremden Grundstücken		**0160**	**Bauten auf fremden Grundstücken**
		0165	Geschäftsbauten
		0170	Fabrikbauten
		0175	Garagen
		0176	Außenanlagen
		0177	Hof- und Wegebefestigungen
		0178	Einrichtungen für Geschäfts- und Fabrikbauten
		0179	Andere Bauten
Geleistete Anzahlungen und Anlagen im Bau		0180	Geschäfts-, Fabrik- und andere Bauten im Bau
		0189	Anzahlungen auf Geschäfts-, Fabrik- und andere Bauten auf fremden Grundstücken
Grundstücke, grundstücksgleiche Rechte und Bauten einschließlich der Bauten auf fremden Grundstücken		0190	Wohnbauten
		0191	Garagen
		0192	Außenanlagen
		0193	Hof- und Wegebefestigungen
		0194	Einrichtungen für Wohnbauten
Geleistete Anzahlungen und Anlagen im Bau		0195	Wohnbauten im Bau
		0199	Anzahlungen auf Wohnbauten auf fremden Grundstücken
Technische Anlagen und Maschinen		**0200**	**Technische Anlagen und Maschinen**
		0210	Maschinen
		0220	Maschinengebundene Werkzeuge
		0240	Maschinelle Anlagen
		0260	Transportanlagen u. ä.
		0280	Betriebsvorrichtungen
Geleistete Anzahlungen und Anlagen im Bau		0290	Technische Anlagen und Maschinen im Bau
		0299	Anzahlungen auf technische Anlagen und Maschinen
Andere Anlagen, Betriebs- und Geschäftsausstattung		**0300**	**Andere Anlagen, Betriebs- und Geschäftsausstattung**
		0310	Andere Anlagen
		0320	Pkw
		0350	Lkw
		0380	Sonstige Transportmittel
		0400	Betriebsausstattung
		0410	Geschäftsausstattung
		0420	Büroeinrichtung
		0430	Ladeneinrichtung
		0440	Werkzeuge
		0450	Einbauten
		0460	Gerüst- und Schalungsmaterial
		0480	Geringwertige Wirtschaftsgüter bis DM 800,-
		0490	Sonstige Betriebs- und Geschäftsausstattung
Geleistete Anzahlungen und Anlagen im Bau		0498	Andere Anlagen, Betriebs- und Geschäftsausstattung im Bau
		0499	Anzahlungen auf andere Anlagen, Betriebs- und Geschäftsausstattung

Häufigste Grundlage für Ihren Kontenplan: der Kontenrahmen SKR 03 DATEV

Wenn Sie verschiedene PC-Buchhaltungsprogramme miteinander vergleichen oder auch (was wohl seltener vorkommt) die Kontenlisten verschiedener Unternehmen, wird Ihnen eines auffallen: Bestimmte Konten haben immer dieselben Nummern. Grund ist, dass die Datenverarbeitungsorganisation der steuerberatenden Berufe und der Rechtsanwälte

DATEV

(DATEV) in Nürnberg als Europas größtes Service- und Rechenzentrum dieser Art mit seinen Kontenrahmen einen Deutschen Industriestandard gesetzt hat, der in nahezu alle Buchhaltungen und Computerprogramme eingegangen ist. Fast jeder Buchhalter arbeitet bewusst oder unbewusst mit dem Kontenrahmen SKR 03 der DATEV, den ich mit freundlicher Genehmigung der DATEV im Anhang zu diesem Buch in Gänze abdrucke.

So werden die wichtigsten Geschäftsvorfälle verbucht

In den vorangegangenen Kapiteln habe ich die Grundlagen der Buchführung erläutert. Die Theorie allein aber bringt niemanden weiter. Denn wichtig ist die Fähigkeit, einzelne Geschäftsvorfälle richtig einzuordnen und buchungstechnisch zu verarbeiten.

Wie bereits in früheren Kapiteln erläutert, nimmt Ihnen die EDV-Buchführung viele Arbeitsschritte ab – nicht jedoch das Denken! Und selbst wenn Sie die Erstellung Ihrer Finanzbuchführung an Dritte delegieren, müssen Sie als Unternehmer in der Lage sein, das schriftliche Buchhaltungswerk mit sämtlichen Auswertungsunterlagen zu verstehen. Nur so haben Sie einen wirklichen Überblick über die Finanzlage Ihres Unternehmens und können außerdem Plausibilitätsprüfungen vornehmen, was die Richtigkeit der Buchführung betrifft.

Die letzte Kontrolle hat der Unternehmer

Die Arbeitsvorbereitung

Ich habe es schon mehrfach erwähnt, aber es kann nicht oft genug gesagt werden: Der oberste Grundsatz einer ordnungsgemäßen Buchführung heißt: Keine Buchung ohne Beleg! Bevor Sie mit der Finanzbuchführung beginnen, müssen Sie deshalb Ihr ordentlich chronologisch geordnetes Belegwerk der entsprechenden Buchungsperiode auf den Schreibtisch legen.

Die Kontierung

Jetzt beginnen Sie mit der Kontierung, d. h. der schriftlichen Niederlegung jedes einzelnen Geschäftsvorfalls. Dies erfolgt entweder durch Erstellung einer manuellen Buchungsliste, oder Sie buchen die Geschäftsvorfälle sofort in den Computer, was einen Arbeitsgang erspart. Aus jedem Geschäftsvor-

fall wird dann ein Buchungssatz gebildet, dieser Buchungssatz besteht aus zwei vierstelligen Kontonummern, da jeder Buchungssatz zwei verschiedene Konten anspricht.
Der Buchungssatz zeigt an, auf welchen Konten der Geschäftsvorfall gebucht wurde. Die Kontennummern entnehmen Sie dem gewählten Kontenrahmen oder dem individuellen Kontenplan Ihres Unternehmens.

Der einfache Buchungssatz

Jeder Buchungssatz spricht zwei Konten an, wobei immer ein Konto eine Soll- und ein Konto eine Habenbuchung enthält. Soll- und Habenbuchung werden durch das dazwischengestellte Wort »an« als Buchungssatz miteinander verbunden.

Soll-und-Haben-Buchung

Beispiel:
Geschäftsvorfall: Sie kaufen Büromaterial für 300 DM und bezahlen aus Ihrer Kasse.
Inhaltliche Buchung: Büromaterial an Kasse
Buchungssatz: 4930 an 1000
Buchung auf T-Konten:

Soll	*Konto Büromaterial 4930*	*Haben*
300 DM		

Soll	*Konto Kasse 1000*	*Haben*
		300 DM

Das vorangegangene Buchungsbeispiel zeigt einen einfachen Buchungssatz, hier werden nur ein Konto im Soll und ein Konto im Haben angesprochen.

Der zusammengesetzte Buchungssatz

Spricht ein Geschäftsvorfall dagegen mehrere Konten im Soll oder Haben an, handelt es sich um einen zusammengesetzten Buchungssatz.

1. Beispiel:

Geschäftsvorfall: Sie kaufen Waren für 10.000 DM zuzüglich 16 Prozent Mehrwertsteuer und bezahlen per Überweisung.
Inhaltliche Buchung: Waren netto an Bank, Vorsteuer an Bank
Buchungssätze: 3200 an 1200, 1570 an 1200 oder bei automatischen Konten 3400 an 1200, hier wird direkt der Bruttobetrag inkl. Mehrwertsteuer gebucht und dem entsprechenden Vorsteuerkonto zugeordnet.
Buchung auf T-Konten:

Zusammengesetzter Buchungssatz

Soll	*Waren netto Konto 3200*	*Haben*
10.000 DM		

Soll	*Vorsteuer Konto 1570*	*Haben*
1.600 DM		

Soll	*Konto Bank 1200*	*Haben*
		1.600 DM
		10.000 DM

2. Beispiel:

Geschäftsvorfall: Sie kaufen eine EDV-Anlage in Höhe von 8.000 DM. Sie bezahlen 4.000 DM aus Ihrer Kasse und 4.000 DM per Banküberweisung.
Inhaltliche Buchung: EDV-Anlage (Betriebsausstattung) an Bank und EDV-Anlage an Kasse
Buchungssatz: 0401 an 1200, 0401 an 1000
Buchung auf T-Konten:

Soll	*Konto EDV-Anlage (Betriebsausstattung) 0401*	*Haben*
4.000 DM		
4.000 DM		

Soll	*Konto 1000 Kasse*	*Haben*
		4.000 DM

Soll	*Konto 1200 Bank*	*Haben*
		4.000 DM

Bei jedem Buchungssatz müssen die Summen der Soll- und der Habenbuchung identisch sein. Die vorangegangenen Buchungsbeispiele haben nur Aktivkonten angesprochen, die Sie auf der Aktivseite der Bilanz wieder finden. Bei diesen Konten werden sämtliche Vermögensmehrungen auf der Sollseite gebucht, Minderungen und Abgänge finden Sie auf der Habenseite, z. B. Zahlungen per Bank.
Der Unterschied zwischen Aktiv- und Passivkonten wird im nachfolgenden Abschnitt noch näher erläutert werden (siehe Seite 64 ff.).

Buchungssätze bedenken

Leitfaden vor jeder Buchung
Bevor Sie mit der Kontierung bzw. Eingabe der Buchungssätze beginnen, beantworten Sie folgende Fragen:

- Um welchen Geschäftsvorfall handelt es sich?
- Welche Konten werden bei diesem Geschäftsvorfall angesprochen?
- Handelt es sich bei den angesprochenen Konten um Aktiv- oder um Passivkonten?
- Wird der jeweilige Kontostand erhöht oder wird er vermindert?
- Wird auf dem jeweiligen Konto auf der Soll- oder auf der Habenseite gebucht?

Buchung von Geschäftsvorfällen während eines Geschäftsjahres

Chronologisch buchen

Die betrieblichen Geschäftsvorfälle können nicht wahllos durcheinander gebucht werden, sondern nur innerhalb eines Geschäftsjahres, und auch hier nur chronologisch innerhalb der jeweiligen Buchungsperioden (monatlich, vierteljährlich oder jährlich).
Jedes Geschäftsjahr muss eröffnet werden, damit Sie auf den Erfolgs- und Bestandskonten buchen können (und um nach den Abschlussbuchungen das Geschäftsjahr abzuschließen).

Ein Geschäftsjahr durchläuft buchhalterisch gesehen folgende Abschnitte:

Das buchhalterische Geschäftsjahr

Eröffnungsbilanz
Hier werden die Anfangsbestände der Aktiva und der Passiva gegenübergestellt.

↓

Konteneröffnung
Aus der Eröffnungsbilanz werden mit dem Eröffnungsbilanzkonto alle Anfangsbestände auf Bestandskonten vorgetragen.

↓

Laufende Buchungen
Erfassung aller Geschäftsvorfälle auf Erfolgs- und Bestandskonten.

↓

Kontenabschluss zum Geschäftsjahresende
1. Abschluss der Erfolgskonten
2. Ermittlung der Schlussbestände der Bestandskonten
3. Kontenabschluss über das Schlussbilanzkonto

↓

Schlussbilanz
Erstellung mit Gewinn-und-Verlust-Rechnung

Die Arbeit mit dem Eröffnungsbilanzkonto

Am Anfang

Jedes Geschäftsjahr beginnt mit der so genannten Eröffnungsbilanz, die in die verschiedenen vorhandenen Bestandskonten aufgelöst wird.

Beispiel: *Die Bilanzposition Fuhrpark 8.000 DM führt zur Anlage eines Kontos Fuhrpark mit einem Anfangsbestand von 8.000 DM.*

Da jede Buchung auch eine Gegenbuchung auslöst, werden alle Anfangsbestände auf das Gegenkonto »Eröffnungsbilanzkonto« gebucht. Somit bleibt das Prinzip der doppelten Buchführung (Doppik) gewahrt.

Der Anfangsbestand, der aus der Bilanz auf die Bestandskonten übertragen wird, erhält seine Gegenbuchung auf dem Eröffnungsbilanzkonto.

Sachvortragskonto 9000

Das Eröffnungsbilanzkonto wird bei DATEV-Kontenrahmen und den meisten anderen durch das Sachvortragskonto 9000 ersetzt.

Achtung: Die Bestände der Aktivseite (linke Seite) der Bilanz werden immer auf der Sollseite (linke Seite) als Anfangsbestand eröffnet.
Die Gegenbuchung auf dem Eröffnungsbilanzkonto erfolgt dann auf der Habenseite.

Ein Aktivkonto wird wie folgt eröffnet:

Aktivkonto an Eröffnungsbilanzkonto, z. B. 0420 (Büroeinrichtung) an 9000 (Eröffnungsbilanzkonto).

Die Bestände der Passivseite (rechte Seite) werden immer auf der Passivseite (rechte Seite) als Anfangsbestand eröffnet. Die Gegenbuchung auf dem Eröffnungsbilanzkonto erfolgt dann im Soll.

Ein Passivkonto wird wie folgt eröffnet:

Eröffnungsbilanzkonto

Eröffnungsbilanzkonto an Passivkonto, z. B. 9000 an 1600 (Verbindlichkeiten aus Lieferungen und Leistungen).

Wenn alle Aktiv- und Passivkonten eröffnet sind, können Sie auf den Bestandskonten buchen.

Die fortlaufenden Buchungen auf Bestandskonten:

Jeder Geschäftsvorfall verändert die Kapital- und Vermögensbestände Ihres Unternehmens. Diese Bestandsveränderungen werden nicht in der Bilanz festgehalten, sondern auf die zu Beginn des Geschäftsjahres übertragenen Anfangsbestände gebucht.

Die Buchung der laufenden Geschäftsvorfälle erfolgt jetzt auf den eröffneten Bestandskonten, die nach Aktiv- und Passivkonten unterschieden werden.

Beispiel für die Eröffnung von Bestandskonten einer Bilanz durch das Eröffnungsbilanzkonto		
Soll	**Haben**	**Betrag**
Geschäftsbauten	Eröffnungsbilanzkonto	200.000 DM
Geschäftsausstattung	Eröffnungsbilanzkonto	100.000 DM
Bank	Eröffnungsbilanzkonto	25.000 DM
Kasse	Eröffnungsbilanzkonto	5.000 DM
Eröffnungsbilanzkonto	Eigenkapital	150.000 DM
Eröffnungsbilanzkonto	Darlehen	100.000 DM
Eröffnungsbilanzkonto	Verbindlichkeiten aus Lieferungen/ Leistungen	80.000 DM

Buchen auf Aktivkonten:

Erhöhen Sie den Bestand eines Aktivkontos (linke Bilanzseite), so erfolgt die Buchung auf der Sollseite des jeweiligen Aktivkontos. Hierdurch wird natürlich das Unternehmensvermögen erhöht.

Erhöhung oder Verminderung des Vermögens

Eine Reduzierung des Aktivkontobestandes erfolgt durch Buchung auf der Habenseite, was zur Vermögensminderung führt.

Beispiel: *Ihr Konto Maschinen hat einen Anfangsbestand von 10.000 DM.*
Sie kaufen weitere Maschinen für 5.000 DM und zahlen per Banküberweisung.
Buchung: 0210 an 1200

Soll	*Konto Maschinen 0210*	*Haben*
10.000 DM *5.000 DM*		

Soll	*Konto Bank 1200*	*Haben*
		5.000 DM

Grafische Darstellung solcher Buchungen	
Aktivkonten (linke Bilanzseite, z. B. Anlagevermögen, Beteiligungen, Vorräte, Forderungen, Bank, Kasse)	
↓	↓
Soll	Haben
↓	↓
Erhöhungen verbuchen	Minderungen verbuchen

Buchen auf Passivkonten:
Bestandserhöhungen auf einem Passivkonto (rechte Bilanzseite) erfolgen immer auf der Habenseite, während Minderungen auf einem Passivkonto auf der Sollseite gebucht werden.

Passivkonto

Beispiel: *Ihr Konto Verbindlichkeiten hat einen Anfangsbestand von 8.000 DM. Da Sie eine Lieferantenforderung von 3.000 DM per Banküberweisung bezahlen, vermindert sich Ihr Bestand Verbindlichkeiten um 3.000 DM.*
Buchung:

Soll	*Konto Verbindlichkeiten aus Lieferungen und Leistungen 1600*	*Haben*
3.000 DM		*8.000 DM*

Soll	*Konto Bank 1200*	*Haben*
		3.000 DM

Grafische Darstellung solcher Buchungen	
Passivkonten (rechte Bilanzseite, z. B. Verbindlichkeiten, Darlehen, Eigenkapital, Rückstellungen)	
↓	↓
Soll	Haben
↓	↓
Minderungen verbuchen	Erhöhungen verbuchen

Die Arbeit mit dem Schlussbilanzkonto

Abschluss-buchungen der Bestands-konten

Wenn Sie alle Geschäftsvorfälle des laufenden Rechnungsjahres gebucht haben, müssen die Bestandskonten über das Schlussbilanzkonto abgeschlossen werden, damit anschließend der Jahresabschluss erstellt werden kann.

Aufgaben des Schlussbilanzkontos

- Zusammenfassung aller Schlussbestände der Bestandskonten
- Entwicklung der Schlussbilanz aus dem Schlussbilanzkonto. Mehrere Schlussbestände können zu einer Bilanzposition zusammengefasst werden
- Die aus dem Schlussbilanzkonto erstellte Schlussbilanz ist die Eröffnungsbilanz für das folgende Geschäftsjahr
- Über das Schlussbilanzkonto können Abweichungen der tatsächlichen Bestände (Ist-Bestände) von den buchmäßigen Beständen (Soll-Bestände) korrigiert werden, denn die Inventarwerte müssen am Bilanzstichtag mit der Schlussbilanz identisch sein

Identische Aktiv- und Passivkonten

Merkmale des Schlussbilanzkontos

- Die Summe der Schlussbestände der Aktivkonten ist identisch mit der Summe der Schlussbestände der Passivkonten.
- Die Werte der Schlussbilanz müssen mit denen des Inventars identisch sein, Abweichungen können vor Bilanzerstellung über das Schlussbilanzkonto korrigiert werden.

So erfolgen die Abschlussbuchungen der Bestandskonten: Zur besseren Darstellung und zum leichteren Verständnis habe ich jetzt die Vorgänge auf dem Konto 1200 in vier Schritte zerlegt – zu jedem finden Sie eine Kontodarstellung, in der nur der jeweilige Schritt hervorgehoben ist. In der Darstellung zu Punkt 4 finden sich dann alle Schritte zusammengefasst.

1. Schritt: Sie addieren die Beträge auf jeder Seite des Bestandskontos.

Soll	*Konto Bank 1200*	*Haben*
1.000 DM		500 DM
4.500 DM		2.800 DM
6.000 DM		3.000 DM
11.000 DM		7.000 DM
22.500 DM		13.300 DM

2. Schritt: Die Summe der wertmäßig höheren Kontoseite wird auf der anderen Kontoseite eingetragen.

Höhere Kontoseite und Saldovortrag

Soll	*Konto Bank 1200*	*Haben*
		22.500 DM
22.500 DM		13.300 DM

3. Schritt: Die Differenz wird errechnet und auf der zuvor kleineren Kontoseite als Saldo eingetragen.

Soll	*Konto Bank 1200*	*Haben*
		22.500 DM
22.500 DM		./. 13.300 DM
		9.200 DM

4. Schritt: Der auf der kleineren Kontoseite eingetragene Saldo ist der Schlussbestand des Bestandskontos am Bilanzstichtag. Er errechnet sich aus der Differenz der beiden Kontenseiten Soll und Haben.

Soll	*Konto Bank 1200*	*Haben*
1.000 DM		500 DM
4.500 DM		2.800 DM
6.000 DM		3.000 DM
11.000 DM		7.000 DM
		Schlussbestand 9.200 DM
22.500 DM		22.500 DM

Der so ermittelte Schlussbestand wird schließlich auf dem Schlussbilanzkonto gegengebucht.

Vom Eröffnungsbilanzkonto zum Schlussbilanzkonto – praktische Buchungsbeispiele

Eröffnung der Bestandskonten mit dem Eröffnungsbilanzkonto:

Soll	Haben	Betrag
Geschäftsbauten	Eröffnungsbilanzkonto	200.000 DM
Geschäftsausstattung	Eröffnungsbilanzkonto	100.000 DM
Bank	Eröffnungsbilanzkonto	25.000 DM
Kasse	Eröffnungsbilanzkonto	5.000 DM
Eröffnungsbilanzkonto	Eigenkapital	150.000 DM
Eröffnungsbilanzkonto	Darlehen	100.000 DM
Eröffnungsbilanzkonto	Verbindlichkeiten aus Lieferungen/ Leistungen	80.000 DM

Diese Bestandskonten finden Sie ebenso wie die gleich folgenden Geschäftsvorfälle ab Seite 70 noch mal in einer Darstellung als Buchungen auf T-Konten wieder.

Die angesprochenen laufenden Geschäftsvorfälle während des Geschäftsjahres sind für dieses Beispiel die folgenden Transaktionen:

Geschäftsvorfälle

1. Sie verkaufen einen Teil Ihrer Geschäftsausstattung für 20.000 DM, der Geldeingang erfolgt anschließend auf dem Bankkonto.
2. Sie zahlen eine Lieferantenrechnung in Höhe von 25.000 DM per Banküberweisung.
3. Sie leisten eine Sondertilgung Ihres Geschäftsdarlehens in Höhe von 10.000 DM vom Bankkonto.
4. Sie kaufen einen Schreibtisch für 1.000 DM und zahlen aus der Kasse.

Die daraus resultierenden Buchungssätze sehen dann wie folgt aus:

Soll	**an**	**Haben**	**DM**
1. Bank	→	Geschäftsausstattung	20.000 DM
2. Verbindlichkeiten	→	Bank	25.000 DM
3. Darlehen	→	Bank	10.000 DM
4. Geschäftsausstattung	→	Kasse	1.000 DM

So stellen sich die Eröffnung der Bestandskonten und die vier Geschäftsvorfälle als Buchungen auf T-Konten dar:

Soll	*Eröffnungsbilanzkonto*		*Haben*
Eigenkapital	150.000 DM	Geschäftsbauten	200.000 DM
Darlehen	100.000 DM	Geschäftsausstattung	100.000 DM
Verbindlichkeiten Lieferungen/Leistungen	80.000 DM	Bank	25.000 DM
		Kasse	5.000 DM
	330.000 DM		330.000 DM

Soll	*Konto Geschäftsbauten*		*Haben*
Anfangsbestand	200.000 DM	Schlussbilanzkonto	200.000 DM

Soll	*Konto Geschäftsausstattung*		*Haben*
Anfangsbestand	100.000 DM	Geschäftsvorfall 1	20.000 DM
Geschäftsvorfall 4	1.000 DM		
		Schlussbilanzkonto	81.000 DM
	101.000 DM		101.000 DM

Soll	*Konto Bank*		*Haben*
Anfangsbestand	25.000 DM	Geschäftsvorfall 2	25.000 DM
Geschäftsvorfall 1	20.000 DM	Geschäftsvorfall 3	10.000 DM
		Schlussbilanzkonto	10.000 DM
	45.000 DM		45.000 DM

Soll	*Konto Kasse*		*Haben*
Anfangsbestand	5.000 DM	Geschäftsvorfall 4	1.000 DM
		Schlussbilanzkonto	4.000 DM
	5.000 DM		5.000 DM

Soll	*Konto Eigenkapital*		*Haben*
Schlussbilanzkonto	150.000 DM	Anfangsbestand	150.000 DM

Soll	*Konto Darlehen*		*Haben*
Geschäftsvorfall 3	10.000 DM	Anfangsbestand	100.000 DM
Schlussbilanzkonto	90.000 DM		
	100.000 DM		100.000 DM

Soll	*Konto Verbindlichkeiten aus Lieferungen/Leistungen*		*Haben*
Geschäftsvorfall 2	25.000 DM	Anfangsbestand	80.000 DM
Schlussbilanzkonto	55.000 DM		
	80.000 DM		80.000 DM

Der Abschluss der Bestandskonten über das Schlussbilanzkonto sieht dann wie folgt aus:

Soll	**an**	**Haben**	**DM**
Schlussbilanzkonto	→	Geschäftsbauten	200.000 DM
Schlussbilanzkonto	→	Geschäftsausstattung	81.000 DM
Schlussbilanzkonto	→	Bank	10.000 DM
Schlussbilanzkonto	→	Kasse	4.000 DM
Eigenkapital	→	Schlussbilanzkonto	150.000 DM
Darlehen	→	Schlussbilanzkonto	90.000 DM
Verbindlichkeiten Lief./ Leistungen	→	Schlussbilanzkonto	55.000 DM

Wie wirken sich Bestandsveränderungen in der Bilanz aus?

Bestandsveränderungen wirken sich immer auf das Unternehmervermögen aus, entweder als Mehrung oder aber als Minderung.
Aufgrund des Systems der doppelten Buchführung wirken sich alle Bestandsveränderungen doppelt aus, da jede Buchung zwei Konten anspricht und eine Soll- und eine Habenbuchung enthält.

Der Aktivtausch

Linke und rechte Seite der Bilanz

Hier handelt es sich um Geschäftsvorfälle, bei denen ein Aktivposten der Bilanz erhöht und ein zweiter Aktivposten in gleicher Höhe verringert wird.
Ein Aktivtausch berührt demzufolge generell nur die linke Seite der Bilanz.

Beispiel: *Sie kaufen einen Pkw und zahlen ihn per Banküberweisung.*

Der Passivtausch

Hier handelt es sich um Geschäftsvorfälle, bei denen ein Passivposten der Bilanz erhöht und ein zweiter Passivposten in gleicher Höhe verringert wird. Ein Passivtausch berührt nur die rechte Bilanzseite.

Beispiel: *Eine Verbindlichkeit an Lieferanten wird durch ein Bankdarlehen abgelöst.*

Die Aktiv-Passiv-Mehrung

Hier handelt es sich um einen Geschäftsvorfall, bei dem ein Aktivposten und ein Passivposten der Bilanz in gleichem Maß erhöht werden.

Beispiel: *Sie kaufen sich neue Büromöbel und nehmen hierfür ein Bankdarlehen auf.*

Die Aktiv-Passiv-Minderung

Hier liegt ein Vorfall zugrunde, bei dem ein Aktiv- und ein Passivposten der Bilanz in gleicher Höhe vermindert werden.

Beispiel: *Sie zahlen Ihre Steuerrückstände mit einer Banküberweisung.*

Buchung auf Erfolgskonten

Bei den Erfolgskonten handelt es sich um Konten, auf denen betrieblicher Aufwand und Ertrag gebucht werden. Diese Aufwand- und Ertragskonten werden in der Gewinn-und-Verlust-Rechnung als Bestandteil des Jahresabschlusses zusammengefasst, ihr Saldo weist das Unternehmensergebnis eines Wirtschaftsjahres aus (Gewinn oder Verlust). Die Erfolgskonten haben im Gegensatz zu den Bestandskonten keinen Einfluss auf das Unternehmervermögen, sie beeinflussen jedoch den Gewinn oder Verlust des Unternehmens. Daher handelt es sich bei den Erfolgskonten um Ertragskonten und Aufwandskonten.

Ermittlung des Ergebnisses eines Unternehmens

Ertragskonten

Erträge sind die Einnahmen eines Unternehmens in einer Rechnungsperiode, die durch die Erstellung von Gütern oder Dienstleistungen entstehen. Diese betrieblichen Leistungen erhöhen das Eigenkapital des Unternehmens, z. B. Verkaufserlöse, Zinserträge etc.

Eigenkapitalerhöhung

Alle betrieblichen Erträge werden auf Ertragskonten gebucht. Sie erhöhen das Eigenkapital.

Aufwandskonten

Aufwendungen sind die in einer Rechnungsperiode vom Unternehmen verbrauchten Güter und Dienstleistungen, die zur Erstellung einer betrieblichen Leistung benötigt werden. Die Aufwendungen werden in der Gewinn-und-Verlust-Rechnung den Erträgen gegenübergestellt. Übersteigen die Aufwendungen die Erträge, entsteht ein Verlust. Sind die Er-

träge höher als die Aufwendungen, weist die Gewinn-und-Verlust-Rechnung einen Gewinn aus.
Die betrieblichen Aufwendungen werden auf den Aufwandskonten gebucht, sie vermindern das Eigenkapital.

Buchungen auf dem Eigenkapitalkonto (Passivkonto)

Soll	*Eigenkapitalkonto*	*Haben*
		Anfangsbestand
Minderungen, z. B. durch Aufwendungen		Erhöhungen z. B. durch Erträge
Privatentnahmen		Privateinlagen
Schlussbestand		

Buchung auf Erfolgskonten

Die durch Aufwendungen und Erträge entstehenden Eigenkapitaländerungen werden jedoch auf Unterkonten dieses Eigenkapitalkontos, den Erfolgskonten gebucht.

Achtung: Die Aufwandskonten sind Aktivkonten. Aufwandserhöhungen werden im Soll, Minderungen im Haben gebucht. Die Ertragskonten sind Passivkonten, Erhöhungen werden im Haben, Ertragsminderungen im Soll gebucht.

Soll	*Aufwandskonto*	*Haben*
Aufwendungen		

Soll	*Privatentnahmen*	*Haben*
Entnahmen		

Soll	*Ertragskonten*	*Haben*
		Erträge

Soll	*Privateinlagen*	*Haben*
		Privateinlagen

Blitzübersicht: Erfolgskonten

Aufwandskonten (Kontenklasse 4 in SKR 03)	**Ertragskonten (Kontenklasse 8 in SKR 03)**
Materialkosten Löhne, Gehälter Raumkosten Wareneinkauf Bürobedarf Telefon- und Faxkosten Porto Kfz-Kosten Leasing Betriebliche Steuern Abschreibungen	Erlöse aus Lieferungen und Leistungen Zinserträge Erlöse aus Anlagenverkäufen Umsatzsteuervergütungen Eigenverbrauch

Buchen auf Erfolgskonten während des Geschäftsjahres

Bevor Sie auf den Aufwands- oder Ertragskonten buchen, müssen Sie – wie bei allen Buchungen – entscheiden, ob die Beträge im Soll oder im Haben stehen müssen.

Aufwands- und Ertragskonten

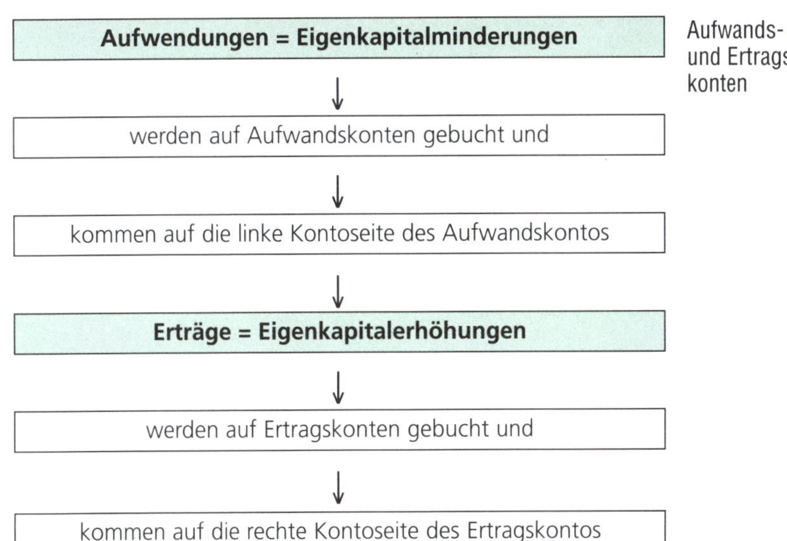

Buchungen auf Erfolgskonten

Beispiel: *Sie kaufen Büromaterial für 120 DM und bezahlen aus der Kasse.*
Buchungssatz: Büromaterial (4930) an Kasse (1000)
Buchung auf T-Konten:

Soll	*Büromaterial*	*Haben*
120 DM		

Soll	*Kasse*	*Haben*
		120 DM

Buchungen während eines Geschäftsjahres

Beispiel: *Ihrem Bankkonto werden für Ihren Firmenkredit Zinsen in Höhe von 1.000 DM belastet.*
Buchungssatz: Zinsaufwand für langfristige Verbindlichkeiten (2120) an Bank (1200)
Buchung auf T-Konten:

Soll	*Zinsaufwendungen*	*Haben*
1.000 DM		

Soll	*Bank*	*Haben*
		1.000 DM

Beispiel: *Sie bezahlen die Kfz-Steuer für Ihren betrieblichen Pkw in Höhe von 600 DM per Banküberweisung.*
Buchungssatz: Kfz-Steuer (4510) an Bank (1200)
Buchung auf T-Konten:

Soll	*Kfz-Steuer*	*Haben*
600 DM		

Soll	*Bank*	*Haben*
		600 DM

Beispiel: *Sie stellen einem Kunden eine Rechnung in Höhe von 15.000 DM.*
Buchungssatz: Forderungen (1401) an Umsatzerlöse (8400)
Buchung auf T-Konten:

Rechnungsstellung

Soll	*Forderungen*	*Haben*
15.000 DM		

Soll	*Umsatzerlöse*	*Haben*
		15.000 DM

Beispiel: *Sie erhalten vom Finanzamt eine Umsatzsteuererstattung in Höhe von 5.000 DM.*
Buchungssatz: Bank (1200) an Umsatzsteuererstattung (8955)
Buchung auf T-Konten:

Umsatzsteuererstattung

Soll	*Bank*	*Haben*
5.000 DM		

Soll	*Umsatzsteuererstattung*	*Haben*
		5.000 DM

Beispiel: *Die Bank schreibt Ihrem Firmenkonto Zinsen in Höhe von 300 DM gut.*
Buchungssatz: Bank (1200) an Zinserträge (2650)
Buchung auf T-Konten:

Zinserträge

Soll	*Bank*	*Haben*
300 DM		

Soll	*Zinserträge*	*Haben*
		300 DM

Wie werden Erfolgskonten abgeschlossen?

Während die Bestandskonten über das Schlussbilanzkonto abgeschlossen werden, erfolgt bei den Erfolgskonten die Kontoschließung über ein Gewinn-und-Verlust-Konto. Grafisch dargestellt sieht das so aus (wobei in dieser Übersicht die Stellung auf linker bzw. rechter Seite ohne Belang ist).

Bestandskonten	**Erfolgskonten**
↓	↓
Schließung	Schließung
↓	↓
Schlussbilanzkonto	Gewinn-und-Verlust-Konto
↓	↓
Bilanz	Gewinn-und-Verlust-Rechnung

Buchungssätze bei Abschluss der Erfolgskonten

Zunächst werden die Beträge jedes Aufwands- und Ertragskontos addiert, sodann wird der Saldo gebildet. Dieser wird auf der gegenüberliegenden Kontoseite notiert.
Die dann vorzunehmenden Buchungssätze für die Abschlussbuchungen der beiden Erfolgskontoarten sind:

- Gewinn-und-Verlust-Konto an Aufwandskonto
- Ertragskonto an Gewinn-und-Verlust-Konto

Soll	*Aufwandskonto*	*Haben*
Aufwendungen		Saldo GuV-Konto

Soll	*Ertragskonto*	*Haben*
Saldo GuV-Konto		Erträge

Soll	*Gewinn-und-Verlust-Konto*	*Haben*
Saldo der Aufwendungen		Saldo der Erträge
Saldo: Gewinn		Saldo: Verlust

Ist die Differenz zwischen Erträgen und Aufwendungen positiv, hat das Unternehmen Gewinn erwirtschaftet. Ist die Summe der Aufwendungen dagegen höher als die Summe der Erträge, handelt es sich um einen Verlust.

Wichtig: Ein Gewinn wird auf dem GuV-Konto immer als Saldo im Soll notiert, während ein Verlust auf dem GuV-Konto immer als Saldo im Haben steht.

Abschluss über das Eigenkapitalkonto

Ertragskonten berühren das Eigenkapital des Unternehmens. Daher wird das Gewinn-und-Verlust-Konto auch über das Eigenkapitalkonto abgeschlossen, dessen Stand durch einen Gewinn erhöht und durch einen Verlust vermindert wird.

Beispiel 1: Abschluss der Erfolgskonten und des GuV-Kontos bei Gewinn

Die Buchungssätze sehen wie folgt aus:

Soll	an	Haben	DM
Umsatzerlöse	→	GuV-Konto	100.000 DM
Erlöse aus Anlagenverkäufen	→	GuV-Konto	20.000 DM
Zinserträge	→	GuV-Konto	2.000 DM
GuV-Konto	→	Zinszahlungen	1.000 DM
GuV-Konto	→	Gehälter	30.000 DM
GuV-Konto	→	Miete	12.000 DM

Buchung auf T-Konten:

Soll	*Umsatzerlöse*	*Haben*
GuV-Konto	100.000 DM	100.000 DM

Soll	*Erlöse aus Anlagenverkäufen*	*Haben*
GuV-Konto	20.000 DM	20.000 DM

Soll	*Zinserträge*		*Haben*
GuV-Konto	2.000 DM		2.000 DM

Soll	*Zinszahlungen*		*Haben*
1.000 DM		GuV-Konto	1.000 DM

Soll	*Gehälter*		*Haben*
30.000 DM		GuV-Konto	30.000 DM

Wenn ein Geschäftsjahr erfolgreich ist

Soll	*Miete*		*Haben*
12.000 DM		GuV-Konto	12.000 DM

Soll	*Gewinn-und-Verlust-Konto*		*Haben*
Zinszahlungen	1.000 DM	Umsatzerlöse	100.000 DM
Gehälter	30.000 DM	Erlöse aus Anlagenverkäufen	20.000 DM
Miete	12.000 DM	Zinserträge	2.000 DM
Saldo (Gewinn)	**43.000 DM**		
	122.000 DM		**122.000 DM**

Soll	*Eigenkapitalkonto*		*Haben*
		AB (Anfangsbestand)	50.000 DM
		GuV-Konto (Gewinn)	43.000 DM

Bei diesem Beispiel hat das Unternehmen im Geschäftsjahr einen Gewinn erwirtschaftet, die Erträge übersteigen die Aufwendungen.
Ist die Summe der Aufwendungen jedoch höher als die Ertragssumme, wurde das Geschäftsjahr mit einem Verlust abgeschlossen.

Beispiel 2: Abschluss der Erfolgskonten und des GuV-Kontos bei Verlust

Soll	an	Haben	DM
Umsatzerlöse	→	GuV-Konto	70.000 DM
Zinserträge	→	GuV-Konto	5.000 DM
GuV-Konto	→	Zinszahlungen	10.000 DM
GuV-Konto	→	Gehälter	28.000 DM
GuV-Konto	→	Wareneinkauf	50.000 DM
GuV-Konto	→	Miete	24.000 DM

Buchung auf T-Konten:

Soll	*Umsatzerlöse*		*Haben*
GuV-Konto	70.000 DM		70.000 DM

Soll	*Zinserträge*		*Haben*
GuV-Konto	5.000 DM		5.000 DM

Abschluss eines nicht so erfolgreichen Geschäftsjahres

Soll	*Zinszahlungen*		*Haben*
10.000 DM		GuV-Konto	10.000 DM

Soll	*Gehälter*		*Haben*
28.000 DM		GuV-Konto	28.000 DM

Soll	*Wareneinkauf*		*Haben*
50.000 DM		GuV-Konto	50.000 DM

Soll	*Miete*		*Haben*
24.000 DM		GuV-Konto	24.000 DM

Soll	*Gewinn-und-Verlust-Konto*		*Haben*
Zinszahlungen	10.000 DM	Umsatzerlöse	70.000 DM
Gehälter	28.000 DM	Zinserträge	5.000 DM
Wareneinkauf	50.000 DM		
Miete	24.000 DM		
		Saldo (Verlust)	**37.000 DM**
	112.000 DM		**112.000 DM**

Soll	*Eigenkapitalkonto*		*Haben*
GuV (Verlust)	37.000 DM	AB (Anfangsbestand)	60.000 DM

Buchung von besonders häufigen Geschäftsvorfällen

Die vorangegangenen Kapitel haben Ihnen anhand vieler Beispiele das System der doppelten Buchführung gezeigt. Nun sollte es Ihnen möglich sein, die Bestandskonten von den Erfolgskonten zu unterscheiden und auf diesen zu buchen bis hin zum Kontenabschluss. Aufgrund der dargestellten Beispiele können Sie Ihre Finanzbuchführung jetzt eigentlich selbst erstellen.

Finanzbuchführung in der Praxis

Die entsprechenden Konten für jeden Buchungsvorgang entnehmen Sie dem gewählten Kontenrahmen oder Ihrem individuellen betrieblichen Kontenplan.

Nachfolgend zeige ich nun weitere Beispiele für die Buchung verschiedener häufiger Geschäftsvorfälle, die sehr viele Unternehmen betreffen. Achten Sie jedoch bei der Übertragung auf Ihr Unternehmen darauf, dass Kapitalgesellschaften (z. B. eine GmbH) keine Privatkonten haben und somit Privatentnahmen und Privateinlagen ausgeschlossen sind.

Zur Erinnerung, Sie buchen immer:

Kontosollseite	**an**	**Kontohabenseite**

Buchung auf Aufwandskonten

Betrieblicher Aufwand wird auf den Konten der Kontenklasse IV gebucht. Handelt es sich um Rechnungsbeträge mit Mehrwertsteuer, die beim Unternehmer als Vorsteuer abzugsfähig ist, werden bei den Aufwandskonten die entsprechenden Mehrwertsteuerschlüssel vorangestellt (siehe Seite 103 f. und Seite 149 f.).

Mehrwertsteuerschlüssel

1. Beispiel: *Sie bezahlen Ihre Büromiete von 2.000 DM zuzüglich 16 Prozent Mehrwertsteuer vom Bankkonto. Buchungssatz: Konto Büromiete (504210) 2.320,00 DM an Bank (1210) 2.320,00 DM*

2. Beispiel: *Sie bezahlen Fachliteratur in Höhe von 1.000 DM zuzüglich 7 Prozent Mehrwertsteuer aus der Kasse. Buchungssatz: Konto Fachliteratur (604940) 1.070,00 DM an Kasse (1000) 1.070,00 DM*

Buchung auf automatische Aufwandskonten

Es gibt auch automatische Konten, denen Sie keinen Mehrwertsteuerschlüssel voranstellen müssen. Hier wird die in dem Rechnungsbetrag enthaltene Mehrwertsteuer automatisch dem Vorsteuerkonto zugeordnet und in der entsprechenden Umsatzsteuer-Voranmeldung berücksichtigt.
Sie müssen bei der Kontenauswahl nur darauf achten, dass Sie das Konto mit dem richtigen automatischen Mehrwertsteuerschlüssel wählen.

Die Mehrwertsteuer wird automatisch zugeordnet

1. Beispiel: *Sie kaufen Waren in Höhe von 10.000 DM zuzüglich 7 Prozent Mehrwertsteuer und zahlen per Bank. Buchungssatz: Konto Wareneingang 7 % MwSt (3300) 10.700 DM an Bank (1200) 10.700 DM*

2. Beispiel: *Sie buchen Reisekosten Unternehmer (hier betrieblich gefahrene Kilometer) mit 6,1 Prozent Vorsteuer. Buchungssatz: Kilometergelderstattung Unternehmer 6,1 % Vorsteuer (4678) 1.000 DM an Kasse (1000) 1.000 DM*

Buchung auf Erlöskonten

Bei den Erlöskonten (Kontenklasse 8) gibt es sehr viele automatische Konten.

1. Beispiel: *Ihr Kunde zahlt eine Rechnung von 20.000 DM zuzüglich 16 Prozent Mehrwertsteuer auf Ihr Bankkonto. Buchungssatz: Bank (1200) 23.200 DM an Erlöse 16 % (8400) 23.000 DM*

2. Beispiel: *Ihr Kunde zahlt Ihre Rechnung von 1.000 DM zuzüglich 7 Prozent Mehrwertsteuer in bar. Buchungssatz: Kasse (1000) 1.070 DM an Erlöse 7 % (8300) 1.070 DM*

Buchung auf Privatkonten

Kapitalgesellschaften haben kein Privatkonto

Einzelunternehmer und Gesellschafter von Personengesellschaften können sowohl Geld aus dem Betrieb entnehmen (Privatentnahme) als auch privates Geld in das Unternehmen eingeben (Privateinlage). Ebenso können betriebliche Leistungen oder Gegenstände in das Privatvermögen überführt werden oder private Gegenstände in das Betriebsvermögen eingelegt werden. Für diese Geschäftsvorgänge werden für die Gesellschafter von Personengesellschaften oder den Einzelunternehmer Privatkonten geführt. Das Privatkonto ist ein direktes Unterkonto des Eigenkapitalkontos, dessen Bestandserhöhungen oder -verminderungen keinen Einfluss auf das Betriebsergebnis (Gewinn oder Verlust) haben.

Das Eigenkapitalkonto ist ein Passivkonto. Daher gelten folgende Regeln:

- Privateinlagen erhöhen das Eigenkapital und werden auf der Habenseite des Eigenkapitalkontos gebucht.
- Privatentnahmen mindern das Eigenkapital und werden auf der Sollseite des Eigenkapitalkontos gebucht.

Beispiele für Privatentnahmen sind z. B. die Zahlungen für Versicherungen oder Einkommensteuerzahlungen des Unternehmers, wenn diese direkt vom Firmenkonto bezahlt werden. Der Bestand auf dem Bankkonto verringert sich zwar, dies hat jedoch keinen Einfluss auf das Betriebsergebnis, da die Zahlungen nicht für betriebliche Ausgaben erfolgten. Füllt der Einzelunternehmer das Firmenbankkonto durch Einzahlungen aus dem Privatvermögen wieder auf, handelt es sich um eine Privateinlage, die ebenfalls erfolgsneutral ist.

Achtung: Kapitalgesellschaften (z. B. eine GmbH) haben keine Privatsphäre und führen als eigene Rechtspersönlichkeit daher auch für ihre Gesellschafter keine Privatkonten. Die Inhaber (Gesellschafter) einer Kapitalgesellschaft müssen ihre Privatausgaben aus ihren Tätigkeitsvergütungen bezahlen. Diese Zahlungen berühren nur die Gesellschafterebene. Einzahlungen in die Kapitalgesellschaft können nur über Gesellschafterdarlehen oder Stammkapitalerhöhungen erfolgen.

1. Privateinlagen als Geldeinzahlung

Häufig kommt es vor, dass ein Einzelunternehmer Geld aus seinem Privatvermögen in das Unternehmen einzahlt, um die Firmenliquidität zu erhöhen.

Beispiel: *Sie zahlen von Ihrem Privatkonto 20.000 DM auf Ihr Firmenkonto.*
Buchungssatz: Bank (1200) 20.000 DM an Privateinlage (1890) 20.000 DM

Erfolgsneutrale Buchung

Durch diese Buchung erhöht sich der Bestand Ihres Bankkontos, nicht jedoch das Betriebsergebnis, die Buchung ist erfolgsneutral.

2. Privatentnahmen als Geldentnahme

Wenn der Unternehmer vom Firmenkonto private Rechnungen bezahlt oder Bargeld für den privaten Konsum abhebt, handelt es sich um eine Privatentnahme.

1. Beispiel: *Sie entnehmen einen Betrag von 500 DM in bar aus der Firmenkasse.*
Buchungssatz: Privatentnahme (1800) 500 DM an Kasse (1000) 500 DM

2. Beispiel: *Sie bezahlen Ihre Krankenversicherung in Höhe von 1.000 DM vom Firmenkonto.*
Buchungssatz: Sonderausgaben beschränkt abzugsf. (1821) 1.000 DM an Bank (1200) 1.000 DM

Privatnutzung von betrieblichen Leistungen (Eigenverbrauch)

Der Unternehmer kann nicht nur Geld aus seiner Firma ziehen, sondern auch betriebliche Leistungen oder Gegenstände privat entnehmen. Diese Art der Privatentnahme heißt Eigenverbrauch.

Telefon und Pkw

Betriebliche Gegenstände sind z. B. Teile des Anlage- oder Vorratsvermögens, betriebliche Leistungen sind z. B. die private Nutzung des Geschäftstelefons oder Privatfahrten mit dem betrieblichen Pkw.

Wenn der Unternehmer betriebliche Leistungen oder Gegenstände in sein Privatvermögen überführt, wird er zum Endverbraucher und auch steuerlich so behandelt. Der Eigenverbrauch ist deshalb umsatzsteuerpflichtig.

Bemessungsgrundlage für die zu entrichtende Umsatzsteuer (die evtl. mit Vorsteuerbeträgen verrechnet wird) sind die Anschaffungskosten oder der Wiederbeschaffungspreis.

1. Beispiel: *Sie entnehmen Ihren Pkw aus Ihrem Betriebsvermögen mit einem Zeitwert von 10.000 DM.*
Buchungssatz: Privatentnahme (1800) 10.000 DM an Entnahme von Gegenständen 16 % (8910) 10.000 DM

Verkauf an privat

Diese Privatentnahme ist de facto ein Verkauf an privat, daher erfolgt die Buchung auf einem Erlöskonto.

Dieses Erlöskonto 8910 rechnet die anteilige Mehrwertsteuer automatisch aus und berücksichtigt dabei auch den Betrag auf dem Umsatzsteuerkonto bzw. in der entsprechenden Umsatzsteuer-Voranmeldung.

2. Beispiel: *Sie nutzen Ihr betriebliches Telefon zu 50 Prozent privat, was einem Wert von 50 Prozent der angefallenen Kosten (hier 1.000 DM zuzüglich 16 Prozent Mehrwertsteuer) entspricht.*
Buchungssatz: Privatentnahme (1800) 1.160 DM an Entnahme von sonstigen Leistungen 16 % 1.160 DM

Private Nutzung des Firmenwagens

Das häufigste Beispiel für den Eigenverbrauch ist neben der Warenentnahme die private Nutzung von betrieblichem Telefon und betrieblichem Pkw. Der Eigenverbrauch für die private Nutzung des Firmen-Pkw errechnet sich durch den Listenpreis (1 %) zuzüglich Fahrten zwischen Wohnung und Arbeitsstätte (0,03 % vom Listenpreis). Nähere Erläuterungen hierzu finden Sie ab Seite 192 ff.

Die meisten EDV-Buchhaltungsprogramme beinhalten zur Erleichterung der Wertermittlung verschiedene Eigenverbrauchsrechenprogramme.

Buchung von Wareneinkäufen

Eines der wichtigsten unternehmerischen Geschäftsfelder ist der Einkaufsbereich, also der Erwerb von Waren, fertigen oder unfertigen Erzeugnissen sowie von Roh-, Hilfs- und Betriebsstoffen. Hier werden die Wareneingangs- und Bestandskonten der Kontenklasse III angesprochen. Viele Wareneingangskonten haben automatische Mehrwertsteuerschlüssel, so dass Sie sich um die Umsatzsteuer keine Gedanken machen müssen.

1. Beispiel: *Sie kaufen Handelswaren (zum Wiederverkauf) im Wert von 5.000 DM zuzüglich 16 Prozent Mehrwertsteuer und zahlen per Bank.*
Buchungssatz: Wareneingang 16 % (3400) 5.800 DM an Bank (1200) 5.800 DM
Hier wird die Vorsteuer des Unternehmers automatisch auf Konto 1576 gebucht.

2. Beispiel: *Sie kaufen Handelswaren (z. B. Bücher) im Wert von 3.000 DM zuzüglich 7 Prozent Mehrwertsteuer und zahlen per Bank.*
Buchungssatz: Wareneingang 7 % (3300) 3.280 DM an Bank (1200) 3.280 DM
Hier wird die Vorsteuer des Unternehmers automatisch auf Konto 1571 gebucht.

Buchung der Warenbezugskosten

Anschaffungsnebenkosten

Die Rechnungen für Wareneinkauf enthalten neben den Wareneinkaufspreisen fast immer auch Anschaffungsnebenkosten wie Transport-, Verpackungs-, Versicherungskosten etc. Diese Bezugskosten müssen nach § 255 Abs. 1 HGB den Anschaffungskosten hinzugerechnet werden, sie erhöhen somit die Wareneinkaufspreise. Diese Anschaffungsnebenkosten werden auf gesonderten Bezugskostenkonten gebucht, damit der Unternehmer eine genaue Kalkulation durchführen kann.

Beispiel: *Die Transportkosten für Ihre Warenlieferung betragen 100 DM.*
Buchungssatz: Anschaffungsnebenkosten (3800) 100 DM an Bank (1200) 100 DM

Offene-Posten-Buchhaltung

1. Buchen mit Kreditoren

Noch offene Verbindlichkeiten

Der Unternehmer zahlt nicht jede Eingangsrechnung sofort, da oft noch die Zahlungsziele mit den entsprechenden Skontovorteilen beansprucht werden. Somit werden die Eingangsrechnungen erfasst, ohne dass ein Geldabfluss zu verzeichnen ist. Die entstehende Verbindlichkeit an den Lieferanten wird auf einem Kreditorenkonto (Verbindlichkeiten) gebucht.
Für jeden Lieferanten richten Sie ein gesondertes Kreditorenkonto ein. Dieses Konto wird auch als »Offene-Posten-Konto« bezeichnet, da es die noch offenen Verbindlichkeiten des Unternehmers dokumentiert.

Diese Kreditorenkonten werden in den Kontenklassen 7 bis 9 gebucht.

Beispiel: *Sie kaufen Waren von Ihrem Lieferanten Nr. 70002 Firma ABC im Wert von 10.000 DM zuzüglich 16 Prozent Mehrwertsteuer auf Rechnung, Zahlungsziel 30 Tage.*
Buchungssatz: Wareneingang 16 % (3400) 11.600 DM an Lieferant ABC (70002) 11.600 DM

Durch diese Buchung wird die noch offene Rechnung als Kreditor (offener Posten) angelegt, der Wareneingang jedoch schon verbucht, die Vorsteuer dem Vorsteuerkonto zugerechnet.

Buchung bei Zahlung der Rechnung per Bank: Lieferant ABC (70002) 11.600 DM an Bank (1200) 11.600 DM

Das Kreditorenkonto Nr. 70002 ist somit vollständig erloschen, da die Verbindlichkeit vollständig getilgt wurde.

2. Buchen mit Debitoren

Säumige Kunden

Die Zahlungsmoral der Kunden ist leider nicht so, dass alle Rechnungen sofort bezahlt werden. Da auch Ihre Kunden die Zahlungsziele mit den Skontovorteilen ausnutzen, entstehen Ihnen durch den späten Zahlungseingang Ihrer Kunden Forderungen aus Lieferungen und Leistungen. Diesen offenen Rechnungen steht ein Umsatzerlös gegenüber, jedoch kein Zahlungseingang. Diese Forderungen (Debitoren) werden auf offenen Konten gebucht, jeder Kunde erhält ein eigenes Kundenkonto, auf dem die noch offenen Posten gebucht werden.

Beispiel: *Sie verkaufen an die Firma XY mit der Kundennummer 10002 Waren im Wert von 20.000 DM zuzüglich 16 Prozent Mehrwertsteuer gegen Rechnung, Zahlungsziel 30 Tage.*
Buchungssatz: Firma XY (10002) 23.200 DM an Erlöse 16 % (8400) 23.200 DM

Durch diese Eingabe wird der Erlös gebucht, die Mehrwertsteuer der entsprechenden Umsatzsteuer-Voranmeldung zugeordnet.
Buchung bei Erhalt der Zahlung auf Bankkonto: Bank (1200) 23.200 DM an Firma XY (10002) 23.200 DM
Durch diese Buchung ist das Offene-Posten-Konto Nr. 10002 erloschen, da die Forderung vollständig ausgeglichen wurde.

Buchung von Personalkosten

Die vom Unternehmer gezahlten Löhne und Gehälter stellen Betriebsausgaben dar. Zusätzlich zu den Löhnen und Gehältern muss der Unternehmer jedoch die Lohnnebenkosten abführen, die sich in Steuerzahlungen und Zahlungen an Sozialversicherungsträger aufteilen. Diese Lohnnebenkosten sind ebenfalls als Betriebsausgaben zu verbuchen.

Lohnnebenkosten

Für die Berechnung der Personalkosten muss vom Lohnbuchhalter oder Steuerberater eine Lohnbuchhaltung erstellt werden. Die Finanzbuchführung übernimmt dann die Werte aus der Lohnbuchhaltung.
Für jeden Arbeitnehmer ist dabei ein gesondertes Lohnkonto einzurichten, aus dem der Bruttolohn, die abzuführende Lohnsteuer, der Solidaritätszuschlag, evtl. Kirchensteuer, Krankenversicherung, Pflegeversicherung, Rentenversicherung, Arbeitslosenversicherung und schließlich der ausgezahlte Nettolohn hervorgehen.
Bei manchen Arbeitnehmern kommen Kindergeldauszahlungen, vermögenswirksame Leistungen oder Direktversicherungen hinzu.

Beispiel:

monatliches Bruttogehalt	*4.000,00 DM*
Lohnsteuer Steuerklasse 1 (Singles)	*706,58 DM*
Solidaritätszuschlag 5,5 % der Lohnsteuer	*38,86 DM*
Kirchensteuer 8 % der Lohnsteuer	*56,52 DM*
Rentenversicherung 20,3 % vom Bruttogehalt, hiervon 50 %	*406,00 DM*

Arbeitslosenversicherung 6,5 % vom Bruttogehalt, hiervon 50 %	*130,00 DM*
Krankenversicherung 14 % vom Bruttogehalt, hiervon 50 %	*280,00 DM*
Pflegeversicherung 1,7 % vom Bruttogehalt, hiervon 50 %	*34,00 DM*
Nettogehaltsauszahlung	*2.348,04 DM*

Die an das Finanzamt abzuführende Lohnsteuer, die Kirchensteuer und der fällige Solidaritätszuschlag werden als Verbindlichkeit gegenüber dem Finanzamt gebucht. Die Zahlungen an die Sozialversicherungsträger werden als Verbindlichkeit im Rahmen der sozialen Sicherheit gebucht. Hier handelt es sich zunächst nur um den Arbeitnehmeranteil der Sozialversicherungszahlungen, der 50 Prozent der gesamten Aufwendungen beträgt.

Arbeitgeberanteil an der Sozialversicherung

Buchungen: Gehälter (4120) 4.000,00 DM an Bank (1200) 2.348,04 DM und an Verbindlichkeiten aus Lohn- und Kirchensteuer (1741) 801,96 DM und an Verbindlichkeiten aus Sozialversicherung (1742) 850,00 DM

Der Arbeitgeberaufwand für die Sozialversicherungsbeiträge des Arbeitnehmers wird wie folgt gebucht: gesetzliche soziale Aufwendungen (4130) an Verbindlichkeiten aus Sozialversicherung (1742)

Vorschüsse an Arbeitnehmer buchen Sie: Forderungen gegen Personal (1530) an Bank (1200)

Buchung von Bewirtungskosten

Bewirten Sie Geschäftsfreunde aus geschäftlichem Anlass in einer Gaststätte, sind die Aufwendungen nur zu 80 Prozent als Betriebsausgabe abzugsfähig (siehe Seite 189). Bewirtungskosten sind immer getrennt von den übrigen Betriebsausgaben aufzuzeichnen.

Geschäftsfreunde

Sie buchen hier zunächst den vollen Betrag der Bewirtungsaufwendungen als Betriebsausgabe auf Konto 4650. Durch Eingabe des entsprechenden Umsatzsteuerschlüssels wird die enthaltene Mehrwertsteuer dem Vorsteuerkonto zugerechnet und in der entsprechenden Umsatzsteuer-Voranmeldung berücksichtigt.

Beispiel: *Sie haben Kunden zum Essen eingeladen (Rechnungsbetrag: 500 DM zuzüglich 16 Prozent Mehrwertsteuer) und in bar gezahlt.*
Buchungssatz: Bewirtungskosten (4650) 500 DM und Vorsteuer (1576) 80 DM an Kasse 580 DM

Achtung: Die in den Bewirtungsaufwendungen enthaltene Mehrwertsteuer stellt in vollem Umfang eine Betriebsausgabe dar.

Nicht abzugsfähige 20 Prozent

20 Prozent des Nettorechnungsbetrages müssen jedoch als nicht abzugsfähige Aufwendungen gebucht werden, die das Jahresergebnis erhöhen.

Buchungssatz: Nicht abzugsfähige Betriebsausgaben (4655) 100 DM an Bewirtungsaufwendungen (4650) 100 DM

Somit verringert sich der Saldo des Kontos Bewirtungsaufwendungen. Die Kürzung um 20 Prozent des Nettorechnungsbetrages muss jedoch in zwei Stufen erfolgen und darf nicht sofort vorgenommen werden.

Achtung: Vergessen Sie nicht, auf der Rückseite der Bewirtungsquittung die für die Abzugsfähigkeit wichtigen Angaben einzutragen (Name der bewirteten Personen, Besprechungsanlass etc). Liegt der Rechnungsbetrag über 200 DM (brutto), müssen der Name des Rechnungsempfängers (derjenige, der bewirtet hat bzw. die Rechnung bezahlt) sowie der enthaltene Mehrwertsteuerbetrag gesondert ausgewiesen sein.

Mitarbeiter-Essen

Bewirten Sie ausschließlich Mitarbeiter, so entfällt die Kürzung von 20 Prozent, der volle Rechnungsbetrag ist als Betriebsausgabe zu berücksichtigen.

Buchung bei Anschaffung von Anlagevermögen

Wenn Sie abnutzbare Gegenstände zur längerfristigen betrieblichen Nutzung erwerben, handelt es sich um Anlagevermögen (siehe Seite 243).

Beispiel: *Sie kaufen einen Pkw für 30.000 DM zuzüglich 16 Prozent Mehrwertsteuer und bezahlen per Banküberweisung.*
Buchungssatz: Pkw (0320) 30.000 DM an Vorsteuer (1576) 4.800 DM an Bank (1200) 34.800 DM

Anschaffung eines Firmenwagens

Der Pkw gehört zu Ihrem Betriebsvermögen. Da die Anschaffungskosten 800 DM netto übersteigen, werden sie nicht einem Aufwandskonto belastet, sondern auf einem Anlagekonto gebucht. Die Anschaffungskosten werden nunmehr auf die voraussichtliche Nutzungsdauer verteilt, hieraus errechnen Sie den AfA-Satz.

Beispiel: *100 Prozent : 5 Jahre = 20 Prozent*

Die Netto-Anschaffungskosten (ohne Mehrwertsteuer) werden zunächst auf eine Laufzeit von fünf Jahren verteilt, was zu einem jährlichen AfA-Satz von 20 Prozent führt. Für dieses Beispiel wäre das ein jährlicher Abschreibungsbetrag von 6.000 DM. Der Abschreibungsbetrag ist eine Betriebsausgabe und wird daher auf einem Aufwandskonto gebucht (Konto 4830).

1. Abschreibung von Anlagevermögen

Nicht zum Verkauf bestimmt

Abschreibung bzw. Absetzung für Abnutzung (AfA) ist die Verteilung der Anschaffungs- oder Herstellungskosten auf die voraussichtliche Nutzungsdauer eines zum Anlagevermögen zählenden abnutzbaren Wirtschaftsgutes. Anlagevermögen ist der Teil des Unternehmervermögens, der zur längerfristigen Nutzung, jedoch nicht zum Verkauf bestimmt ist (zu Abschreibungsmethoden und AfA-Sätzen siehe Seite 181 ff.).

Wenn Sie den AfA-Betrag ermittelt haben, ergibt sich folgender Buchungssatz:

Abschreibung auf Sachanlagen (4830) an Anlagevermögen (z. B. Büroeinrichtung, Kfz etc.)

Achtung: Die in den Anschaffungs- oder Herstellungskosten eines Anlagegutes enthaltene Mehrwertsteuer wird nicht mit abgeschrieben, sondern ist immer eine sofort abzugsfähige Betriebsausgabe.
Ausnahme: Unternehmer, die nicht für die Mehrwertsteuer optiert haben; hier ist der Bruttoanschaffungspreis die AfA-Bemessungsgrundlage.

2. Buchung bei Verkauf von Anlagevermögen

Wenn Sie Vermögensgegenstände aus Ihrem Anlagevermögen veräußern, entsteht ein steuerpflichtiger Umsatz. Das abnutzbare Anlagevermögen unterliegt einem Wertverlust, der buchhalterisch als Abschreibung festgehalten wird. Verabschieden Sie sich von einem Wirtschaftsgut, muss die Abschreibung von Beginn des Geschäftsjahres bis zum Ausscheiden aus dem Betriebsvermögen berechnet und gebucht werden. Der Wert auf dem Bestandskonto Anlagevermögen verringert sich und wird mit dem erzielten Verkaufserlös relativiert. Folgende Ergebnisse sind möglich:

Erfolgsneutrale Buchung

a) Nettoverkaufspreis und Buchwert nach Abschreibung sind identisch

Beispiel: *Sie verkaufen Ihre EDV-Anlage für 11.600 DM inkl. 16 Prozent Mehrwertsteuer. Die zeitanteilige Abschreibung beträgt bis zum Tag der Veräußerung 1.500 DM. Die EDV-Anlage hat laut Anlagespiegel einen Wert von 11.500 DM. Dieser Geschäftsvorfall löst drei Buchungen aus: 1. Buchung der zeitanteiligen Abschreibung bis zum Veräußerungstag: Abschreibung auf Sachanlagen (4830) 1.500 DM an EDV-Anlage (Betriebsausstattung 0401) 1.500 DM*

Ihre EDV-Anlage hat durch die Buchung der zeitanteiligen Abschreibung den gleichen Wert wie der Zeitwert am Verkaufsdatum.

2. Buchung des Zahlungsvorganges: Bank (1200) 11.600 DM an Erlöse aus Anlagenverkäufen (8801) 11.600 DM

Die Mehrwertsteuer beim Verkauf

Das Konto 8801 ist ein automatisches Konto; die in dem Verkaufserlös enthaltene abzuführende Umsatzsteuer wird automatisch auf das Umsatzsteuerkonto (1776 für 16 Prozent) gebucht und in der entsprechenden Umsatzsteuer-Voranmeldung berücksichtigt.
Da Ihre EDV-Anlage veräußert wird, ist sie künftig nicht mehr in Ihrem Anlagevermögen enthalten und muss als Anlagenabgang (Betriebsausgabe) ausgebucht werden.

3. Buchung des Anlagenabganges: Anlagenabgang (2310) 10.000 DM an EDV-Anlage (Betriebsausstattung 0401) 10.000 DM

Der Erlös auf dem Konto Anlagenverkäufe ist identisch mit dem Aufwand auf dem Konto Anlagenabgang.
Die Buchungen sind für Sie erfolgsneutral, es entsteht weder ein Gewinn noch ein Verlust. Dieser Geschäftsvorgang muss jedoch einmal auf einem Erlöskonto und zum anderen auf einem Aufwandskonto gebucht werden, damit die in dem Erlös enthaltene Umsatzsteuer der Umsatzsteuer-Voranmeldung zugeordnet wird.

Verlust bei Verkauf

b) Nettoverkaufspreis ist niedriger als der Buchwert nach Abschreibung

Beispiel: *Sie erzielen bei dem Verkauf Ihrer EDV-Anlage nur 9.500 DM inkl. 16 Prozent Mehrwertsteuer. Hier entsteht ein Buchverlust von 1.810,34 DM mit den folgenden Buchungen:*
1. Buchung der zeitanteiligen Abschreibung bis zum Veräußerungstag: Abschreibung auf Sachanlagen (4830) 1.500 DM an EDV-Anlage (Geschäftsausstattung 0401) 1.500 DM
2. Buchung des Zahlungsvorganges: Bank (1200) 9.500 DM an Erlöse aus Anlagenverkäufen 16 % bei Buchverlust 9.500 DM

Durch diese Buchung wird die im Verkaufserlös enthaltene Umsatzsteuer von 1.310,35 DM automatisch auf das Umsatzsteuerkonto gebucht und in der entsprechenden Umsatzsteuer-Voranmeldung berücksichtigt.

3. Buchung des Anlagenabganges: Anlagenabgang bei Buchverlust (2310) 10.000 DM an EDV-Anlage (0401) 10.000 DM

Hier entsteht ein Buchverlust von 1.810,34 DM, der als außerordentlicher Aufwand in die Gewinn-und-Verlust-Rechnung eingeht.

c) Nettoverkaufspreis ist höher als der Buchwert nach Abschreibung

Gewinn bei Verkauf

Beispiel: *Sie erzielen beim Verkauf Ihrer EDV-Anlage einen Veräußerungserlös von 13.000 DM inkl. 16 Prozent Mehrwertsteuer.*
1. Buchung der zeitanteiligen Abschreibung: Abschreibung auf Sachanlagen (4830) 1.500 DM an EDV-Anlage (0401) 1.500 DM
2. Buchung des Zahlungsvorganges: Bank (1200) 13.000 DM an Erlöse aus Anlagenverkäufen 16 % bei Buchgewinn 13.000 DM Gewinn (8820)

Durch diese Buchung wird die im Verkaufserlös enthaltene Mehrwertsteuer von 1.793,10 DM automatisch auf das Umsatzsteuerkonto gebucht und in der entsprechenden Umsatzsteuer-Voranmeldung berücksichtigt.

3. Buchung des Anlagenabganges: Anlagenabgänge bei Buchgewinn (2315) 10.000 DM EDV-Anlage (0401) 10.000 DM

Der Buchgewinn von 1.206,90 DM geht als außerordentlicher Ertrag in die Gewinn-und-Verlust-Rechnung ein.

3. Sofortabschreibung geringwertiger Wirtschaftsgüter

Hier handelt es sich um Wirtschaftsgüter des Anlagevermögens, die selbstständig genutzt werden können und deren Anschaffungs- oder Herstellungskosten jeweils 800 DM netto (ohne Mehrwertsteuer) nicht übersteigen. Diese Wirtschaftsgüter können Sie sofort im Jahr der Bezahlung als Betriebsvermögen abschreiben, daher der Begriff »Sofortabschreibung«. Die Sofortabschreibung ist auch möglich, wenn Sie einen gebrauchten Gegenstand mit einem Einlagewert (Zeitwert) bis maximal 800 DM in das Betriebsvermögen einlegen.

Geringwertige Wirtschaftsgüter

Buchungssatz: Sofortabschreibung geringwertiger Wirtschaftsgüter (4855) an Bank (1200)

Liegen die Anschaffungs-/Herstellungskosten bzw. der Einlagewert nicht über 100 DM (ohne Mehrwertsteuer), ist ein Ausweis des GwG nicht erforderlich, die Aufwendungen werden über das Konto Betriebsbedarf gebucht.

Buchungssatz: Betriebsbedarf (4980) an Bank (1200) oder Kasse (1000)

Buchung der vereinnahmten Umsatzsteuer

Die Umsatzsteuer ist eine Verkehrssteuer, ihrer Wirkung nach jedoch eine Verbrauchsteuer, da sie nur den Endverbraucher betrifft. Für den Unternehmer ist die Umsatzsteuer ein durchlaufender Posten und somit erfolgsneutral.

Durchlaufender Posten

Der Staat erhebt nach § 1 UStG Umsatzsteuer

- Auf alle Lieferungen und Leistungen, die ein Unternehmen im Inland entgeltlich im Rahmen seiner Unternehmungen ausführt
- Auf den Eigenverbrauch sowie die private Nutzung betrieblicher Vermögensgegenstände und Leistungen
- Auf die Einfuhr von Gütern
- Auf die Privatentnahme von Gegenständen des Betriebsvermögens
- Auf unentgeltliche Lieferungen und Leistungen an Arbeitnehmer

In Deutschland wird nach § 12 UStG normalerweise mit zwei Steuersätzen gerechnet:
1. Dem normalen Steuersatz von 16 Prozent
2. Dem ermäßigten Steuersatz von 7 Prozent für bestimmte Gegenstände wie Lebensmittel, Bücher und künstlerische Leistungen

Es gibt Unternehmen, deren Leistungen nach § 4 UStG von der Umsatzsteuererhebung befreit sind, z. B. Ausfuhrlieferungen. Zu Leistungen, die befreit sind, zählen:
- Umsätze im Geschäft mit Wertpapieren sowie die Vermittlung dieser Umsätze
- Umsätze aus der Kreditvermittlung
- Umsätze und die Vermittlung von Umsätzen von gesetzlichen Zahlungsmitteln
- Umsätze aus Versicherungsvermittlung, Bausparkassenvertretung
- Umsätze aus der Tätigkeit als Arzt, Zahnarzt, Heilpraktiker, Krankengymnast, Hebamme

1. Umsatzsteuer als durchlaufender Posten

Verkauft ein Unternehmen Waren oder Dienstleistungen, so wird die Umsatzsteuer auf den Nettorechnungsbetrag aufgeschlagen und dem Kunden berechnet. Der Rechnungsaussteller vereinnahmt diese Umsatzsteuer, die er wiederum an das Finanzamt abführen muss.

Mehrwertsteuer wird vereinnahmt

Beispiel:

Nettorechnungsbetrag	*5.000,00 DM*
zuzügl. 16 % MwSt.	*800,00 DM*
Gesamtrechnungsbetrag	*5.800,00 DM*

Der Rechnungsaussteller muss in diesem Fall 800 DM an das Finanzamt abführen. Diesen Betrag hat jedoch sein Kunde bezahlt, so dass die Zahlung den Unternehmer nicht wirklich belastet.

Alle Eingangsrechnungen, die der Unternehmer z. B. für Wareneinkauf oder Anschaffung von Anlagevermögen und Betriebsbedarf erhält, enthalten einen Mehrwertsteuerausweis. Die berechnete Umsatzsteuer auf die Eingangsrechnungen des Unternehmers heißt Vorsteuer. Die Vorsteuern kann der Unternehmer gegen seine Umsatzsteuerschuld aufrechnen oder ganz erstatten lassen.

Vorsteuer wird geleistet

Beispiel: *Unternehmer A stellt eine Rechnung über 4.000 DM zuzüglich 16 Prozent Mehrwertsteuer von 640 DM. Er erhält in der gleichen Rechnungsperiode von seinem Lieferanten eine Rechnung über 2.000 DM zuzüglich 16 Prozent Mehrwertsteuer von 320 DM. Der Unternehmer A muss folgenden Betrag an das Finanzamt abführen:*

vereinnahmte Mehrwertsteuer	*640 DM*
abzüglich bezahlte Vorsteuer	*320 DM*
Umsatzsteuer-Zahllast	*320 DM*

Der Unternehmer zahlt folglich immer nur die Differenz aus der vereinnahmten Mehrwertsteuer und der von ihm gezahlten Vorsteuer.

Mehrwertsteuer abzüglich Vorsteuer ergibt die Umsatzsteuerschuld

Eine Zahllast entsteht jedoch nur, wenn der Unternehmer überhaupt Mehrwertsteuer berechnet hat. Zu Beginn einer Geschäftstätigkeit entstehen anfänglich oft Kosten, ohne dass diesen schon Einnahmen entgegenstehen.
Dann erhält der Unternehmer die gesamte Vorsteuer vom Finanzamt zurück.

Vorsteuerüberhang

2. Umsatzsteuer-Voranmeldungen

Der Unternehmer muss entweder monatlich oder vierteljährlich Umsatzsteuer-Voranmeldungen abgeben (siehe Seite 259), in denen er die Umsatzsteuer- und Vorsteuerbeträge ausweist. Das Ergebnis ist entweder eine Umsatzsteuer-Zahllast oder ein Vorsteuerüberhang, der vom Finanzamt erstattet wird. Die Ergebnisse der Umsatzsteuer-Voranmeldungen werden in der Umsatzsteuer-Jahreserklärung dann verrechnet.

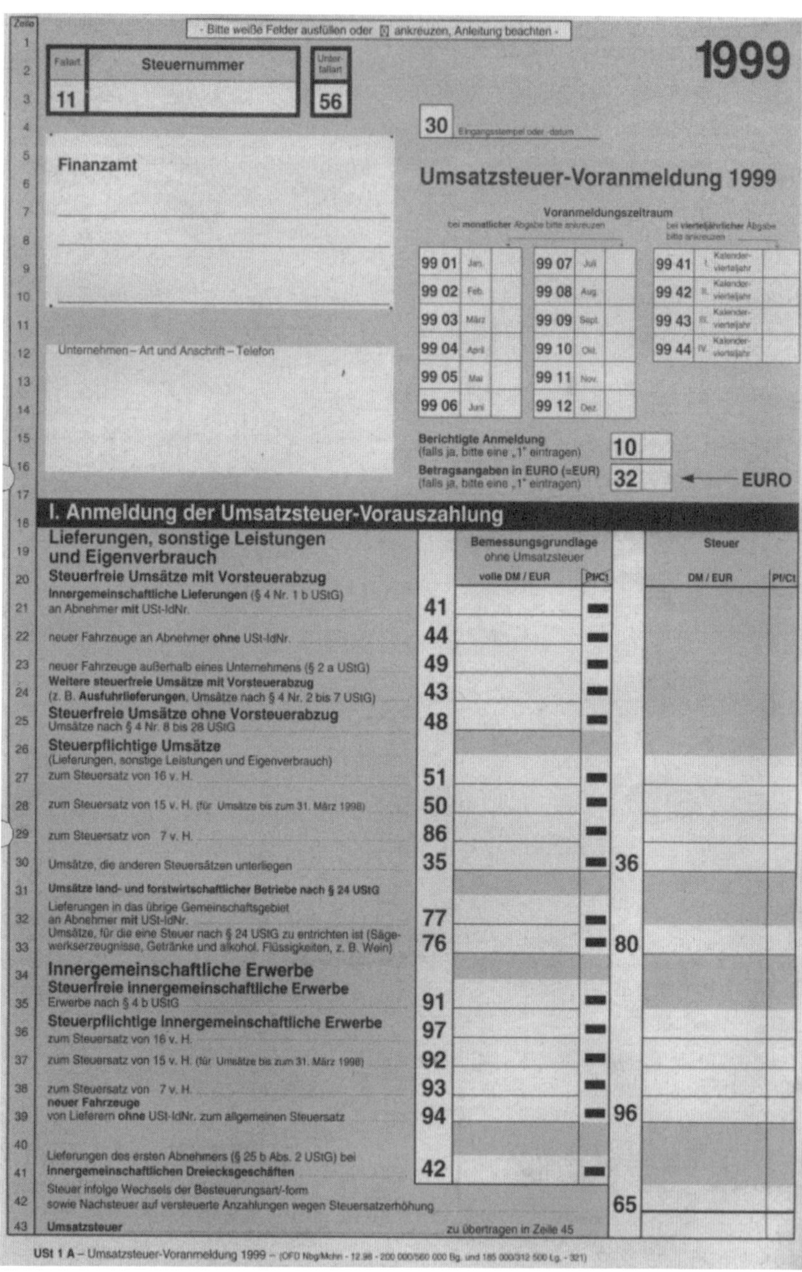

Zeile

- Bitte weiße Felder ausfüllen oder ☒ ankreuzen, Anleitung beachten -

Fallart	Steuernummer	Unterfallart
11		56

1999

30 Eingangsstempel oder -datum

Finanzamt

Unternehmen – Art und Anschrift – Telefon

Umsatzsteuer-Voranmeldung 1999

Voranmeldungszeitraum

bei **monatlicher** Abgabe bitte ankreuzen | bei **vierteljährlicher** Abgabe bitte ankreuzen

99 01	Jan.	99 07	Juli	99 41	I. Kalendervierteljahr
99 02	Feb.	99 08	Aug.	99 42	II. Kalendervierteljahr
99 03	März	99 09	Sept.	99 43	III. Kalendervierteljahr
99 04	April	99 10	Okt.	99 44	IV. Kalendervierteljahr
99 05	Mai	99 11	Nov.		
99 06	Juni	99 12	Dez.		

Berichtigte Anmeldung (falls ja, bitte eine „1" eintragen) 10

Betragsangaben in EURO (=EUR) (falls ja, bitte eine „1" eintragen) 32 ← EURO

I. Anmeldung der Umsatzsteuer-Vorauszahlung

Zeile		Kz	Bemessungsgrundlage ohne Umsatzsteuer volle DM / EUR	Pf/Ct	Kz	Steuer DM / EUR	Pf/Ct
19	**Lieferungen, sonstige Leistungen und Eigenverbrauch**						
20	**Steuerfreie Umsätze mit Vorsteuerabzug**						
21	**Innergemeinschaftliche Lieferungen** (§ 4 Nr. 1 b UStG) an Abnehmer **mit** USt-IdNr.	41		—			
22	neuer Fahrzeuge an Abnehmer **ohne** USt-IdNr.	44		—			
23	neuer Fahrzeuge außerhalb eines Unternehmens (§ 2 a UStG)	49		—			
24	**Weitere steuerfreie Umsätze mit Vorsteuerabzug** (z. B. **Ausfuhrlieferungen**, Umsätze nach § 4 Nr. 2 bis 7 UStG)	43		—			
25	**Steuerfreie Umsätze ohne Vorsteuerabzug** Umsätze nach § 4 Nr. 8 bis 28 UStG	48		—			
26	**Steuerpflichtige Umsätze**						
27	(Lieferungen, sonstige Leistungen und Eigenverbrauch) zum Steuersatz von 16 v. H.	51		—			
28	zum Steuersatz von 15 v. H. (für Umsätze bis zum 31. März 1998)	50		—			
29	zum Steuersatz von 7 v. H.	86		—			
30	Umsätze, die anderen Steuersätzen unterliegen	35		—	36		
31	**Umsätze land- und forstwirtschaftlicher Betriebe nach § 24 UStG**						
32	Lieferungen in das übrige Gemeinschaftsgebiet an Abnehmer **mit** USt-IdNr.	77		—			
33	Umsätze, für die eine Steuer nach § 24 UStG zu entrichten ist (Sägewerkserzeugnisse, Getränke und alkohol. Flüssigkeiten, z. B. Wein)	76		—	80		
34	**Innergemeinschaftliche Erwerbe**						
35	**Steuerfreie innergemeinschaftliche Erwerbe** Erwerbe nach § 4 b UStG	91		—			
36	**Steuerpflichtige innergemeinschaftliche Erwerbe** zum Steuersatz von 16 v. H.	97		—			
37	zum Steuersatz von 15 v. H. (für Umsätze bis zum 31. März 1998)	92		—			
38	zum Steuersatz von 7 v. H.	93		—			
39	**neuer Fahrzeuge** von Lieferern **ohne** USt-IdNr. zum allgemeinen Steuersatz	94		—	96		
40							
41	Lieferungen des ersten Abnehmers (§ 25 b Abs. 2 UStG) bei **innergemeinschaftlichen Dreiecksgeschäften**	42		—			
42	Steuer infolge Wechsels der Besteuerungsart/-form sowie Nachsteuer auf versteuerte Anzahlungen wegen Steuersatzerhöhung				65		
43	**Umsatzsteuer** zu übertragen in Zeile 45						

USt 1 A – Umsatzsteuer-Voranmeldung 1999 – (OFD Nbg/Mchn - 12.98 - 200 000/560 000 Bg. und 185 000/312 500 Lg. - 321)

- 2 -

		Steuer DM/EUR	Pf/Ct
Übertrag			
Abziehbare Vorsteuerbeträge			
Vorsteuerbeträge aus Rechnungen von anderen Unternehmern (§ 15 Abs. 1 Nr. 1 UStG) und aus innergemeinschaftlichen Dreiecksgeschäften (§ 25 b Abs. 5 UStG)	66		
Vorsteuerbeträge aus dem innergemeinschaftlichen Erwerb von Gegenständen (§ 15 Abs. 1 Nr. 3 UStG)	61		
entrichtete Einfuhrumsatzsteuer (§ 15 Abs. 1 Nr. 2 UStG)	62		
Vorsteuerbeträge, die nach allgemeinen Durchschnittsätzen berechnet sind (§§ 23 und 23 a UStG)	63		
Berichtigung des Vorsteuerabzugs (§ 15 a UStG)	64		
Vorsteuerabzug für innergemeinschaftliche Lieferungen neuer Fahrzeuge außerhalb eines Unternehmens (§ 2 a UStG) sowie von Kleinunternehmern im Sinne des § 19 Abs. 1 UStG (§ 15 Abs. 4 a UStG)	59		
Verbleibender Betrag			
Steuerbeträge, die vom letzten Abnehmer eines innergemeinschaftlichen Dreiecksgeschäfts geschuldet werden (§ 25 b Abs. 2 UStG); in Rechnungen unberechtigt ausgewiesene Steuerbeträge (§ 14 Abs. 2 und 3 UStG); Steuerbeträge, die nach § 6 a Abs. 4 Satz 2 oder § 17 Abs. 1 Satz 2 UStG geschuldet werden, sowie Kürzungsbeträge nach dem Berlinförderungsgesetz für frühere Kalenderjahre	69		
Umsatzsteuer-Vorauszahlung/Überschuß			
Anrechnung (Abzug) der festgesetzten **Sondervorauszahlung** für Dauerfristverlängerung (nur auszufüllen in der letzten Voranmeldung des Besteuerungszeitraums, in der Regel Dezember)	39		
Verbleibende Umsatzsteuer-Vorauszahlung **(Bitte in jedem Fall ausfüllen)**	83		
Verbleibender Überschuß - bitte dem Betrag ein Minuszeichen voranstellen -		(kann auf 10 Pf zu Ihren Gunsten gerundet werden)	

II. Anmeldung der Umsatzsteuer im Abzugsverfahren (§§ 51 bis 56 UStDV)

		Bemessungsgrundlage volle DM / EUR	Pf/Ct		Steuer DM/EUR	Pf/Ct
für Werklieferungen und sonstige Leistungen im Ausland ansässiger Unternehmer (§ 51 Abs. 1 Nr. 1 UStDV)						
Leistungen, für die wegen Anwendung der sog. Null-Regelung (§ 52 Abs. 2 UStDV) keine Umsatzsteuer einzubehalten ist	71					
Leistungen, für die Umsatzsteuer einzubehalten ist	72					
für Lieferungen von sicherungsübereigneten Gegenständen (§ 51 Abs. 1 Nr. 2 UStDV) sowie von Grundstücken im Zwangsversteigerungsverfahren (§ 51 Abs. 1 Nr. 3 UStDV)						
Lieferungen, für die wegen Anwendung der sog. Null-Regelung (§ 52 Abs. 2 UStDV) keine Umsatzsteuer einzubehalten ist	78					
Lieferungen, für die Umsatzsteuer einzubehalten ist	79					
Umsatzsteuer im Abzugsverfahren				75		
					(kann auf 10 Pf zu Ihren Gunsten gerundet werden)	

III. Sonstige Angaben und Unterschrift

Ein Erstattungsbetrag wird auf das dem Finanzamt benannte Konto überwiesen, soweit nicht eine Verrechnung mit Steuerschulden vorzunehmen ist.

Verrechnung des Erstattungsbetrages erwünscht (falls ja, bitte eine „1" eintragen) — 29

Geben Sie bitte die Verrechnungswünsche auf einem besonderen Blatt oder auf dem beim Finanzamt erhältlichen Vordruck „Verrechnungsantrag" an.

Die **Einzugsermächtigung** wird ausnahmsweise (z. B. wegen Verrechnungswünschen) für diesen Voranmeldungszeitraum **widerrufen** (falls ja, bitte eine „1" eintragen) — 26

Ich versichere, die Angaben in dieser Steueranmeldung wahrheitsgemäß nach bestem Wissen und Gewissen gemacht zu haben.

Bei der Anfertigung dieser Steueranmeldung hat mitgewirkt:
(Name, Anschrift, Telefon)

Datum, Unterschrift

Hinweis nach den Vorschriften der Datenschutzgesetze:
Die mit der Steueranmeldung angeforderten Daten werden aufgrund der §§ 149 ff. der Abgabenordnung und der §§ 18, 18 b des Umsatzsteuergesetzes erhoben.
Die Angabe der Telefonnummern ist freiwillig.

Vom Finanzamt auszufüllen

Bearbeitungshinweis

1. Die aufgeführten Daten sind mit Hilfe des geprüften und genehmigten Programms sowie ggf. unter Berücksichtigung der gespeicherten Daten maschinell zu verarbeiten.
2. Die weitere Bearbeitung richtet sich nach den Ergebnissen der maschinellen Verarbeitung.

11		19	
		12	

Kontrollzahl und/oder Datenerfassungsvermerk

Datum, Namenszeichen/Unterschrift

Vordrucke für die Umsatzsteuer-Voranmeldungen erhalten Sie von Ihrem Finanzamt.

Auswertungszeitraum

Die Abgabefristen für die Umsatzsteuer-Voranmeldungen sind zzt.:

- Monatlich, wenn die Umsatzsteuerzahllast im Vorjahr 12.000 DM überschritten hat
- Vierteljährlich, wenn die Umsatzsteuerzahllast im Vorjahr mehr als 1.000 DM, jedoch weniger als 12.000 DM betragen hat
- Jährlich, wenn die Umsatzsteuerzahllast im Vorjahr weniger als 1.000 DM betragen hat

Eine Umsatzsteuer-Jahreserklärung müssen alle umsatzsteuerpflichtigen Unternehmer abgeben. Hier können eventuelle Fehler aus den Umsatzsteuer-Voranmeldungen dann korrigiert werden.

Dauerfristverlängerung

Ergibt sich aus der Umsatzsteuer-Voranmeldung eine Umsatzsteuer-Zahllast, ist diese bis spätestens zum 15. Tag des folgenden Monats dem Finanzamt anzumelden und abzuführen. Nach § 46 UStDV kann die Frist für die Anmeldung und Abführung der Umsatzsteuern durch einen Dauerfristverlängerungsantrag um einen Monat verlängert werden. In diesem Fall müssen Sie zusammen mit der ersten Umsatzsteuer-Voranmeldung des Jahres ein Elftel der Vorauszahlungssumme des Vorjahres entrichten. Hierfür erhalten Sie beim Finanzamt einen gesonderten Antrag auf Dauerfristverlängerung.

3. Umsatzsteuer als Soll- und Ist-Versteuerung

Umsatzsteuerschuld bei Rechnungsstellung

Die Umsatzsteuerschuld des Unternehmers entsteht mit Ausstellung der Rechnung, also unabhängig davon, ob der Kunde die Rechnung schon bezahlt hat. Bei größeren Beträgen können hier Liquiditätslücken entstehen. Die Vorsteuerbeträge aus den Eingangsrechnungen können jedoch auch schon vor Bezahlung dieser Rechnungen in der Umsatzsteuer-Voranmeldung geltend gemacht werden. Hier handelt es sich um eine Soll-Versteuerung, die Umsatzsteuerberechnung erfolgt nach vereinbarten Entgelten.

Umsatzsteuerschuld bei Zahlungseingang

Nach § 20 UStG kann der Unternehmer auch die Ist-Versteuerung beantragen, hier wird die Umsatzsteuer nach den vereinnahmten Entgelten berechnet. Diesem Antrag wird nur stattgegeben, wenn:

- Der Gesamtumsatz im vergangenen Kalenderjahr nicht mehr als 250.000 DM betragen hat
- Der Unternehmer nicht buchführungs- und abschlusspflichtig ist (z. B. ein Nichtkaufmann, Kleingewerbetreibender)
- Der Unternehmer Angehöriger der freien Berufe ist (z. B. Architekt, Steuerberater, Notar, Journalist)

Liquiditätsvorteil

Achtung: Die abzuführende Umsatzsteuer wird erst nach Zahlungseingang durch den Kunden erfasst, während die abzugsfähige Vorsteuer weiterhin mit Rechnungsausstellung verrechnet werden darf, unabhängig davon, ob der Unternehmer die Eingangsrechnung schon bezahlt hat. Dies kann bei größeren Beträgen zu einem beachtlichen Liquiditätsvorteil führen, dies besonders für Existenzgründer.

4. Verbuchung der Umsatz- und Vorsteuern

Eine EDV-geführte Buchführung nimmt Ihnen hier fast die gesamte Arbeit ab. Sie brauchen nur die entsprechenden Mehrwertsteuersätze einzugeben, und Ihr Programm rechnet automatisch die Mehrwertsteuerbeträge aus den Bruttoeingangs- und -ausgangsrechnungen und ordnet die Beträge den richtigen Konten zu.

Auf Knopfdruck erhalten Sie dann die periodengerechten Umsatzsteuer-Voranmeldungen.

Damit Sie jedoch wissen, was Sie da eigentlich per Knopfdruck buchen, und für eine Endkontrolle Ihrer Umsatzsteuer-Voranmeldungen, will ich die Buchungen einzeln erläutern.

Buchung: Mehrwertsteuer

Beispiel: *Erlöse aus Lieferungen in Höhe von 8.000 DM zuzüglich 16 Prozent Mehrwertsteuer; beides wurde auf das Bankkonto gezahlt.*
Buchungssatz: Bank (1200) 9.280 DM an Umsatzerlöse 16 % (8400) 8.000 DM und Umsatzsteuer 16 % (1776) 1.280 DM

5. Buchung der Vorsteuerbeträge aus den Eingangsrechnungen

Buchung: Vorsteuer

Beispiel: *Miete der Geschäftsräume in Höhe von 2.500 DM zuzüglich 16 Prozent Mehrwertsteuer; beides wurde vom Bankkonto gezahlt.*
Buchungssatz: Miete (4210) 2.500 DM und Vorsteuer 16 % (1576) 400 DM an Bank (1200) 2.900 DM

Achtung: Die Berechnung der Umsatzsteuer-Zahllast bzw. des Vorsteuerguthabens bezieht sich immer auf den Auswertungszeitraum, also entweder einen Monat, ein Vierteljahr oder ein Jahr.

Umsatzsteuer-Vorauszahlungen sind Betriebsausgaben, die in der entsprechenden Buchungsperiode wie folgt zu buchen sind: Umsatzsteuer-Vorauszahlung (1780) an Bank (1200). Haben Sie eine Umsatzsteuer-Nachzahlung für das vergangene Jahr geleistet, buchen Sie das so: Umsatzsteuer Vorjahr (1790) an Bank (1200).

Der Jahresabschluss des Unternehmens

Betriebsvermögen und Kapital

Zum Ende eines jeden Wirtschaftsjahres muss Ihr Jahresabschluss gemacht werden. Dieser wird auf der Grundlage der Buchhaltungsdaten erstellt und weist Ihnen zum Bilanzstichtag die Höhe des Vermögens, der Schulden und des Eigenkapitals aus. Die Gewinn-und-Verlust-Rechnung als Bestandteil des Jahresabschlusses zeigt Ihnen Ihr Betriebsergebnis, den steuerlichen Gewinn oder Verlust.

Achtung: Das Betriebsergebnis zeigt Ihnen nicht an, wie viel Sie eigentlich in dem betreffenden Jahr verdient haben. Im Jahresabschluss sind z. B. Gewinn mindernde Positionen enthalten, für die Sie in der Form keine Aufwendungen getragen haben, z. B. Rückstellungen (bei Bilanzierung) oder Abschreibungen.

Ein Jahresabschluss besteht aus

- Bilanz
- Anlagespiegel
- Gewinn-und-Verlust-Rechnung (Erfolgsrechnung)
- Anhang und Lagebericht (für juristische Personen, z. B. GmbH und AG)

Die Bilanz mit Gewinn-und-Verlust-Rechnung

Die Bilanz ist Bestandteil des Jahresabschlusses und richtet sich nach handels- und steuerrechtlichen Vorschriften (§ 242 Abs. 1 HGB, § 4 Abs. 1 und 2 EStG, § 5 Abs. 1 EStG). Die aus der Finanzbuchhaltung gewonnenen Bilanzdaten eröffnen dem Unternehmer wichtige Erkenntnisse über seine Firma und sind Grundlage für künftige unternehmerische Entscheidungen. Damit der Unternehmer nicht nur jährliche Unternehmensdaten erhält, werden neben laufenden Auswertungsunterlagen (betriebswirtschaftliche Auswertung, Summen- und Saldenlisten) auch halbjährliche Zwischenbilanzen erstellt. Dies wird auch oft von den Firmengläubigern (Kreditinstituten) gefordert.

Zwischenbilanzen

Aufgaben der Bilanz

Eine Bilanz ist die Gegenüberstellung von Betriebsvermögen und Kapital zu einem bestimmten Bilanzstichtag. So entsteht ein übersichtliches Bild über Vermögens-, Finanz- und Ertragslage des Unternehmens. Ist das Wirtschaftsjahr gleich dem Kalenderjahr, so ist Bilanzstichtag der 31. Dezember eines Jahres.

Dieser jährliche Vermögensvergleich besteht aus einer linken Seite (Aktivseite) und einer rechten Seite (Passivseite), die wertmäßig immer übereinstimmen müssen.

Achtung: Vielen Unternehmen reicht die Jahresbilanz als Dispositionsgrundlage nicht aus, daher müssen zusätzlich andere Auswertungsunterlagen, z. B. Zwischenbilanzen, hinzugezogen werden.

Die Jahresbilanz dient primär der Vermögens- und Erfolgsermittlung. Weitere Aufgaben sind:

Aufgaben der Bilanz

- Informationslieferung für künftige Dispositionen und Investitionen
- Gläubigerschutz
- Gesellschafterschutz
- Schutz potenzieller Anleger
- Schutz der beteiligten Arbeitnehmer
- Rechenschaftslegung für Anleger und Finanzverwaltung
- Informationen für Finanzverwaltung über richtige Angaben in Steuererklärungen

Bilanzgliederung

Eine Bilanz muss unter Beachtung des Kontenplanes hinreichend gegliedert sein. Hier gelten die Vorschriften der §§ 247 Abs. 1 sowie 266 HGB.

Aktivseite

Auf der Aktivseite (linke Seite) stehen alle Vermögenswerte, die sich in Anlage- und Umlaufvermögen gliedern.

Das Anlagevermögen besteht im Wesentlichen aus:

- Materiellem Anlagevermögen (Grundstücke, Gebäude, Maschinen, EDV-Ausstattung, Fuhrpark)
- Immateriellem Anlagevermögen (erworbene Rechte, Lizenzen, Patente, Firmenwerte, die entgeltlich erworben wurden und vom Betrieb genutzt werden dürfen)
- Finanzanlagevermögen (Beteiligungen an Unternehmen etc., Wertpapiere, langfristige Darlehensforderungen gegen Dritte)

Alle Vermögenswerte

Das Umlaufvermögen besteht aus:

- Vorräten (Warenbestand, Roh-, Hilfs- und Betriebsstoffe, Halb- und Fertigerzeugnisse)
- Forderungen (soweit sie nicht zum Anlagevermögen gehören)
- Wertpapieren, die nur kurzfristig gehalten werden
- Kurzfristigen Zahlungsmitteln (Kassen- und Bankbestand)

Die Aktivseite weist außerdem die aktive Rechnungsabgrenzung aus, die den Erfolg eines Wirtschaftsjahres von dem folgenden Wirtschaftsjahr abgrenzen soll, damit der Gewinn periodengerecht zutreffend dargestellt wird. Hierbei werden alle Ausgaben vor dem Abschlussstichtag, die jedoch erst zu Aufwendungen im folgenden Jahr führen, der richtigen Rechnungsperiode zugerechnet.
Auf der Aktivseite stehen weiter Korrekturposten, die bestimmte Kapitalpositionen der Passivseite berichtigen.

Beispiele:
1. Das Nominalkapital ist noch nicht voll eingezahlt.
2. Ist das Eigenkapital einer Kapitalgesellschaft durch Verluste verbraucht, erscheint auf der Aktivseite: nicht durch Eigenkapital gedeckter Fehlbetrag. Die Firma ist konkursreif!
3. Die Summe der Aktiva einer Personengesellschaft deckt das Fremdkapital nicht mehr (Überschuldung).
4. Negatives Kapitalkonto eines Gesellschafters einer Personengesellschaft.
5. Disagio.

Aktivseite

Passivseite
zeigt das Kapital, mit dem die Aktivposten finanziert wurden.

Das Kapital der Firma setzt sich zusammen aus
- Eigenkapital (Gesellschaftereinlagen)
- Fremdkapital (Darlehen)
- Passive Rechnungsabgrenzung, durch die der Erfolg der Firma periodengerecht zugeordnet wird; die Einnahmen, die vor Bilanzstichtag eingingen, die jedoch erst zu Erträgen nach jenem werden
- Wertberichtigungen, mit denen Vermögenspositionen der Aktivseite korrigiert werden

Achtung: Die Aktivseite zeigt die Vermögenswerte des Unternehmens, die aus den auf der Passivseite der Bilanz ausgewiesenen Geldquellen finanziert wurden.

Eigenkapital

Eine Bilanz ist immer dann ausgeglichen, wenn die Summe der Aktiva der Summe der Passiva entspricht. Eine Wertdifferenz zwischen Aktiva und Passiva ist das Eigenkapital der Gesellschaft (§ 247 Abs. 1 HGB). Dies erscheint bei einem Überschuss der Aktiva auf den Passiva als positives Eigenkapital. Bei einem Überschuss der Passiva erscheint das Eigenkapital auf der Aktivseite als negatives Eigenkapital.

⚡ Blitzübersicht: Vorgeschriebener Bilanzaufbau nach § 266 Abs. 2 und 3 HGB

Aktivseite

A. ANLAGEVERMÖGEN

I. Immaterielle Vermögensgegenstände
   1. Konzessionen, gewerbliche Schutzrechte, Lizenzen
   2. Geschäfts- oder Firmenwert
   3. Geleistete Anzahlungen

II. Sachanlagen
   1. Grundstücke, grundstücksgleiche Rechte und Bauten einschließlich der Bauten auf fremden Grundstücken
   2. Technische Anlagen und Maschinen
   3. Andere Anlagen, Geschäfts- und Betriebsausstattung
   4. Geleistete Anzahlungen und Anlagen im Bau

III. Finanzanlagen
   1. Anteile an verbundenen Unternehmen
   2. Ausleihungen an verbundene Unternehmen
   3. Beteiligungen
   4. Ausleihungen an Unternehmen, mit denen ein Beteiligungsverhältnis besteht
   5. Wertpapiere des Anlagevermögens
   6. Sonstige Ausleihungen

B. UMLAUFVERMÖGEN

I. Vorräte
   1. Roh-, Hilfs- und Betriebsstoffe
   2. Unfertige Erzeugnisse, unfertige Leistungen
   3. Fertige Erzeugnisse und Waren
   4. Geleistete Anzahlungen

II. Forderungen und sonstige Vermögensgegenstände
   1. Forderungen aus Lieferungen und Leistungen
   2. Forderungen gegen verbundene Unternehmen
   3. Forderungen gegen ein Unternehmen, mit dem ein Beteiligungsverhältnis besteht
   4. Sonstige Vermögensgegenstände

III. Wertpapiere 1. Anteile an verbundenen Unternehmen 2. Eigene Anteile 3. Sonstige Wertpapiere IV. Schecks, Kassenbestand, Guthaben bei Kreditinstituten
C. RECHNUNGSABGRENZUNGSPOSTEN
Passivseite
A. EIGENKAPITAL
I. Gezeichnetes Kapital II. Kapitalrücklage III. Gewinnrücklage 1. Gesetzliche Rücklage 2. Rücklage für eigene Anteile 3. Satzungsmäßige Rücklagen 4. Andere Gewinnrücklagen IV. Gewinnvortrag/Verlustvortrag V. Jahresüberschuss/Jahresfehlbetrag
B. RÜCKSTELLUNGEN
I. Rückstellungen für Pensionen und ähnliche Verpflichtungen II. Steuerrückstellungen III. Sonstige Rückstellungen
C. VERBINDLICHKEITEN
I. Anleihen, davon konvertibel II. Verbindlichkeiten gegenüber Kreditinstituten III. Erhaltene Anzahlungen auf Bestellungen IV. Verbindlichkeiten aus Lieferungen und Leistungen V. Verbindlichkeiten aus der Annahme gezogener Wechsel und der Ausstellung eigener Wechsel VI. Verbindlichkeiten gegenüber verbundenen Unternehmen VII. Verbindlichkeiten gegenüber Unternehmen, mit denen ein Beteiligungsverhältnis besteht VIII. Sonstige Verbindlichkeiten 1. Davon aus Steuern 2. Davon im Rahmen der sozialen Sicherheit
B. RÜCKSTELLUNGEN

Aufgaben des Inventars

Buchführungspflichtige Steuerpflichtige müssen ihre Finanzbuchhaltung und ihren Jahresabschluss durch ein Inventar ergänzen (§ 240, 241 Abs. 1 Satz 2 HGB).
Ohne ein Inventar ist eine ordnungsgemäße Bilanzerstellung nicht möglich.
Das Inventar wird durch die mengenmäßige und wertmäßige Bestandsaufnahme aller Vermögensgegenstände und Schulden (Inventur) zum Bilanzstichtag ermittelt.
Der Unterschied zwischen Bilanz und Inventar liegt darin, dass die Bilanz Kontoform hat (Aktiv- und Passivseite) und Vermögen und Schulden nur art- und wertmäßig, jedoch nicht mengenmäßig erfasst. Das Inventar führt jeden einzelnen Vermögensgegenstand auf, während die Bilanz gleichartige Wirtschaftsgüter zu Bilanzpositionen zusammenfasst (siehe Seite 50 ff.).

Das Inventar geht ins Detail

Handels- und Steuerbilanz

Die nach den handelsrechtlichen Grundsätzen ordnungsgemäßer Buchführung (§ 243 Abs. 1 HGB) zu erstellende Bilanz heißt Handelsbilanz, die nach den steuerrechtlichen Vorschriften (§§ 5–7 Einkommensteuergesetz) zu erstellende Bilanz ist die Steuerbilanz. Beide Bilanzen sind Jahresbilanzen und haben verschiedene Adressaten:
Die Handelsbilanz wird für Gläubiger, Gesellschafter, Presse, Belegschaft, Anleger erstellt. Sie erlaubt aus Gläubigerschutzgründen keine Überbewertungen, Unterbewertungen sind erlaubt.

Handelsbilanz für Gesellschafter & Co.

Die Steuerbilanz muss nur für die Finanzverwaltung erstellt werden, sie liefert die wichtigsten Daten für die Steuerbemessungsgrundlagen. Das Steuergesetz untersagt willkürliche Unterbewertungen.

Steuerbilanz fürs Finanzamt

Häufig wird aus Vereinfachungs- und Kostengründen (Einzelkaufleute und Handelsgesellschaften) nur eine Steuerbilanz erstellt, die handelsrechtliche Gestaltungen im Sinne des Steuerrechts beachtet.

Bilanzierende Unternehmer müssen nach § 5 Abs. 1 Satz 1 EStG ihre Steuerbilanz nach den handelsrechtlichen Grundsätzen ordnungsmäßiger Buchführung erstellen.

Gebote oder Verbote

Bestehen nach den GoBs Bilanzierungsgebote oder Bilanzierungsverbote, so sind diese auch in der Steuerbilanz zu beachten. Insofern ist die Handelsbilanz maßgeblich für die Steuerbilanz.

Handelsbilanz	Steuerbilanz
Aktivierungsgebot	Aktivierungsgebot
Passivierungsgebot	Passivierungsgebot
Bilanzierungsverbot	Bilanzierungsverbot

Für handelsrechtliche Bilanzierungswahlrechte gibt es keine Grundsätze ordnungsgemäßer Buchführung; diese sind in einzelnen gesetzlichen Vorschriften geregelt.

Handelsbilanz	Steuerbilanz
Aktivierungswahlrecht	Aktivierungsgebot
Passivierungswahlrecht	Passivierungsverbot

Folgende Aktivierungs- und Passivierungswahlrechte sind in der Handels- und Steuerbilanz zu beachten:

Aktivierungswahlrechte und -verbote		
Position	**Handelsbilanz**	**Steuerbilanz**
Ingangsetzungen und Erweiterungsaufwendungen	Aktivierungswahlrecht	Aktivierungsverbot
Als Aufwand berücksichtigte Zölle und Verbrauchsteuern auf Vorräte	Aktivierungswahlrecht	Aktivierungsgebot

Position	Handelsbilanz	Steuerbilanz
Als Aufwand berücksichtigte Umsatzsteuer auf Anzahlungen	Aktivierungswahlrecht	Aktivierungsgebot
Damnum/Disagio	Aktivierungswahlrecht; bei Aktivierung Gebot der planmäßigen Abschreibung auf die Laufzeit des Darlehens oder auf einen kürzeren Zeitraum	Aktivierungsgebot und Gebot der Abschreibung auf die Laufzeit des Darlehens oder auf den kürzeren Zinsfestschreibungszeitraum
Geschäftswert/ Firmenwert	Aktivierungswahlrecht und Gebot der Abschreibung zu mindestens je einem Viertel oder der planmäßigen Abschreibung in den Geschäftsjahren der voraussichtlichen Nutzung	Aktivierungsgebot und Gebot der linearen Abschreibung auf 15 Jahre

Zu beachten

Passivierungswahlrechte und -verbote		
Position	**Handelsbilanz**	**Steuerbilanz**
Rückstellung für im Wirtschaftsjahr unterlassene Aufwendungen für Instandhaltung, die im folgenden Geschäftsjahr später als im ersten Quartal nachgeholt werden	Passivierungswahlrecht	Passivierungsverbot
Rückstellung für das Wirtschaftsjahr oder dem früheren Wirtschaftsjahr zuzuordnende Aufwendungen	Passivierungswahlrecht	Passivierungsverbot
Sonderposten mit Rücklageanteil	Passivierungswahlrecht	Passivierungswahlrecht; Passivierung nur, wenn auch in der Handelsbilanz passiviert wurde

Wer muss bilanzieren?

Kaufleute und Handelsgesellschaften sowie alle buchführungspflichtigen Steuerpflichtigen müssen bilanzieren, Nichtkaufleute können bilanzieren. Nach den steuerrechtlichen Vorschriften (§ 141 AO 1977) ist Folgendes buchführungs- und bilanzierungspflichtig:

Bilanzierungspflicht

- Umsätze einschließlich der steuerfreien Umsätze liegen über 500.000 DM jährlich.
- Das Betriebsvermögen ist höher als 125.000 DM.
- Es gibt land- und forstwirtschaftliche Flächen (selbst bewirtschaftet) mit einem Wirtschaftswert (§ 46 BewG) über 40.000 DM.
- Der Gewinn aus Gewerbebetrieb liegt über 48.000 DM jährlich.
- Der Gewinn aus Land- und Forstwirtschaft liegt über 48.000 DM jährlich.

Wahlrecht zwischen Bilanz und Einnahmen-Überschuss-Rechnung

Werden die o. a. Grenzen unterschritten, besteht die Wahl zwischen Bilanzerstellung oder der Einnahmen-Überschuss-Rechnung nach § 4 Abs. 3 EStG. Hier werden nur die Betriebseinnahmen den Betriebsausgaben gegenübergestellt, Abschreibungen auf Anlagevermögen sind ebenfalls zulässig. Freiberufler nach § 18 EStG haben ebenfalls ein Wahlrecht hinsichtlich der beiden Gewinnermittlungsarten.

Die Bilanzarten

- **Die Eröffnungsbilanz** (§ 242 Abs. 1 HGB) wird zu Beginn des Geschäftsbetriebes erstellt.
- **Die Anfangsbilanz** wird nach dem freiwilligen Übergang von der Einnahmen-Überschuss-Rechnung auf die Bilanz erstellt.
- **Die Jahresbilanz** erfolgt zum Schluss eines jeden Wirtschaftsjahres zum Bilanzstichtag.
- **Zwischenbilanzen** werden freiwillig zu einem beliebigen Zeitpunkt erstellt, meistens jedoch in der Mitte zwischen zwei Bilanzstichtagen. Sie verschaffen einen zeitnahen Vermögens- und Kapitalüberblick.

> ▶ **Die Schlussbilanz** wird bei Aufgabe des Betriebes erstellt, die Veräußerungsbilanz bei Veräußerung des Betriebes. Ändert sich die Rechtsform des Betriebes, wird eine Umwandlungsbilanz erstellt.

Häufig werden Bilanzen auch für einmalige Zwecke aufgestellt, was immer mit hohen Kosten verbunden ist, die sich nach der Bilanzsumme, d. h. den Vermögenswerten richten. Beispiele hierfür sind:

Besondere Gründe für eine Bilanz

- Kreditbilanzen für die finanzierenden Banken
- Liquiditätsbilanzen, die vorhandene flüssige Mittel in bestimmten Zeiträumen zeigen
- Sanierungs-, Vergleichs- und Konkursbilanzen bei Insolvenz der Gesellschaft

Grundsätze der Bilanzierung

Folgende Bilanzierungsgrundsätze gelten für alle Rechtsformen von Unternehmungen:

1. Formelle Grundsätze

GoB

Grundsätze ordnungsgemäßer Buchführung. Der Jahresabschluss muss – rechtsformunabhängig – nach den Grundsätzen ordnungsgemäßer Buchführung (GoB) erstellt werden (§ 243 Abs. 1 HGB sowie § 264 Abs. 2 HGB).

Klar und übersichtlich

Bilanzklarheit, Übersichtlichkeit. Eine Bilanz muss nach § 243 Abs. 2 HGB klar und übersichtlich erstellt werden. Hierzu müssen die Gliederungsvorschriften des § 247 Abs. 1 HGB bzw. § 266 HGB (Kapitalgesellschaften) beachtet werden. Anhang und Lagebericht mittlerer und großer Kapitalgesellschaften müssen klar aufgebaut sein.

2. Materielle Grundsätze

Vollständige Erfassung

Bilanzvollständigkeit. Die Bilanz muss nach § 246 Abs. 1 HGB alle Vermögensgegenstände und Schulden zum Bilanzstichtag vollständig erfassen, sofern nicht Bilanzierungswahlrechte das Weglassen einzelner Positionen gestatten.

3. Grundsätze für die Bilanzierung dem Grunde nach

Einzelbewertung

Saldierungsverbot. Nach § 246 Abs. 2 HGB dürfen weder Aktiv- und Passivposten noch Aufwendungen und Erträge miteinander verrechnet werden, sondern müssen einzeln bewertet werden.

Bilanzkontinuität. Die Gliederung von Bilanz und Gewinn-und-Verlust-Rechnung ist beizubehalten.

4. Grundsätze für die Bilanzierung der Höhe nach

Unternehmensfortführung. Bewertung und Abschreibung der Wirtschaftsgüter bzw. Vermögensgegenstände müssen unter dem Gesichtspunkt erfolgen, dass das Unternehmen weiter bestehen soll (Going-concern-Prinzip).

Einzelbewertung. Jedes Wirtschaftsgut und jede Verbindlichkeit ist einzeln zu bewerten und zu bilanzieren (§ 252 Abs. 1 Nr. 3 HGB).

Ausnahmen bilden Gruppenbewertungen, Festbewertungen, Sammelbewertungen sowie auch Vorratsbewertungen laut Inventar.

Realisierter Umsatz

Vorsichtsprinzip. Nach § 252 Abs. 1 Nr. 4 HGB gilt das Realitätsprinzip, wonach Gewinne erst ausgewiesen werden dürfen, wenn sie am Abschlussstichtag bereits durch Umsatz realisiert wurden.

Nach dem Imparitätsprinzip müssen vorhersehbare Risiken und Verluste ausgewiesen werden.

Bewertungsstetigkeit. Nach § 252 Abs. 1 Nr. 6 HGB müssen die Bewertungs- und Abschreibungsmethoden aus dem vorherigen Jahresabschluss beibehalten werden.

Von der Buchhaltung zum Jahresabschluss – praktische Arbeitsschritte

Der Jahresabschluss eines Unternehmens wird aus der Finanzbuchhaltung erstellt. Dies gilt für Bilanzen und Gewinn-und-Verlust-Rechnungen ebenso wie für die Einnahmen-Überschuss-Rechnung.

⚡ Blitzübersicht: Aufstellungsfristen für Bilanzen

Bilanzart	Frist	Grundlagen
Eröffnungs- oder Gründungsbilanz	nach Aufnahme des Gewerbes	§ 240 Abs. 1 HGB
Jahresbilanz	innerhalb eines Jahres nach Ablauf des Geschäftsjahres	§ 240 Abs. 2 Satz 3, § 243 Abs. 3 HGB
Jahresbilanz kleiner Kapitalgesellschaften	innerhalb von sechs Monaten nach Ablauf des Geschäftsjahres	§ 264 Abs. 1 Satz 3
Jahresbilanz mittlerer und großer Kapitalgesellschaften	innerhalb dreier Monate nach Ablauf des Geschäftsjahres	§ 264 Abs. 1 Satz 2 HGB § 5 Abs. 1 Publizitätsgesetz
Schlussbilanz	innerhalb eines Jahres nach Beendigung des Gewerbes	§ 242 HGB
Veräußerungsbilanz	nach Veräußerung des Gewerbes	§ 242 HGB

Bilanzfristen

Zunächst müssen der Jahresabschluss vorbereitet und die Abschlussbuchungen durchgeführt werden. Dies geschieht in den folgenden Arbeitsschritten:

- Inventur und Erstellung eines Inventars
- Bewertung von Vermögen und Schulden
- Aktive und passive Rechnungsabgrenzung
- Bildung von Rückstellungen
- Ermittlung und Buchung von Abschreibungen auf das Anlagevermögen

Bewertung von Vermögen und Schulden

Vermögensteile und Schulden des Unternehmers müssen in der Bilanz realistisch erfasst werden. Die allgemeinen Bewertungsgrundsätze sind in den §§ 252–256 HGB verankert. Laut § 252 HGB gilt für die Bewertung der im Jahresabschluss ausgewiesenen Vermögensgegenstände und Schulden Folgendes:

Realistische Erfassung

1. Grundsatz der Bilanzidentität

Die Wertansätze in der Eröffnungsbilanz des Geschäftsjahres müssen mit denen der Schlussbilanz des vorhergehenden Geschäftsjahres übereinstimmen.

2. Grundsatz der Fortführung der Unternehmenstätigkeit

Going-concern-Prinzip

Bei der Bewertung ist von der Fortführung der Unternehmenstätigkeit auszugehen, sofern dem nicht tatsächliche oder rechtliche Gegebenheiten entgegenstehen.

3. Grundsatz der Einzelbewertung

Die Vermögensgegenstände und Schulden sind zum Abschlussstichtag einzeln zu bewerten.

4. Grundsatz der Vorsicht

Vorsichtige Bewertung

Es ist vorsichtig zu bewerten, namentlich sind alle vorhersehbaren Risiken und Verluste, die bis zum Abschlussstichtag entstanden sind, zu berücksichtigen, selbst wenn diese erst zwischen dem Abschlussstichtag und dem Tag der Aufstellung des Jahresabschlusses bekannt geworden sind; Gewinne sind nur zu berücksichtigen, wenn sie am Abschlussstichtag realisiert sind.

5. Grundsatz der periodengerechten Aufwands- und Ertragsabgrenzung

Aufwendungen und Erträge des Geschäftsjahres sind unabhängig von den Zeitpunkten der entsprechenden Zahlungen im Jahresabschluss zu berücksichtigen.

6. Grundsatz der Stetigkeit der Bewertungsmethoden

Die auf den vorhergehenden Jahresabschluss angewandten Bewertungsmethoden sollen beibehalten werden.
Von diesen skizzierten Bewertungsgrundsätzen darf nach § 252 Abs. 2 HGB nur in begründeten Ausnahmefällen abgewichen werden.

Bewertung der Bilanzposten Aktiva und Passiva

Bewertung bedeutet, dass die Bilanzpositionen in den richtigen finanziellen Größen erfasst werden. Zu den obersten Bilanzierungsgrundsätzen zählt hier derjenige der Vorsicht. Demnach müssen die Aktivposten der Bilanz eher mit dem niedrigeren Wert (Niederstwertprinzip) und die Passivposten eher mit einem höheren Wert (Höchstwertprinzip) angesetzt werden. Gewinne dürfen erst dann in der Bilanz ausgewiesen werden, wenn sie durch Umsätze realisiert wurden.

Wertprinzip

Anschaffungskosten für Vermögensgegenstände werden nach § 255 Satz 1 HGB wie folgt angesetzt:

Anschaffungspreis
\+ Anschaffungsnebenkosten
./. Anschaffungspreisminderungen

Herstellungskosten für Vermögensgegenstände werden nach § 255 Abs. 2 HGB wie folgt angesetzt:

Materialkosten (Einzel- und Gemeinkosten)
\+ Fertigungskosten (Personalkosten, Einzel- und Gemeinkosten)

Betriebsvermögen – was muss, was kann bilanziert werden?

Einzelunternehmer und Gesellschafter einer Personengesellschaft müssen ihr Betriebsvermögen in der Bilanz ausweisen, ihr Privatvermögen nicht. Kapitalgesellschaften besitzen kein Privatvermögen, ihr gesamtes Vermögen ist immer nur Betriebsvermögen. Häufig kommt es vor, dass Einzelunternehmer oder Mitinhaber von Personengesellschaften ihr Betriebsvermögen auch teilweise privat nutzen (z. B. Kfz oder Telefon) oder der Firma ihr Privatvermögen zur Nutzung überlassen. Dann stellt sich die Frage, um welche Vermögensart es sich handelt und wie oder ob diese zu bilanzieren ist.

Bei teilweiser privater Nutzung

Das Bilanzsteuerrecht unterscheidet

- Notwendiges Betriebsvermögen
- Notwendiges Privatvermögen
- Gewillkürtes Betriebsvermögen

1. Notwendiges Betriebsvermögen

Ausschließlicher Betriebsnutzen

Zum notwendigen Betriebsvermögen gehören alle Vermögensgegenstände, die ausschließlich und unmittelbar dazu bestimmt sind, dem Betrieb zu dienen.

Beispiel: *Betriebsgebäude, Lagerhallen, Fuhrpark, EDV-Anlagen, Vorräte*

2. Notwendiges Privatvermögen

Ausschließlicher Privatnutzen

Zum notwendigen Privatvermögen zählen die Wirtschaftsgüter, die nahezu vollständig oder ausschließlich der privaten Lebensführung des Unternehmers dienen oder einem Familienmitglied unentgeltlich zur Nutzung überlassen werden. Diese Gegenstände des Privatvermögens können nicht bilanziert werden.

Beispiel: *Eigengenutzte Immobilien, Schmuck, Privatwagen, Kunstsammlungen*

3. Gewillkürtes Betriebsvermögen

Bilanzierende Unternehmer haben die Möglichkeit, Gegenstände des Privatvermögens zum gewillkürten Betriebsvermögen zu machen.
Ermitteln Sie den Gewinn nach der Einnahmen-Überschuss-Rechnung nach § 4 Absatz 3 EStG, entfällt diese Möglichkeit, hier gibt es nur notwendiges Betriebsvermögen oder notwendiges Privatvermögen.
Zum gewillkürten Betriebsvermögen können Wirtschaftsgüter gehören, die objektiv geeignet und dazu bestimmt sind, den Betrieb zu fördern.
Gewillkürtes Betriebsvermögen muss in der Bilanz ausgewiesen werden.
Bewegliche Wirtschaftsgüter, die privat und betrieblich genutzt werden (außer Grundstücken), zählen entweder ganz zum Privatvermögen oder ganz zum Betriebsvermögen.
Bei einer Mischnutzung (teils privat, teils betrieblich) kommt es für die Bilanzierung auf den Nutzungsgrad an:

Nutzungsart des Vermögensgegenstandes	Vermögensart
betriebliche Nutzung über 50 %	notwendiges Betriebsvermögen, Ausweis in der Bilanz
betriebliche Nutzung zwischen 10 % und 50 %	bei Gewinnermittlung durch Betriebsvermögensvergleich (§ 4 Abs. 1 EStG) ist der Ausweis als gewillkürtes Betriebsvermögen möglich
betriebliche Nutzung unter 10 %, private Nutzung über 90 %	notwendiges Privatvermögen, kein Ausweis in der Bilanz

Mischnutzung

4. Sonderbetriebsvermögen
Hier handelt es sich um Vermögen eines Gesellschafters einer Personengesellschaft, das der Gesellschaft entgeltlich oder unentgeltlich zur Nutzung überlassen wird.
Das Sonderbetriebsvermögen wird in einer Ergänzungsbilanz ausgewiesen.

Die wichtigsten Abschlussbuchungen

Wie Sie Bestands- und Erfolgskonten am Ende des Wirtschaftsjahres abschließen, wurde auf Seite 67 ff. und Seite 78 ff. ausführlich erklärt. Vor Erstellung des Jahresabschlusses sind jedoch noch weitere Abschlussbuchungen erforderlich.

Rechnungsabgrenzung für bilanzierende Unternehmen

Bilanzierende Unternehmen müssen nach § 252 Abs. 1 Ziffer 5 HGB alle Aufwendungen und Erträge unabhängig vom Zahlungseingang im Jahresabschluss eines Wirtschaftsjahres berücksichtigen. Von dieser Verpflichtung sind Unternehmer, die ihren Jahresabschluss durch Einnahmen-Überschuss-Rechnung ermitteln, befreit, sie stellen einfach die erhaltenen Einnahmen den gezahlten Aufwendungen gegenüber.

Periodengerechte Zuordnung

Rechnungsabgrenzung bedeutet die periodengerechte Zuordnung von Aufwendungen und Ausgaben, Erträgen und Einnahmen.

Antizipative Posten

Alle Aufwendungen und Erträge, die das alte Geschäftsjahr betreffen, jedoch erst im neuen Geschäftsjahr bezahlt werden, müssen im Jahresabschluss als antizipativer Posten berücksichtigt werden. Diese Ausgaben und Einnahmen müssen als Aufwand und Ertrag vorweggenommen (antizipiert) werden.

Zusätzlich müssen alle Einnahmen und Ausgaben, die noch im alten Wirtschaftsjahr erfolgten, jedoch erst dann das neue Jahr betreffen, als Rechnungsabgrenzung ausgewiesen werden.

Diese Einnahmen und Ausgaben gehen als Aufwand und Ertrag in das neue Wirtschaftsjahr über (transitorische Rechnungsabgrenzung).

Aktive Rechnungsabgrenzung

Wenn im alten Wirtschaftsjahr Zahlungen geleistet werden, die erst im folgenden Jahr Aufwand darstellen, handelt es sich um aktive Rechnungsabgrenzung, die nach § 250 Abs. 1 Satz 1 HGB sowie § 5 Abs. 5 Satz 1 Nr. 1 EStG auf der linken Bilanzseite ausgewiesen werden muss.

Frühere Zahlung, späterer Aufwand

Beispiel: *Zahlung der Kfz-Versicherung in Höhe von 1.000 DM im Dezember 1998 für das Jahr 1999*

Buchung bei Zahlung der Prämie: Kfz-Versicherung (4520) 1.000 DM an Bank (1200) 1.000 DM

Diese Buchung muss im Jahresabschluss wieder ausgebucht werden, da die Ausgaben erst das folgende Jahr betreffen, im alten Jahr aber noch keinen Aufwand darstellen.

Buchung im Jahresabschluss: Aktive Rechnungsabgrenzung (0980) 1.000 DM an Kfz-Versicherung (4520) 1.000 DM

Im neuen Geschäftsjahr stellt die Kfz-Versicherungsprämie Aufwand dar und ist wie folgt zu buchen: Kfz-Versicherung (4520) 1.000 DM an aktive Rechnungsabgrenzung (0980) 1.000 DM

Passive Rechnungsabgrenzung

Hier erfolgt die Einnahme im alten Wirtschaftsjahr, der Ertrag bzw. die Ursache für die Zahlung liegt jedoch erst im folgenden Geschäftsjahr. Diese Einnahmen des alten Wirtschaftsjahres, die das folgende Jahr betreffen, müssen nach § 250 Abs. 2 HGB sowie § 5 Abs. 5 Satz 1 Nr. 2 EStG als passive Rechnungsabgrenzung auf der rechten Bilanzseite ausgewiesen werden.

Frühere Einnahme, späterer Ertrag

Beispiel: *Sie erhalten im Dezember 1998 von Ihrer Bank die Zinsgutschrift für das gesamte Jahr 1999 in Höhe von 2.800 DM.*
Buchung im Geschäftsjahr bei Zahlungseingang: Bank (1200) 2.800 DM an Zinserträge (2650) 2.800 DM
Im Jahresabschluss muss diese Einnahme als Ertrag ausgebucht werden, damit sie erfolgsneutral wird.
Buchung im Jahresabschluss: Zinserträge (2650) 2.800 DM an passive Rechnungsabgrenzung (0990) 2.800 DM
Im neuen Geschäftsjahr muss die passive Rechnungsabgrenzung wieder aufgehoben werden, damit die Zinseinnahme nunmehr periodengerecht und erfolgswirksam erfasst werden kann.
Buchung zu Beginn des neuen Geschäftsjahres: Passive Rechnungsabgrenzung (0990) 2.800 DM an Zinserträge (2650) 2.800 DM.

Rechnungsabgrenzung als sonstige Forderung

Wenn im alten Wirtschaftsjahr fällige Zahlungen erst im neuen Jahr eingenommen werden, entsteht im alten Jahr eine sonstige Forderung, die abgegrenzt werden muss.

Forderungen über den Jahreswechsel hinaus

Beispiel: *Der Mieter des Unternehmers B überweist die Dezembermiete 1998 in Höhe von 2.000 DM erst im Januar 1999. Somit kann der Unternehmer im alten Geschäftsjahr noch keine Einnahme verbuchen, sondern nur eine sonstige Forderung.*
Buchung im Jahresabschluss: Sonstige Forderungen (1400) 2.000 DM an Mietertrag (2750) 2.000 DM

Da die Einnahme im neuen Geschäftsjahr erfolgt, muss die Forderung jetzt wieder ausgebucht werden.
Buchung: Bank (1200) 2.000 DM an Sonstige Forderung (1400) 2.000 DM

Rechnungsabgrenzung als sonstige Verbindlichkeiten

Wenn der Unternehmer eine im alten Wirtschaftsjahr fällige Rechnung erst im folgenden Jahr bezahlt, entsteht eine abzugrenzende sonstige Verbindlichkeit.

Verbindlichkeiten über das Wirtschaftsjahr hinaus

***Beispiel:** Der Unternehmer C bezahlt die Kfz-Leasingrate Dezember 1998 in Höhe von 1.500 DM zuzüglich 16 Prozent Mehrwertsteuer erst im Januar 1999.*
Buchung im Jahresabschluss: Kfz-Leasing (4570) 1.500 DM und Vorsteuer (1576) 240 DM an Sonstige Verbindlichkeiten (1700) 1.740 DM
Bei Bezahlung der Leasingrate im Januar 1999 muss die Verbindlichkeit wieder ausgebucht werden.
Buchung im neuen Geschäftsjahr: Sonstige Verbindlichkeiten (1700) 500 DM und Vorsteuer 16 % (1576) 240 DM an Bank (1200) 1.740 DM

Rückstellungen

Nach § 249 Abs. 1, 2 und 3 HGB dürfen bilanzierende Unternehmer für zeitlich und dem Grunde nach ungewisse Verbindlichkeiten auf der Passivseite der Bilanz so genannte Rückstellungen bilden. Durch die Bildung dieser Rückstellungen werden Aufwendungen nicht nur periodengerecht zugeordnet, sondern es wird auch sichergestellt, dass das Unternehmen über liquide Mittel für künftige Verbindlichkeiten verfügt. Rückstellungen gehören als Passiva zum Fremdkapital des Unternehmens.

Ungewisse Verbindlichkeiten

Der Gesetzgeber schreibt für einige ungewisse Verbindlichkeiten sogar die Bildung von Rückstellungen vor (Passivierungspflicht), während für manche Aufwendungen freiwillige Rückstellungen möglich sind (Passivierungswahlrecht).

Passivierungswahlrecht (§ 249 Abs. 1 Satz 3 und Abs. 2 HGB)	**Passivierungspflicht (§ 249 Abs. 1 HGB)**
Unterlassene Instandhaltungsaufwendungen, die frühestens nach drei Monaten, jedoch noch innerhalb des folgenden Geschäftsjahres nachgeholt werden	Ungewisse Verbindlichkeiten, z. B. • Zu erwartende Gewerbesteuernachzahlungen • Jahresabschlusskosten • Prozesskosten • Garantieverpflichtungen
Bestimmte, ihrer Eigenart nach genau umschriebene Aufwendungen, die dem Geschäftsjahr oder einem früheren Geschäftsjahr zuzuordnen sind, wenn sie am Abschlussstichtag wahrscheinlich oder sicher, hinsichtlich der Höhe und des Zeitpunktes jedoch noch unsicher sind (Beispiel: Großreparaturen)	Drohende Verluste aus schwebenden Geschäften, z. B. Preisverfall von gekauften Rohstoffen
	Unterlassene Aufwendungen für Instandhaltung, die im folgenden Geschäftsjahr innerhalb von drei Monaten nachgeholt werden
	Kulanzleistungen (Garantieübernahme ohne rechtliche Verpflichtung)

Zwang und Freiwilligkeit zur Bildung von Rückstellungen

Achtung: Die handelsrechtlich zwingend zu bildenden Rückstellungsposten sind auch für die Steuerbilanz maßgeblich, während allerdings die handelsrechtlich freiwilligen Rückstellungen nicht in der Steuerbilanz zu passivieren sind.
Ausnahme: Rückstellungen für drohende Verluste dürfen steuerrechtlich in Bilanzen nach dem 31. Dezember 1996 nicht mehr gebildet werden.

Nach § 249 Abs. 3 dürfen die Rückstellungen erst aufgelöst werden, wenn der Grund hierfür entfallen ist. Dies trifft dann zu, wenn aus der bisher ungewissen nunmehr eine sichere Verbindlichkeit wird oder aber nicht mehr damit gerechnet wird, dass der Unternehmer für die zu erwartende Leistung in Anspruch genommen wird.
Bei der Auflösung von Rückstellungen, die immer möglichst genau geschätzt werden müssen, gibt es die nachfolgenden drei Möglichkeiten:

1. Die Rückstellung entspricht betragsmäßig genau der zu leistenden Zahlung.
2. Die Rückstellung ist kleiner als die zu leistende Zahlung.
3. Die Rückstellung ist größer als die zu leistende Zahlung.

Bildung und Auflösung von Rückstellungen
Wenn Sie eine Rückstellung bilden, heißt der Buchungssatz immer:

Aufwandskonto an Rückstellungskonto (0950 – 0979)

1. Die Rückstellung entspricht der zu leistenden Zahlung

Identische Rückstellung und Zahlung

Beispiel: *Sie bilden zum Jahresende in Ihrer Bilanz eine Rückstellung für die voraussichtlichen Jahresabschlusskosten in Höhe von 5.000 DM.*
Buchungssatz: Abschluss- und Prüfungskosten (4957) 5.000 DM an Rückstellung für Abschluss- und Prüfungskosten (0977) 5.000 DM
Somit wird der Aufwand periodengerecht im alten Geschäftsjahr erfasst.
Buchung bei Auflösung von Rückstellungen: Rückstellung für Abschluss- und Prüfungskosten (0977) 5.000 DM an Bank (1200) 5.000 DM
Mit der Bezahlung der Abschlusskosten in der gleichen Höhe der Rückstellung ist das Rückstellungskonto nunmehr ausgeglichen.

2. Die Rückstellung ist kleiner als die zu erwartende Zahlung

Beispiel: *Sie erhalten im nächsten Jahr die Jahresabschlussrechnung Ihres Steuerberaters in Höhe von 5.500 DM und bezahlen per Bank. Die Rückstellung wurde daher um 500 DM zu niedrig gebildet.*
Buchung: Rückstellung für Abschlusskosten (0977) 5.000 DM und periodenfremde Aufwendungen (2020) 500 DM an Bank (1200) 5.500 DM

Unterschiede bei Rückstellung und Zahlung

3. Die Rückstellung ist größer als die zu erwartende Zahlung

Beispiel: *Sie erhalten im nächsten Jahr die Jahresabschlussrechnung Ihres Steuerberaters in Höhe von 4.000 DM und bezahlen per Banküberweisung. Die Rückstellung wurde um 1.000 DM zu hoch gebildet.*
Buchung: Rückstellung für Abschlusskosten (0977) 5.000 DM an Bank (1200) 4.000 DM und Erträge aus der Auflösung von Rückstellungen (2735) 1.000 DM

Achtung: Die in diesem Zusammenhang ebenfalls zu berücksichtigende Behandlung von Abschreibungen, Sonderabschreibungen nach § 7g Abs. 1 und 2 EStG und Ansparabschreibungen nach § 7g Abs. 3–7 EStG wird ausführlich ab Seite 181 ff. und Seite 197 f. beschrieben.

Die Gewinn-und-Verlust-Rechnung

Die Gewinn-und-Verlust-Rechnung ist Bestandteil des Jahresabschlusses und ermittelt Höhe und Quellen des wirtschaftlichen Jahreserfolgs eines Unternehmens. Hier werden alle Erträge und Aufwendungen saldiert, der Gewinn oder Verlust ist Berechnungsgrundlage für die Steuererhebungen (Einkommen-, Gewerbe- und Körperschaftsteuer).

⚡ Blitzübersicht: Gewinn-und-Verlust-Rechnung nach § 275 Abs. 2 HGB

1. Umsatzerlöse
2. Erhöhung oder Verminderung des Bestands an fertigen und unfertigen Erzeugnissen
3. Andere aktivierte Eigenleistungen
4. Sonstige betriebliche Erträge
5. Materialaufwand
   a) Aufwendungen für Roh-, Hilfs- und Betriebsstoffe und für bezogene Waren
   b) Aufwendungen für bezogene Leistungen
6. Personalaufwand
   a) Löhne und Gehälter
   b) Soziale Abgaben und Aufwendungen für Altersversorgung und für Unterstützung
7. Abschreibungen
   a) Auf immaterielle Vermögensgegenstände des Anlagevermögens und Sachanlagen sowie auf aktivierte Aufwendungen für die Ingangsetzung und Erweiterung des Geschäftsbetriebs
   b) Auf Vermögensgegenstände des Umlaufvermögens, soweit diese die in der Kapitalgesellschaft üblichen Abschreibungen überschreiten
8. Sonstige betriebliche Aufwendungen
9. Erträge aus Beteiligungen, davon aus verbundenen Unternehmen
10. Erträge aus anderen Wertpapieren und Ausleihungen des Finanzanlagevermögens, davon aus verbundenen Unternehmen
11. Sonstige Zinsen und ähnliche Erträge, davon aus verbundenen Unternehmen
12. Abschreibungen auf Finanzanlagen und auf Wertpapiere des Umlaufvermögens
13. Zinsen und ähnliche Aufwendungen, davon an verbundene Unternehmen
14. Ergebnis der gewöhnlichen Geschäftstätigkeit
15. Außerordentliche Erträge
16. Außerordentliche Aufwendungen
17. Außerordentliches Ergebnis
18. Steuern vom Einkommen und vom Ertrag
19. Sonstige Steuern
20. Jahresüberschuss/Jahresfehlbetrag

Achtung: Anders als bei der Einnahmen-Überschuss-Rechnung, in der alle Ein- und Auszahlungen sowie Abschreibungen saldiert werden, erfasst die Gewinn-und-Verlust-Rechnung alle Aufwendungen und Erträge; diese müssen nicht absolut mit den Zahlungsvorgängen übereinstimmen.
Die entsprechenden Ein- und Auszahlungen können entweder in früheren oder späteren Rechnungsperioden erfolgt sein bzw. noch erfolgen.

Keine zeitliche Übereinstimmung zwischen Aufwendungen/Erträgen und Zahlungen

Wie in der Bilanz erfolgt die periodengerechte Zuordnung von Aufwänden und Erträgen durch aktive und passive Rechnungsabgrenzung.

Achtung: Die Gewinn-und-Verlust-Rechnung ist ebenfalls nach den bekannten Grundsätzen ordnungsgemäßer Buchführung zu erstellen und muss genauso klar und übersichtlich sein.

Der Anlagespiegel

Die Entwicklung einzelner Wirtschaftsgüter des Anlagevermögens eines Unternehmens wird im Anlagespiegel festgehalten.
Nach § 268 Abs. 2 HGB muss und kann dieser Anlagespiegel nachfolgend aufgeführte Positionen einzeln und zum Schluss kumuliert aufweisen:

- Anschaffungs- oder Herstellungskosten (mit Datum)
- Zugänge
- Abgänge
- Zuschreibungen
- Abschreibungen (nicht zwingend im Anlagespiegel, jedoch in der GuV)
- Endbestände

1. Beispiel für einen Anlagespiegel						
Anschaffungs- oder Herstellungskosten, Zugänge und Datum	**Buchwert 01. 01. 1998**	**Abgänge**	**Umbuchungen oder Zuschreibungen**	**Abschreibungen im Geschäftsjahr**	**Restbuchwert 31. 12. des Geschäftsjahres**	**Restbuchwert Vorjahr**
20.000 DM Pkw 01. 01. 1998	20.000 DM	0 DM	0 DM	5.000 DM 25 % linear	15.000 DM	0 DM
15.000 DM EDV-Anlage 07. 07. 1997	13.125 DM	0 DM	0 DM	3.750 DM 25 % linear	9.375 DM	13.125 DM
Summen	33.125 DM	0 DM	0 DM	8.750 DM	24.375 DM	13.125 DM

Anhang und Lagebericht für Kapitalgesellschaften und Genossenschaften (nach §§ 264 Abs. 1, 336 HGB)
Mittelgroße und große Kapitalgesellschaften müssen ihren Jahresabschluss durch einen Anhang und einen Lagebericht ergänzen.

Anhang — Im Anhang werden einzelne Positionen der Bilanz sowie Gewinn-und-Verlust-Rechnung näher erläutert, z. B. Änderung der Abschreibungsarten.

Lagebericht — Im Lagebericht werden aktuelle Geschäftslage, künftige Geschäftsentwicklung und besondere geschäftliche Vorgänge erläutert.

Wichtige Erkenntnis aus der Bilanz: der Cashflow

Jeder Unternehmer muss wissen, wie es um seine Finanzkraft bzw. Liquidität bestellt ist. So kann er sichergehen, dass kurzfristige Verbindlichkeiten aus dem laufenden Umsatz bezahlt werden können. Hierzu liefert die Bilanz als finanzwirtschaftliche Kennzahl wichtige Berechnungsgrundlagen. Der Cashflow zeigt das Innenfinanzierungsvolumen bzw. den Finanzmittelüberschuss einer Unternehmung. Er wird aus den Zahlen aus dem Jahresabschluss abgeleitet und dient auch zur Prognose der Ertragskraft des Unternehmens. Es gibt verschiedene Definitionen des Cashflow:

Jahresüberschuss
+ alle nicht auszahlungswirksamen Aufwendungen
./. alle nicht einzahlungswirksamen Erträge
= **Cashflow**

Bei der finanzwirtschaftlichen Cashflow-Analyse werden aus dem erwarteten Ertrag bzw. Aufwand künftige Ein- und Auszahlungen abgeleitet. Das Ergebnis ist der voraussichtliche Mittelrückfluss aus dem Umsatz, der nicht sofort zu Auszahlungen führt.

Gewinn
+ Abschreibungen
+ Zuführung zu den langfristigen Rückstellungen
= Brutto-Cashflow
./. Gewinnsteuerzahlungen
./. Gewinnausschüttungen
= **Netto-Cashflow**

Voraussichtlicher Mittelrückfluss

Die Rentabilitätsberechnungen

Die Zahlen der Bilanz sowie der Gewinn-und-Verlust-Rechnung liefern die Grundlagen für verschiedene Rentabilitätsberechnungen des Unternehmers als Antwort auf die Frage, ob und in welcher Höhe sich Kapitaleinsatz und Umsatz lohnen. Hierbei wird der Erfolg einer Wirtschaftsperiode ins Verhältnis zum beanspruchten Kapital gesetzt.

$$\textbf{Gesamtrentabilität} = \frac{\text{Gewinn (Jahresüberschuss) + Fremdkapitalzinsen}}{\text{Gesamtkapital (Eigen- und Fremdkapital)}} \times 100$$

$$\textbf{Eigenkapitalrentabilität} = \frac{\text{Gewinn}}{\text{Eigenkapital}} \times 100$$

$$\textbf{Umsatzrentabilität} = \frac{\text{Gewinn}}{\text{Umsatz}} \times 100$$

Das Verhältnis von Ertrag und Aufwand gibt Aufschluss über die Wirtschaftlichkeit des Unternehmens.

$$\textbf{Wirtschaftlichkeit} = \frac{\text{Ertrag}}{\text{Aufwand}} \times 100$$

Die Einnahmen-Überschuss-Rechnung

Sind Sie nicht buchhaltungspflichtig oder Freiberufler, so haben Sie ein Recht, zwischen Bilanz oder der (simpleren) Einnahmen-Überschuss-Rechnung zu wählen (geregelt in § 4 Abs. 3 EStG). Die wesentlichen Unterschiede:

- Die Einnahmen-Überschuss-Rechnung stellt eine wesentlich einfachere Gewinnermittlungsmethode dar.
- Bei der Überschuss-Rechnung kann der Gewinnrealisierungszeitpunkt beeinflusst werden. Es können also Einnahmen und Ausgaben in das nächste Jahr verlagert werden, wenn dies steuerlich sinnvoll ist.

Achtung: Wer nicht buchführungs- und abschlusspflichtig ist, kann die Gewinnermittlungsarten auch jährlich wechseln, wenn wirtschaftliche oder steuerliche Gründe dafür sprechen.

Gewinnermittlungsart der Einnahmen-Überschuss-Rechnung

Einnahmen und Ausgaben

Hier wird der betriebliche Gewinn oder Verlust durch die einfache Gegenüberstellung von Betriebseinnahmen und Betriebsausgaben des Wirtschaftsjahres ermittelt. Dabei gilt das Zufluss- und Abflussprinzip, wobei die Einnahmen und Ausgaben in dem Jahr erfasst werden, in dem die Zahlungen fließen.

Achtung: Größter Vorteil der Einnahmen-Überschuss-Rechnung ist, dass Gewinne (und somit Ihre Steuerbelastung) verlagert werden können.

Auch hier gelten allerdings die Abschreibungsregeln (§ 7 EStG), wonach Wirtschaftsgüter des Anlagevermögens über netto 800 DM auf die Nutzungsdauer verteilt werden müssen. Sie dürfen z. B. den Kaufpreis für Ihr betrieblich genutztes Fahrzeug nicht sofort als Betriebsausgabe buchen, sondern müssen die Ausgaben verteilen. Die Abschreibung bildet somit die Betriebsausgabe. Wirtschaftsgüter zur Betriebserhaltung unter netto 800 DM sind allerdings sofort absetzbar.

Ausgabenverteilung

Beispiel für die Möglichkeiten der Gewinnverlagerung:

Architekt Schmitz (Freiberufler) ermittelt im November 1998 durch eine vorläufige Einnahmen-Überschuss-Rechnung einen Gewinn von 100.000 DM, den er nach der Grundtabelle versteuern müsste. Er hat noch Forderungen von 40.000 DM, die er jedoch noch nicht in Rechnung gestellt hat.

Gleichzeitig liegen ihm Rechnungen von 10.000 DM vor, die erst im Januar fällig werden. Herr Schmitz möchte 1999 heiraten.

Gestaltung: Herr Schmitz schickt die Rechnungen über 40.000 DM erst Ende Dezember an seine Kunden. Die Zahlungen können dann natürlich frühestens ab Januar 1999 eingehen.

Aktive Steuergestaltung

Zugesandte Schecks legt er erst im Januar seiner Bank vor. Insofern können Betriebseinnahmen auf 1999 verlagert werden – das Jahr, in dem er den günstigeren Splittingtarif für Verheiratete erhält.

Nun bekommt der Fiskus weniger vom schwer verdienten Geld. Gleichzeitig wird Herr Schmitz möglichst viele Zahlungen, die bei ihm Gewinn mindernde Betriebsausgaben dar-

stellen, noch 1998 erledigen. Insofern kann er den steuerlichen Gewinn 1998 durch geschickte Verlagerung minimieren, um trotz der ungünstigeren Steuerklasse mit einem blauen Auge davonzukommen.

Wann lohnt sich die Verlagerung von Betriebseinnahmen in das Folgejahr?

Gestaltungsaspekte

- Wenn im folgenden Jahr weniger verdient wird
- Wenn im folgenden Jahr höhere Betriebsausgaben anfallen
- Wenn im folgenden Jahr die Versteuerung nach einer günstigeren Steuerklasse erfolgt

Wann lohnt sich die Verlagerung von Betriebsausgaben ins Folgejahr?

- Wenn im folgenden Jahr eine Reduzierung der Betriebsausgaben gegenüber früheren Jahren erfolgt
- Wenn im folgenden Jahr höhere Betriebseinnahmen erwartet werden

Wann lohnt sich das Vorziehen von Betriebsausgaben?

- Wenn im laufenden Jahr der Gewinn reduziert werden muss
- Wenn im folgenden Jahr voraussichtlich hohe Betriebsausgaben anfallen
- Wenn im folgenden Jahr mit Einnahmerückgang gerechnet wird
- Wenn im folgenden Jahr sonstige steuertarifliche Verbesserungen eintreten (andere Steuerklasse, weitere Freibeträge etc.)

Ermittlung der Betriebseinnahmen

Zu den steuerpflichtigen Betriebseinnahmen zählen z. B.:

- Erhaltene Anzahlungen
- Einnahmen aus Dienstleistungen
- Einnahmen aus Warenverkäufen
- Provisionseinnahmen
- Zinseinnahmen
- Mehrwertsteuererstattungen

- Gewerbesteuererstattungen
- Versicherungsentschädigungen wegen Schadenersatz für Betriebsvermögen
- Honorareinnahmen
- Erhaltene Mehrwertsteuer
- Privatentnahmen (Entnahmen von Nutzungen des Betriebsvermögens, z. B. privater Telefonanteil, privater Kfz-Anteil)

Ermittlung der Betriebsausgaben

Betriebsausgaben sind (nach § 4 Absatz 4 EStG) Aufwendungen, die durch den Betrieb veranlasst sind. Sie sind bei der Einnahmen-Überschuss-Rechnung dann von den Betriebseinnahmen abzuziehen, wenn sie bezahlt wurden – nicht, wenn der Rechnungseingang erfolgte.

Maßgeblich: der Zeitpunkt der Bezahlung

Bei Erstellung der Einnahmen-Überschuss-Rechnung sind die in einem Wirtschaftsjahr gezahlten Betriebsausgaben von den im gleichen Jahr erhaltenen Betriebseinnahmen abzuziehen. Es gibt sofort abzugsfähige Betriebsausgaben wie z. B. Gehälter, Mieten, Wareneinkäufe etc.

Denen gegenüber stehen die nicht sofort abzugsfähigen Betriebsausgaben, die auf mehrere Jahre verteilt werden. Hier handelt es sich um Abschreibungen, wenn die Anschaffungskosten von Anlagevermögen (Kfz, Computer etc.) auf mehrere Jahre verteilt werden müssen, weil es sich um Beträge von jeweils mehr als netto 800 DM gehandelt hat. Was bei den einzelnen Betriebsausgaben besonders zu beachten ist und wie sich durch geschickte Gestaltung Steuern vermeiden lassen, erfahren Sie ab Seite 175 ff.

Nicht sofort abzugsfähige Ausgaben

Achtung: In der Einnahmen-Überschuss-Rechnung erfolgt keine aktive und passive Rechnungsabgrenzung. Einnahmen und Erträge sowie Auszahlungen und Aufwendungen müssen nicht zugeordnet werden, sondern gehören immer zur gleichen Rechnungsperiode.

⚡ Blitzübersicht: Einnahmen-Überschuss-Rechnung

Betriebseinnahmen

Einnahmen netto (ohne MwSt., diese wird unten als Umsatzsteuer gesondert als Einnahme ausgewiesen)		
Kfz-Nutzung (privater Anteil)	+	
Telefon (privater Anteil)	+	
Umsatzsteuer	+	
Zinseinnahmen (betriebliches Girokonto)	+	
Summe der Einnahmen	=	

Betriebsausgaben (ohne MwSt., diese wird unten als bezahlte Vorsteuern gesondert als Ausgabe ausgewiesen)

Abschreibung auf Anlagegüter	+	
Betriebsanmeldung	+	
BezahlteVorsteuern	+	
Büromaterial	+	
Fax	+	
Geringwertige Wirtschaftgüter	+	
Kfz-Kosten pauschal	+	
Kosten des Geldverkehrs	+	
Material	+	
Telefon	+	
Summe der Betriebsausgaben	=	

Summe der Einnahmen		Summe der Betriebsausgaben		Überschuss oder Verlust
↓		↓		↓
	–		+	

Warum auch Kleinbetriebe und neue Unternehmen einen Anlagespiegel benötigen

Gerade zu Beginn Ihrer Geschäftstätigkeit fallen für den Aufbau Ihres Betriebes hohe Aufwendungen an. Das sind z. B. die Anschaffungen von Kraftfahrzeugen, Büroausstattungen, EDV-Anlagen, Einrichtungsgegenständen etc. Für das Finanzamt handelt es sich dabei um abnutzbare, selbstständige Wirtschaftsgüter, die in einem gesonderten Anlageverzeichnis zum Jahresabschluss aufgeführt werden. Liegen die Anschaffungs- oder Herstellungskosten über netto (ohne gesetzliche Mehrwertsteuer) 800 DM, so sind diese Kosten auf die voraussichtliche Nutzungsdauer zu verteilen. Dieser Vorgang heißt Abschreibung von Anlagevermögen oder Absetzung für Abnutzung (AfA). Die Abschreibung selbst stellt eine Gewinn mindernde Betriebsausgabe dar. Die voraussichtliche Nutzungsdauer können Sie speziellen AfA-Tabellen entnehmen, die Ihr Steuerberater im Schreibtisch liegen hat oder die in Fachbuchhandlungen erhältlich sind (siehe auch Seite 261).

Gewinn mindernde Betriebsausgabe – die Abschreibung

Liegen die Anschaffungskosten unter netto 800 DM, so handelt es sich um geringwertige Wirtschaftsgüter (GwG), die ebenfalls im Abschreibungsverzeichnis bzw. Anlagespiegel geführt werden.

Wenn Sie als Kleinunternehmer nicht für die Mehrwertsteuer optieren, gilt der Bruttobetrag (inkl. gesetzlicher Mehrwertsteuer).

Diese Wirtschaftsgüter werden sofort in einem Jahr abgeschrieben. Es verbleibt lediglich ein Erinnerungswert von 1 DM, solange die betriebliche Nutzung besteht.

Erinnerungswert

Handelt es sich um Güter, die nur zusammen mit einem anderen betrieblichen Gegenstand nutzbar sind, so werden diese zusammen mit dem anderen Wirtschaftsgut abgeschrieben.

Beispiel: *Der automatische Einzug eines Kopierers kann zwar separat angeschafft werden, ist aber nur zusammen mit dem Gerät nutzbar.*

Achtung: Wurde das Wirtschaftsgut in der zweiten Jahreshälfte (nach dem 30. Juni eines Jahres) angeschafft, so halbiert sich der Abschreibungsbetrag.

Neben den bereits beschriebenen Sachanlagen gehören noch folgende Positionen in den Anlagespiegel:

Der Anlagespiegel sollte ferner enthalten

- Unbewegliches Anlagevermögen, z. B. Grundstücke. Diese werden nicht abgeschrieben, aber dennoch im Anlagespiegel geführt. Das Gebäude auf dem Grundstück selbst wird gesondert verzeichnet und abgeschrieben.
- Immaterielle (nicht körperliche) Wirtschaftsgüter, z. B. ein Geschäfts- oder Firmenwert, der auf 15 Jahre abgeschrieben wird.
- Finanzanlagen, z. B. auf Dauer angelegtes Wertpapiervermögen, Beteiligungen an Personen- oder Kapitalgesellschaften. Diese werden nicht abgeschrieben.

2. Beispiel für einen Anlagespiegel

Gegenstand	Buchwert	Zugang Kaufdatum	AfA-Satz	Abschreibung	Abgang (Datum)	Buchwert 31. 12. 98
Kfz	20.000 DM	01. 01. 98	25 %	5.000 DM	entfällt	15.000 DM
Bürostuhl	750 DM	01. 04. 98	100 %	749 DM		1 DM

Im Normalfall wird der AfA-Prozentsatz ermittelt, indem man 100 durch die Jahre der voraussichtlichen Nutzungsdauer teilt.

Beispiel für ein Kfz: *100 geteilt durch vier Jahre Nutzungszeit ergibt einen Abschreibungssatz von 25 Prozent. Die voraussichtliche Nutzungsdauer wird geschätzt oder dem AfA-Verzeichnis entnommen.*

Achtung: Gebrauchte Gegenstände oder Wirtschaftsgüter, die erhöhtem Verschleiß unterliegen, haben eine geringere Nutzungsdauer als im AfA-Verzeichnis angegeben!

Die Bedeutung des Jahresabschlusses für das Rechnungswesen

Das betriebliche Rechnungswesen beinhaltet alle Verfahren zur Erfassung und Überwachung der betrieblichen Geld- und Leistungsströme, die durch die betrieblichen Umsätze hervorgerufen werden. Somit hat das Rechnungswesen betriebsintern die Aufgabe der Dokumentation und Kontrolle aller Finanzströme.

Den Geldfluss planmäßig festhalten und kontrollieren

Das abschließende Controlling sollte der Unternehmer bis zu einer bestimmten Unternehmensgröße immer selbst durchführen, schließlich muss er zu jeder Zeit wissen, wie es um seine Firma steht.

Das Rechnungswesen hat außerdem die Aufgabe der Überprüfung der Wirtschaftlichkeit und Rentabilität aller betrieblichen Handlungen und dient somit wesentlich den wirtschaftlichen Entscheidungen des Unternehmers bezüglich der Zukunft seiner Firma.

Betriebsextern dient das Rechnungswesen der Rechenschaftslegung vor den Gesellschaftern bzw. Aktionären und den strengen Augen der Finanzämter.

Aufgaben des Rechnungswesens

Finanzbuchhaltung und Bilanz:

- Buchführung
- Inventar
- Jahresabschluss
- Zwischenbilanzen

Kostenrechnung:

- Kalkulatorische Buchführung
- Kostenarten-, Kostenstellen- u. Kostenträgerrechnung
- Kurzfristige Erfolgsrechnung
- Selbstkostenrechnung

Statistik und Vergleichsrechnung

Planungsrechnung

Die Kostenrechnung

Jeder Unternehmer muss wirtschaften können. Dies bedeutet zunächst, dass Umsätze erzielt werden müssen, die gesichert und gesteigert werden sollten. Von diesen Umsätzen müssen alle laufenden Kosten getragen werden, z. B. Miete, Personalkosten, Wareneinkauf, Werbung, Telefon, Steuerberater, Leasingraten, Zinsen für Betriebsdarlehen etc. Für künftige notwendige Investitionen sollten auch rechtzeitig Rücklagen gebildet werden oder die monatlichen Raten für Zinsen und Tilgung bzw. Miete oder Leasingraten einkalkuliert werden.

Betriebszweck jedes Unternehmens ist die Gewinnerzielung, dies nicht aus Profitgier, sondern um Arbeitsplätze zu erhalten, investieren zu können und nicht zuletzt auch, weil das liebe Finanzamt dies fordert.

Gewinn ist jedoch nur der Betrag, der alle Kosten übersteigt. Leider erliegen viele Kleinunternehmer, insbesondere Existenzgründer, oft dem Irrtum, dass alle Kasseneinnahmen Reingewinn sind, also brutto = netto.

Umsätze fließen wieder in Produktionskosten

Damit der Unternehmer einen Überblick erhält, welcher Anteil seiner Umsätze für Kosten verwendet werden muss und wie viel er selbst netto verdient, muss er eine Kostenrechnung durchführen.

In Großunternehmen übernimmt dies die Controlling-Abteilung. Ein Klein- bzw. Mittelunternehmer kann sich das kaum leisten, er muss selbst rechnen oder bekommt Unterstützung von einem guten Steuerberater, der sich nicht nur als profiskalischer Buchhalter versteht.

Grundlage der Preispolitik

Die Kostenrechnung ist die wichtigste Grundlage für die Preispolitik der Unternehmer. Dies insbesondere unter Berücksichtigung der Kalkulation der Angebotspreise bzw. der Preisuntergrenzen. Fehlt hier die rechnerische Basis, weiß der Unternehmer nicht, ab welchem Verkaufspreis er unrentabel oder gerade kostendeckend arbeitet oder sogar noch Geld draufzahlt. Die Kostenrechnung setzt sich zusammen aus der Betriebsbuchhaltung und der Kalkulation bzw. Selbstkostenrechnung und hat die Aufgabe der Erfassung, Verteilung und Zuordnung der Kosten. Grundlage hierfür ist die Finanzbuchhaltung, die alle finanziellen Bewegungen erfasst und in Konten einteilt. Hierdurch kann der Unternehmer:

- Die Wirtschaftlichkeit seiner unternehmerischen Handlungen prüfen und Grundlagen für weitere Dispositionen schaffen
- Einen Kosten- und Leistungsvergleich anstellen
- Die Selbstkosten- und Angebotspreise ermitteln

Es werden nur die betriebsgewöhnlichen, jedoch keine außergewöhnlichen Kosten und Erträge erfasst, da diese das Kalkulationsbild verzerren würden.

Die Betriebsabrechnung (kalkulatorische Buchführung)

Die Betriebsabrechnung erfolgt immer bezogen auf einen bestimmten Zeitraum (Periodenrechnung). Sie besteht aus Kostenarten-, Kostenstellen- und Kostenträgerrechnung.

Was man unter Kostenartenrechnung versteht

Die Kostenartenrechnung erfasst branchentypisch alle Kosten nach ihrer Entstehungsart.

Die Gliederung erfolgt zunächst nach den wichtigsten betrieblichen Funktionen in:

- Beschaffungskosten
- Lagerhaltungskosten
- Fertigungskosten
- Verwaltungskosten
- Vertriebskosten

Dann erfolgt je nach Betriebsart und -größe eine Feinuntergliederung in:

- Personalkosten
- Sachkosten (Maschinen, Werkzeuge, Betriebsstoffe, Abschreibungen etc.)
- Kapitalkosten (Zinsen)
- Dienstleistungskosten (Telefon, Versicherungen, Steuerberatungskosten, Strom, Gas, Wasser)
- Gebühren, Beiträge, Steuern
- Kalkulatorische Kosten

Die Produktion verursacht vielfältige Kosten

Die in einem Monat angefallenen Kosten und Erlöse, bezogen auf einen Kostenträger, werden einander gegenübergestellt und in einer kurzfristigen Erfolgsrechnung zusammengefasst. Somit erhält der Unternehmer monatlich wichtige Auswertungsunterlagen, auf deren Basis er kurzfristig kalkulieren und entscheiden kann.

Grundlage für die Kostenartenrechnung ist die Finanzbuchhaltung, die alle Kosten in Kontenklassen einteilt.

Unrentable Aufträge und Preiserhöhung

Bei den betrieblichen Kosten unterscheiden sich nach ihrer Verrechnungsart Einzelkosten von Gemeinkosten, damit der Unternehmer erfährt, bei welchen Produkten bzw. betrieblichen Leistungen bestimmte Kosten anfallen. So können Erkenntnisse darüber gewonnen werden, ob Produktionskosten zu hoch oder manche Aufträge unrentabel sind, da sie zu viele Kosten verursachen. Die Kostenartenrechnung liefert auch Ergebnisse darüber, ob für einzelne Aufträge Preiserhöhungen nötig sind.

Die Einzelkosten können direkt den Kostenträgern bzw. Umsätzen zugeordnet werden, z. B. Vertriebskosten für ein bestimmtes Produkt. Sie zählen zu den variablen Kosten, da sie nicht immer anfallen.

Die Gemeinkosten können nicht direkt einer bestimmten Leistung zugeordnet werden, da sie für mehrere Produkte anfallen, z. B. Miete, Strom, Personalkosten, Telefonkosten. Sie gehören zu den Fixkosten, da sie unabhängig von der Leistungsmenge des Betriebes anfallen.

Die Kostenarten gliedern sich nach ihrer Kostenerfassungsart in:

- **Aufwandsgleiche Kosten**
  Diese Werte sind der Finanzbuchhaltung zu entnehmen. Es handelt sich um Kosten, denen Aufwand gegenübersteht bzw. die durch Geldabfluss dokumentiert sind.
- **Kalkulatorische Kosten**
  Diese Werte erscheinen oft nicht in der Finanzbuchhaltung, da es sich um kalkulatorische Werte handelt, z. B. kalkulatorischer Unternehmerlohn, kalkulatorische Wagnisse, kalkulatorische Abschreibungen. Diese kalkulatori-

schen Kosten erzeugen keinen Geldabfluss, da sie nicht durch Aufwand entstanden sind.

Bei den Kostenarten werden außerdem fixe von variablen Kosten unterschieden. Die fixen Kosten entstehen immer konstant, unabhängig von der Umsatzgröße, sie gehören zu den Gemeinkosten, da sie nicht einer bestimmten Leistung zugeordnet werden können.

Fixe und variable Kosten

Beispiel: *Miete, Versicherungen, Abschreibung für Anlagevermögen, Leasingraten, Fremdkapitalzinsen etc. Die fixen Kosten machen den größten Kostenanteil aus, daher muss ein Unternehmer bestrebt sein, die fixen Kosten so gering wie möglich zu halten.*

Achtung: Oft nimmt ein Unternehmer auch weniger lukrative Aufträge an, an denen er selbst nichts verdient, sondern die nur seine fixen Kosten decken.

Kostenstellen- und Kostenträgerrechnung

Die Kostenstellenrechnung baut auf der Kostenartenrechnung auf und zeigt auf, wo die jeweiligen Kosten entstanden sind. Die Kostenarten werden verschiedenen Kostenstellen zugeteilt. Hierdurch erfolgt eine bessere Kontrolle der Wirtschaftlichkeit in den jeweiligen Bereichen und eine genaue Zurechnung der Gemeinkosten auf die Kostenträger.

Wo und wofür sind Kosten angefallen

Die Kostenträgerrechnung zeigt auf, wofür bestimmte Kosten entstanden sind. Hier werden die Herstellungskosten bzw. Selbstkosten für die erstellten Leistungen ermittelt. So kann der Erfolg jeder einzelnen Leistung abgeleitet werden und eine genaue Preiskalkulation erfolgen.

Kostenarten- und Kostenstellenrechnung sind die Basis für die Selbstkostenrechnung. Für jede Leistung werden die Kosten zugeordnet und somit die Selbstkosten ermittelt. Die Selbstkostenrechnung kann als Vor- oder Nachkalkulation erfolgen, in jedem Fall ist sie ein wichtiges Instrument für die Preispolitik des Unternehmers.

Selbstkostenrechnung

Kurzfristige Erfolgsrechnung
Zu Planungzwecken benötigt der Unternehmer oft kurzfristige Berechnungen.
Hierfür gibt es zwei Alternativen:

Für eine sinnvolle Planung

- Das Gesamtkostenverfahren stellt für eine bestimmte Abrechnungsperiode alle erstellten Leistungen den Gesamtkosten gegenüber. Bestandserhöhungen an Halb- und Fertigerzeugnissen erhöhen die Leistungen, Bestandsminderungen werden von den Umsatzerlösen abgezogen. Diese werden zu den Selbstkosten hinzugerechnet.
- Beim Umsatzkostenverfahren werden die Umsätze einer Berechnungsperiode den Selbstkosten der erbrachten Leistungen gegenübergestellt. Bestandsveränderungen werden hier nicht berücksichtigt.

Die Ergebnisse sind bei beiden Verfahren gleich, das Umsatzkostenverfahren zeigt jedoch die Erfolgsbeiträge für jeden Kostenträger und ist somit genauer.

Hier fließen die verschiedenen Rechnungen zusammen

Plankostenrechnung

Die Plankostenrechnung ermöglicht dem Unternehmer eine laufende Kostenkontrolle und somit eine genaue Preispolitik. Sie analysiert durch die Gegenüberstellung von Ist-, Normal- und Plankosten die Abweichungen zwischen den tatsächlich angefallenen und den vorher geplanten Kosten. Die Plankostenrechnung ist eine wichtige Basis für künftige finanzielle Dispositionen des Unternehmers.

1. Istkostenrechnung

Diese Rechnung bezieht sich immer auf die in der Vergangenheit angefallenen Kosten und ist somit keine Grundlage für künftige Dispositionen. Dies insbesondere deshalb, weil die tatsächlich angefallenen Kosten ohne Korrektur um außerordentliche Faktoren – wie z. B. Preisschwankungen, Produktionsverzögerungen, erhöhten Materialverbrauch – den entsprechenden Kostenträgern zugerechnet werden.

Istkosten = Ist-Verbrauchsmenge × Istpreise

Die Istkostenrechnung ist kein geeignetes Instrument der Wirtschaftlichkeitskontrolle, da ein Vergleich mit anderen Abrechnungsperioden nicht möglich ist.

2. Normalkostenrechnung

Die Normalkostenrechnung ist auch eine vergangenheitsorientierte Analyse, da die Kosten nicht mit den tatsächlich angefallenen Preisen, sondern mit den Durchschnittspreisen angesetzt werden. Die Normalkosten werden aus den Istkosten der Vergangenheit errechnet und sind ein statistischer Mittelwert, mit dem der Unternehmer relativ realitätsnah kalkulieren kann.
Werden die Mittelwerte laufend aktualisiert (d. h. es erfolgt die Berücksichtigung eingetretener Schwankungen), dient die Normalkostenrechnung der Vorkalkulation und der Kostenkontrolle.

3. Plankostenrechnung

Die Plankostenrechnung ist im Gegensatz zu Istkosten- und Normalkostenrechnung eine in die Zukunft gerichtete Berechnung.
Die Kosten für Kostenträger und Kostenstellen werden unter Berücksichtigung eventueller Produktionsstörungen exakt vorausgeplant.
Der Unternehmer wird bestrebt sein, dass die tatsächlichen Kosten noch unter den Plankosten liegen; letztere sind die Vorgabekosten.

Vorgabekosten

Achtung: Werden alle drei Berechnungen durchgeführt, erfolgt eine optimale Kostenkontrolle und Preispolitik. Die tatsächlich angefallenen Kosten werden mit den vorausgeplanten Kosten verglichen und die Differenzen analysiert.

Die Deckungsbeitragsrechnung

Verkaufspreis und Gewinn

Im Zentrum steht die Frage, welchen Beitrag eine Unternehmensleistung zur Deckung der Fixkosten leistet und ab welchem Verkaufspreis die Gewinnzone erreicht wird. Hierzu wird eine Teilkostenrechnung durchgeführt, d. h., es werden nur die variablen Kosten auf die Kostenträger verteilt, die Fixkosten sind ausgeschlossen.

Der Unternehmer muss wissen, ob er auch für ihn unrentabel erscheinende Aufträge annehmen soll. Jeder Kaufmann will verdienen, zum Geldwechseln arbeitet keiner. Wenn die fixen Kosten von den variablen getrennt werden, kann errechnet werden, ob der Auftrag die variablen Kosten deckt. Liegt der Profit dieses Auftrags über den variablen Kosten, wird auch ein Fixkostenanteil gedeckt. Selbst wenn an dem Auftrag nichts verdient werden kann, er deckt zumindest einen Teil der Fixkosten, die auch ohne den Auftrag anfallen. Andere Aufträge müssen dann die Gewinne einfahren.

Die Break-even-Analyse

Hier wird der notwendige Gesamtumsatz ermittelt. Bei dessen Unterschreitung entsteht ein Verlust und bei dessen Überschreitung ein Gewinn.

Kostendeckungspunkt

Der Break-even-point (Kostendeckungspunkt) zeigt das Umsatzvolumen, mit dem der Unternehmer eine Vollkostendeckung (fixe und variable Kosten) erreicht; hier beginnt seine Gewinnzone! Am Kostendeckungspunkt sind Umsatz und fixe und variable Kosten (Gesamtkosten) wertmäßig identisch.

Statistik und Vergleichsrechnung

Anhand betrieblicher Kennzahlen werden wichtige Erkenntnisse über betriebliche Vorgänge gewonnen. Die Statistik ist Kontroll-, Planungs- und Dispositionsinstrument.

Planungsrechnung – der Blick in die Zukunft

Ein vorausschauender Unternehmer darf sich nicht auf dem Status quo ausruhen, auch wenn alles prima läuft. Die Umsätze müssen stabilisiert bzw. gesteigert werden, ebenso die Gewinne. Eine Gewinnsteigerung ist oft nur durch Kosteneinsparungen oder auch hohe Investitionen möglich. Größere Unternehmen müssen aus steuerlichen Gründen (Gewerbesteuer) oft Standortverlegungen oder Zweigniederlassungen überdenken. Daher müssen künftige betriebliche Einnahmen und Ausgaben aus Dispositionsgründen möglichst genau prognostiziert werden.

Die Zukunft will Gewinn bringend geplant sein

Durch mathematische Planungsrechnungen sollen künftige wirtschaftliche Entwicklungen des Unternehmens geschätzt werden. In Großunternehmen erfolgen solche schwierigen Planungsrechnungen durch das Operation Research (Unternehmensforschung).

Grundlagen für künftige Unternehmensprognosen liefern die Finanzbuchhaltung, der Jahresabschluss, die Kostenrechnung und Statistiken.

Buchführung und Steuern

Die Finanzbuchführung ist die Grundlage für die verschiedenen Steuerarten, mit denen ein Unternehmer vom Fiskus zur Kasse gebeten wird. Hierfür gibt es verschiedene Bemessungsgrundlagen, die sich jedoch alle aus dem Buchhaltungswerk oder aus dem Jahresabschluss ergeben.

Umsatzsteuer

Der Staat verdient ständig mit

Ein Unternehmer muss nach den Vorschriften des Umsatzsteuergesetzes alle Lieferungen und Leistungen, die er im Inland im Rahmen seines Unternehmens ausführt, der Umsatzsteuer unterwerfen. Dies gilt für alle Rechtsformen einheitlich. Somit verdient der Staat an jedem verkauften Produkt, jeder erstellten Dienstleistung, sofern sie nicht nach § 4 UStG zu den steuerfreien Umsätzen gehört.
Unternehmer im Sinne des Umsatzsteuergesetzes ist derjenige, der nachhaltig eine selbstständige oder gewerbliche Tätigkeit zur Erzielung von Einnahmen ausübt. Verkauft Herr Schmitz seinen privaten Pkw, so geschieht dies nicht im Rahmen einer nachhaltigen gewerblichen Tätigkeit, sondern aus privaten Gründen. Dieser Vorgang ist nicht umsatzsteuerpflichtig. Wenn Herr Schmitz jedes Jahr mehrere Autos an- und verkaufen würde, liegt eine nachhaltige gewerbliche, auf Einnahmeerzielung gerichtete Tätigkeit vor, die umsatzsteuerpflichtig wäre.

Achtung: Unternehmer sind natürliche und juristische Personen, nicht jedoch deren Gesellschafter oder die Aktionäre selbst.

Die Umsatzsteuer ist eine allgemeine Verbrauchsteuer, die eigentlich nur den Privatkonsumenten trifft. Für den Unternehmer ist die Umsatzsteuer ein durchlaufender Posten; er führt die Umsatzsteuer ab, die er dem Kunden berechnet. Die in seinen Eingangsrechnungen enthaltene Mehrwertsteuer (Vorsteuer) zieht er von seiner Mehrwertsteuerschuld wieder ab bzw. beantragt die volle Erstattung. Insofern entfällt eine wirkliche Umsatzsteuerbelastung für den Unternehmer, während der Endverbraucher die Umsatzsteuer »schlucken« muss, ohne dass er sie bei anderen Steuerarten wieder abziehen kann. Insofern erhält die Staatskasse die Mehrwertsteuer ausschließlich von Privatverbrauchern.

Nur der Endverbraucher zahlt die Verbrauchsteuer wirklich

Achtung: Die Mehrwert- bzw. Umsatzsteuer ist bei Unternehmen eine Betriebseinnahme.

Welche Leistungen sind umsatzsteuerpflichtig?

Steuerbare Umsätze sind nach § 1 UStG:

- Alle Lieferungen und Leistungen, die ein Unternehmer im Inland gegen Entgelt im Rahmen seines Unternehmens ausführt
- Eigenverbrauch des Unternehmers im Inland. Dies ist die Entnahme von Gegenständen und Leistungen aus dem Betrieb in die Privatsphäre (z. B. privater Telefonanteil, Entnahme von Vorräten)
- Warenbezug von Unternehmern aus anderen Mitgliedstaaten der EU
- Einfuhr von Gegenständen in das Inland (Einfuhrumsatzsteuer)
- Sachzuwendungen und sonstige Leistungen (z. B. Firmenwagennutzung) an die Arbeitnehmer

Steuerbare Umsätze

Steuersätze

Nach § 12 UStG beträgt die Umsatzsteuer für jeden steuerbaren Umsatz 16 Prozent (seit 1. April 1998) und ermäßigt sich in bestimmten Fällen auf sieben Prozent. Bemessungs-

16 Prozent

grundlage für die Umsatzsteuer ist der Nettoumsatz ohne Mehrwertsteuer.

Mit sieben Prozent ermäßigt besteuert werden:

Sieben Prozent

- Lieferung und Eigenverbrauch von Nahrungsmittel, sofern sie nicht an Ort und Stelle verzehrt werden
- Bücher, Zeitungen, Zeitschriften
- Öffentlicher Personennahverkehr
- Orthopädische Hilfsmittel, Krankenfahrstühle
- Aufzucht und Halten von Vieh, Anzucht von Pflanzen, Förderung der Tierzucht
- Leistungen und Eigenverbrauch von Zahntechnikern
- Zirkusvorführungen, Theateraufführungen, Orchesteraufführungen
- Übertragung von Rechten aus dem Urheberrechtsgesetz

Nicht buchführungs- und abschlusspflichtige Unternehmensgruppen und Land- und Forstwirte werden nach Durchschnittssätzen besteuert, dies gilt auch für die Ermittlung von deren Vorsteuer (§§ 23 und 24 UStG).

Rechnungsausstellung immer mit Mehrwertsteuer

Nach § 14 UStG ist ein Unternehmen, das steuerpflichtige Lieferungen und Leistungen im Inland ausführt, zur Ausstellung von Rechnungen mit gesondertem Mehrwertsteuerausweis verpflichtet. Folgende Angaben müssen enthalten sein:

Rechnungspunkte

- Name und Anschrift des leistenden Unternehmens
- Name und Anschrift des Leistungsempfängers
- Menge und handelsübliche Bezeichnung des Liefergegenstandes oder Art und Umfang der sonstigen Leistung
- Zeitpunkt der Lieferung oder der sonstigen Leistung
- Das Entgelt für die Lieferung oder die sonstige Leistung
- Der auf das Entgelt entfallende Steuerbetrag

Ist der Empfänger der Rechnung ein Unternehmer, kann er den in der Rechnung enthaltenen Mehrwertsteuerbetrag nur als Vorsteuer abziehen, wenn alle oben angegebenen Angaben vollständig sind.

> **Achtung:** Bei Rechnungsbeträgen über 200 DM (brutto) muss die Mehrwertsteuer betragsmäßig ausgewiesen sein. Liegt der Rechnungsbetrag darunter, reicht die Prozentangabe des enthaltenen Mehrwertsteuerbetrages.

Handelt es sich um Rechnungen im innergemeinschaftlichen Warenverkehr, müssen zusätzlich die Umsatzsteuer-Identifikationsnummern des Rechnungsausstellers und des Rechnungsempfängers ausgewiesen sein (siehe Seite 159 f.).

Innerhalb der EG

> **Achtung:** Wird die Mehrwertsteuer versehentlich zu hoch ausgewiesen, dann schuldet der Rechnungsaussteller dem Finanzamt den unrichtigen zu hohen Betrag, während der Rechnungsempfänger nur den für die Leistung richtigen Vorsteuerbetrag von seiner Mehrwertsteuerschuld abziehen bzw. als Betriebsausgabe absetzen darf.
> Verkauft ein Unternehmer hingegen Gegenstände seines Privatvermögens, muss er keine Mehrwertsteuer ausweisen, da dieser Vorgang nicht mehrwertsteuerpflichtig ist.

Was bedeutet Vorsteuer?

Ein Unternehmer muss auf alle Nettoleistungen die Umsatzsteuer (von z. B. 16 Prozent) berechnen, die an das Finanzamt abgeführt werden muss.

Die in den Eingangsrechnungen (z. B. bei Wareneinkauf, Anschaffung von Anlagevermögen und dergleichen) enthaltene Mehrwertsteuer heißt Vorsteuer; die Vorsteuer kann der Unternehmer (nach § 15 UStG) von seiner Mehrwertsteuerschuld abziehen.

Mehrwertsteuer minus Vorsteuer gleich Umsatzsteuer

Voraussetzung für den Vorsteuerabzug durch einen Unternehmer ist aber, wie schon erwähnt, das Vorliegen einer ordnungsgemäßen Rechnung mit Mehrwertsteuerausweis ab Rechnungsbruttobeträgen von 200 DM.

Nach § 15 UStG ist die Steuer für die Lieferungen, die Einfuhr und den innergemeinschaftlichen Erwerb von Gegenständen sowie für die sonstigen Leistungen, die der Unternehmer für folgende Umsätze verwendet, vom Vorsteuerabzug ausgeschlossen:

Kein Vorsteuerabzug möglich

- Leistungen für unternehmensfremde Zwecke (private Rechnungen)
- Steuerfreie Umsätze
- Auslandsumsätze, die im Inland steuerfrei wären
- Unentgeltliche Lieferungen und Leistungen, die steuerfrei wären, wenn sie entgeltlich erfolgt wären

Werden Rechnungen zwischen Unternehmern ausgestellt, so entsteht keine Umsatzsteuerbelastung. Denn was der Rechnungsaussteller berechnet, zieht der Rechnungsempfänger wieder ab. Der Fiskus verdient nur an der Mehrwertsteuer, wenn ein nicht vorsteuerberechtigter Privatkonsument Waren oder Dienstleistungen erwirbt.

Vorsteuer gleich Betriebsausgabe

Die Vorsteuer der Unternehmen mindert nicht nur deren Mehrwertsteuerschuld, sondern ist ertragsteuerlich auch eine abzugsfähige, Gewinn mindernde Betriebsausgabe.

Steuerbefreiungen

Nach § 4 UStG sind bestimmte Leistungen umsatzsteuerfrei, wobei das Gesetz zwischen echter und unechter Steuerbefreiung unterscheidet. Bei den echten Steuerbefreiungen bleibt dem Unternehmer der Vorsteuerabzug erhalten, obwohl er für seine Leistung keine Mehrwertsteuer abführen muss, z. B.

Echte steuerfreie Umsätze

- Ausfuhrlieferungen und Lohnveredelungen an Gegenständen der Ausfuhr
- Lieferungen an steuerpflichtige Abnehmer anderer EG-Mitgliedstaaten (innergemeinschaftliche Lieferungen)
- Umsätze für Seeschifffahrt und Luftfahrt
- Güterbeförderungen in Drittstaaten
- Die Vermittlungsumsätze für o. a. Umsätze

Bei den unechten steuerfreien Umsätzen darf der Unternehmer die Vorsteuerbeträge nicht bei der Mehrwertsteuer abziehen, da er diese ja auch nicht entrichten muss. In diesen

Fällen ist der Bruttorechnungsbetrag (inkl. Mehrwertsteuer) jedoch weiterhin eine abzugsfähige Betriebsausgabe.
Unechte steuerfreie Umsätze sind z. B. die Umsätze von Ärzten, Heilpraktikern, sonstigen Heilberufen, Versicherungs- und Bausparkassenvertretern, Umsätze von Altenheimen und Krankenhäusern.
Nach § 9 UStG besteht für folgende Umsätze ein Wahlrecht zwischen Steuerfreiheit und Mehrwertsteuerberechnung:

Unechte steuerfreie Umsätze

- Vermietung und Verpachtung von Grundstücken und ähnliche Grundstücksgeschäfte (§ 4 Nr. 12 UStG)
- Umsätze, die unter das Grunderwerbsteuergesetz fallen (§ 4 Nr. 9a UStG)
- Umsätze aus Kreditvermittlung, Wertpapiergeschäften, Geschäften mit Goldmünzen, Goldbarren (§ 4 Nr. 8 UStG)

Nach § 9 Abs. 2 UStG ist Mehrwertsteuerberechnung für Umsätze aus den beiden ersten Punkten nur möglich, wenn der Leistungsempfänger das Grundstück nur für Umsätze zu verwenden beabsichtigt, die den Vorsteuerabzug nicht ausschließen (Vermietung an vorsteuerberechtigten Unternehmer).

Wie erhebt das Finanzamt die Umsatzsteuer?

Sobald der Unternehmer oder die Kapitalgesellschaft das Gewerbe angemeldet hat, erteilt das Finanzamt nach Beantwortung eines langen Fragebogens eine Umsatzsteuernummer. Nach § 18 UStG ist der Unternehmer zur Abgabe von Umsatzsteuer-Voranmeldungen verpflichtet, sofern er keine steuerfreien Umsätze nach § 4 UStG erzielt oder die Umsatzsteueroption nach § 9 UStG ausübt.

Umsatzsteuernummer

Es gibt monatliche und vierteljährliche Umsatzsteuer-Voranmeldungen und die jährliche Umsatzsteuer-Jahreserklärung, die alle umsatzsteuerpflichtigen Unternehmer abgeben müssen. In welchem Turnus Sie Umsatzsteuer-Voranmeldungen abgeben müssen, richtet sich nach der Umsatzsteuerschuld des Vorjahres.
Die Umsatzsteuer ist stets am 10. (Feiertage und Schonfristen beachten) nach Ablauf eines Monats oder Vierteljahres

zu entrichten. Die Frist für die monatlichen Umsatzsteuer-Voranmeldungen verlängert sich nochmals um einen Monat, wenn zu Beginn des Kalenderjahres mit der ersten Umsatzsteuer-Voranmeldung eine 1/11 Meldung abgegeben wurde. Hierbei wird die im vergangenen Kalenderjahr entrichtete Umsatzsteuer durch elf geteilt und der sich ergebende Betrag als Sondervorauszahlung für die Dauerfristverlängerung von einem zusätzlichen Monat geleistet.

Dauerfristverlängerung

Beispiel: *Die Umsatzsteuerzahlung für Juli wäre normalerweise am 10. August fällig. Mit Dauerfristverlängerung wird sie erst zum 10. September fällig.*

Blitzübersicht: Wann ist die Umsatzsteuererklärung fällig?

Voraussichtliche jährliche Steuerschuld bzw. Gesamtumsatz pro Jahr	monatlich	vierteljährlich	Jahressteuererklärung
über 12.000 DM Steuerschuld im Vorjahr	ja	nein	ja
bis 12.000 DM Steuerschuld im Vorjahr	nein	ja	ja
bis 1.000 DM Steuerschuld im Vorjahr	nein	nein	ja
bis 32.500 DM Umsatz zuzüglich darauf entfallende Steuer im Vorjahr und 100.000 DM im laufenden Jahr	nein, jedoch Wahlrecht	nein, jedoch Wahlrecht	nein, jedoch Wahlrecht

Beispiel: *Sie verkaufen Waren für netto 20.000 DM zuzüglich 16 Prozent Mehrwertsteuer. Gleichzeitig entnehmen Sie Gegenstände Ihres Anlagevermögens zum Teilwert in Ihr Privatvermögen, z. B. einen gebrauchten Pkw für 3.000 DM. Im gleichen Zeitraum kaufen Sie Waren für netto 31.250 DM zuzüglich 5.000 DM Mehrwertsteuer, die bei Ihnen abzugsfähige Vorsteuer ist. Zusätzlich haben Sie für den gleichen Zeitraum Umsatzsteuer-Vorauszahlungen in Höhe von 2.000 DM geleistet, so dass insgesamt eine Erstattung von 3.320 DM verbleibt. Dies zeigt auch die folgende Tabelle.*

Rechenmuster für die Mehrwertsteuererstattung		
Einnahmen aus Lieferungen und Leistungen zu 16 %	20.000 DM	3.200 DM
Entnahme von Gegenständen ins Privatvermögen 16 %	3.000 DM	+ 480 DM
gezahlte Vorsteuern laut vereinnahmten Entgelten		– 5.000 DM
Umsatzsteuer-Vorauszahlungen		– 2.000 DM
= Mehrwertsteuererstattung		= – 3.320 DM

Wer muss eine Umsatzsteuererklärung abgeben?

Zunächst einmal muss festgestellt werden, ob Sie Kleinunternehmer sind, da Kleinunternehmer nach § 19 UStG frei wählen können, ob sie zur Umsatzsteuer optieren möchten oder nicht.

Kleinunternehmer

Als Kleinunternehmer im Sinne des Umsatzsteuergesetzes gelten Unternehmen, deren Gesamtumsatz im vorangegangenen Kalenderjahr 32.500 DM nicht überstiegen hat und im laufenden Jahr voraussichtlich 100.000 DM nicht übersteigen wird. Liegen Sie unter diesen Grenzen, so müssen Sie nach § 19 Abs. 1 UStG keine Umsatzsteuer ausweisen und entrichten, sind jedoch auch nicht vorsteuerabzugsberechtigt.

Nach § 19 Abs. 2 UStG können Sie auf diese Umsatzsteuerbefreiung für Unternehmer verzichten. In diesem Fall sind Sie zum Ausweis und zur Entrichtung der Mehrwertsteuer verpflichtet und somit auch vorsteuerabzugsberechtigt. Verzichtet der Unternehmer auf die Befreiung nach § 19 Abs. 1 UStG, ist er fünf Jahre an die Entrichtung der Mehrwertsteuer gebunden, kann also nicht beliebig wechseln. Auf die Befreiung von der Umsatzsteuer kann bis zur Unanfechtbarkeit der Steuerfestsetzung verzichtet werden.

Für fünf Jahre keine Befreiung

Bestand das Unternehmen nicht das volle Kalenderjahr, so ist der tatsächliche Gesamtumsatz in einen Jahresumsatz zu rechnen.

Achtung: Betrug Ihr Jahresumsatz im Vorjahr mehr als 32.500 DM und im laufenden Jahr weniger als 32.500 DM, sind Sie umsatzsteuerpflichtig und haben kein Wahlrecht.

Wann lohnt sich die Mehrwertsteueroption?

Diese Frage ist nur für die kleine Unternehmergruppe relevant, die ein Recht zur Mehrwertsteueroption hat, die anderen sind verpflichtet, die Mehrwertsteuer auszuweisen und abzuführen.

Für Kleinunternehmer nach § 19 UStG

lohnt sich der Ausweis der Mehrwertsteuer, wenn hohe Betriebsausgaben anfallen, in denen Vorsteuer enthalten ist. Diese Vorsteuern mindern die Mehrwertsteuerschuld oder führen im günstigsten Fall zu einer Vorsteuererstattung. Wenn Sie sich für die Versteuerung nach § 19 Abs. 1 UStG entschieden haben, müssen Sie zwar keine Mehrwertsteuer ausweisen und entrichten, können jedoch auch keine Vorsteuer abziehen. Für Kleinunternehmer lohnt sich der Verzicht auf die Mehrwertsteuer dann, wenn keine oder wenig Betriebsausgaben anfallen, in denen Vorsteuer enthalten ist (z. B. Personalkosten, keine Raumkosten mit USt.).

Lohnt sich der Verzicht auf die Mehrwertsteuer

Denken Sie immer daran, dass die Mehrwertsteuer für einen Unternehmer nur ein durchlaufender Posten ist, sie entsteht nicht wirklich, da sie ja vom Kunden gezahlt wird.

Existenzgründer, die zu Anfang noch nicht klar abschätzen können, ob und in welcher Höhe Betriebsausgaben mit Vorsteuern anfallen, sollten besser zunächst nicht auf die Mehrwertsteueroption verzichten, damit ihnen der Vorsteuerabzug erhalten bleibt.

Existenzgründer

Für bestimmte Umsätze

gibt es ebenfalls ein Wahlrecht in Sachen Umsatzbesteuerung, dies ist jedoch unabhängig von der Höhe des Gesamtumsatzes. Es handelt sich hier z. B. um Vermietungsumsätze, Kreditgewährungen, Wertpapiergeschäfte etc. (§§ 4 Nr. 8, Nr. 9a, Nr. 12 UStG).

Auch hier lohnt sich die Ausübung der Mehrwertsteueroption, wenn der Unternehmer mit hohen Betriebsausgaben oder Werbungskosten rechnet, in denen Vorsteuer enthalten ist (z. B. hohe Instandhaltungskosten, Umbaukosten, Anschaffung von teurem Anlagevermögen, Pkw, EDV-Ausstattung etc.).

Ausnahmen: Vermietungen, Kredit- und Wertpapiergeschäfte

Auch hier wälzt der Unternehmer die Mehrwertsteuer voll auf seinen Kunden bzw. Mieter ab. Bei Grundstücksgeschäften ist die Umsatzsteueroption allerdings nur noch möglich, wenn der Mieter selbst vorsteuerabzugsberechtigter Unternehmer ist. Vermieten Sie an einen Arzt oder Heilpraktiker, dürfen Sie keine Mehrwertsteuer auf die Miete schlagen und auch keine Vorsteuer aus Ihren Eingangsrechnungen abziehen!

Achtung: Haben Sie sich für die Umsatzsteueroption entschieden, sind Sie zehn Jahre daran gebunden. Bitte achten Sie darauf, dass Sie nach den zehn Jahren nur auf die Mehrwertsteuerentrichtung verzichten dürfen, wenn Sie die entsprechenden Verträge (z. B. Mietverträge) ändern, sonst sind Sie weiter daran gebunden.

Sie sollten sich nach zehn Jahren für die Befreiung von der Mehrwertsteuer entscheiden, wenn Sie sicher sind, dass Ihnen kaum Betriebsausgaben oder Werbungskosten mit Vorsteuern entstehen.

Eine evtl. verbleibende Mehrwertsteuernachzahlung können Sie als Betriebsausgabe abziehen, während eine Mehrwertsteuererstattung durch das Finanzamt eine Betriebseinnahme darstellt. Eine Mehrwertsteuererstattung entsteht, wenn:

Mehrwertsteuererstattung

- Die Vorsteuerbeträge Ihrer Eingangsrechnungen höher sind als die vereinnahmte bzw. vereinbarte Mehrwertsteuer
- Ihre Umsatzsteuervorauszahlungen zuzüglich Vorsteuerbeträgen höher waren als die vereinnahmte bzw. vereinbarte Mehrwertsteuer

Achtung: Wenn Sie nur vierteljährliche Voranmeldungen oder eine Umsatzsteuer-Jahreserklärung abgeben, müssen Sie aufpassen, dass Sie die Mehrwertsteuer nicht ausgeben. Sollten Sie mangels Liquidität nicht in der Lage sein, eine evtl. Umsatzsteuernachzahlung zu entrichten, gewährt Ihnen das Finanzamt keine Stundung: Begründung: Sie haben das Geld von Ihrem Kunden ja schon erhalten!

Besteuerung nach vereinnahmten Entgelten

Nach § 16 Abs. 1 UStG sind die laut Rechnung vereinbarten Entgelte Bemessungsgrundlage für die Umsatzsteuerberechnung. Die vereinbarten Entgelte entsprechen jedoch selten den tatsächlich vereinnahmten Entgelten bzw. den Zahlungseingängen. Die Berechnung nach vereinbarten Entgelten ist somit meist ungünstiger, da schon Mehrwertsteuer abgeführt werden muss für Rechnungen, deren Zahlungseingang noch nicht erfolgte.

Nach § 20 UStG können folgende Unternehmer auf Antrag ihre Umsatzsteuer nach vereinnahmten und nicht nach vereinbarten Entgelten berechnen:

- Unternehmer, deren Gesamtumsatz (§ 19 Abs. 3 UStG) im vorangegangenen Kalenderjahr nicht mehr als 250.000 DM betragen hat (in den neuen Bundesländern bis 31. Dezember 1998 1.000.000 DM)
- Unternehmer, die von der Buchführungs- und Abschlusspflicht befreit sind
- Unternehmer, die Angehörige der freien Berufe nach § 18 Abs. 1 Nr. 1 EStG sind

Umsatzsteuer nach vereinnahmten Entgelten

Umsatzsteuer-Identifikationsnummer

Für Leistungsaustausch zwischen Ländern der Europäischen Union ist seit dem 1. Januar 1993 die Einfuhrumsatzsteuer entfallen. In den EU-Mitgliedstaaten sind innergemeinschaftliche Lieferungen mit Vorsteuerabzug steuerfrei möglich. Statt Einfuhrumsatzsteuer wird jetzt eine Steuer auf den innergemeinschaftlichen Erwerb im Bestimmungsland erhoben.

Der Unternehmer muss die innergemeinschaftliche Lieferung durch Belege nachweisen, der Abnehmer muss eine Umsatzsteuer-Identifikationsnummer haben. Diese Nummer muss neben der normalen Umsatzsteuernummer beantragt werden, wenn ein Unternehmer innergemeinschaftliche Warenlieferungen ausführt.

Innerhalb der Europäischen Gemeinschaft

Neben den »normalen« Umsatzsteuer-Voranmeldungen muss der Unternehmer eine zusammenfassende, vierteljährliche Meldung auf einem amtlichen Formular (§ 18a Abs. 1 UStG) beim Bundesamt für Finanzen abgeben. In dieser Meldung müssen die Umsatzsteuer-Identifikationsnummer des Abnehmers (in einem anderen Mitgliedstaat) und die Summe der an ihn ausgeführten Warenlieferungen aufgeführt sein.

Anspruchsberechtigte für eine Umsatzsteuer-Identifikationsnummer sind:

- Vorsteuerberechtigte inländische Unternehmer
- Unternehmer aus anderen EU-Mitgliedstaaten, die im Inland eine Zweigniederlassung haben und vom Inland aus innergemeinschaftliche Lieferungen ausführen oder aus dem übrigen Gemeinschaftsgebiet Erwerbe für ihr Unternehmen tätigen

Gleich beantragen

Wenn Unternehmer bei Firmengründung bereits EU-Geschäfte einplanen, sollte die Umsatzsteuer-Identifikationsnummer sofort mit der normalen Steuernummer beantragt werden. Eine spätere Beantragung kann einen Zeitverlust bis zu vier Wochen bedeuten, in denen ohne die Umsatzsteuer-Identifikationsnummer keine innergemeinschaftlichen Geschäfte geführt werden dürfen.

Gewerbesteuer

Die Gewerbesteuer ist eine Gemeindesteuer, mit der Unternehmen (natürliche und juristische Personen) belastet werden, die Einkünfte aus einem Gewerbebetrieb i. S. § 15 EStG erzielen.
Unternehmer, die Einkünfte aus freiberuflicher Tätigkeit i. S. § 18 EStG erzielen, bleiben von dieser zusätzlichen Steuer verschont. Gewerbetreibenden bleibt somit weniger Gewinn übrig als Freiberuflern, die gezahlte Gewerbesteuer ist allerdings als Betriebsausgabe wieder abzugsfähig.

Achtung: Der wichtigste Unterschied zwischen gewerblichen und freiberuflichen Einkünften liegt darin, dass es bei der selbstständigen Tätigkeit schwerpunktmäßig auf den persönlichen Einsatz des Unternehmers und nicht auf den Einsatz von Betriebskapital ankommt.

Folgende Voraussetzungen kennzeichnen einen freien, also gewerbesteuerfreien Beruf (§ 18 Abs. 1 EStG):

Selbstständige und Freiberufler

- Die freiberufliche Tätigkeit wird selbstständig ausgeführt.
- Die Tätigkeit wird vom Unternehmer aufgrund der Fachausbildung leitend und eigenverantwortlich ausgeübt.
- Es handelt sich um eine selbstständig ausgeübte wissenschaftliche, künstlerische, schriftstellerische, unterrichtende oder erzieherische Tätigkeit.
- Es handelt sich um einen namentlich im Gesetz aufgeführten Beruf (z. B. Architekt, Arzt, Notar).

Folgende Voraussetzungen kennzeichnen einen Gewerbebetrieb (§ 15 Abs. 2 EStG)

Gewerbebetrieb

- Die Tätigkeit wird selbstständig ausgeführt.
- Es handelt sich um eine nachhaltige Tätigkeit (auf Dauer angelegt).
- Es besteht Gewinnerzielungsabsicht (keine Liebhaberei, kein Hobby).
- Beteiligung am allgemeinen wirtschaftlichen Verkehr.
- Es handelt sich nicht um eine freiberufliche Tätigkeit.
- Es handelt sich nicht um einen Betrieb der Land- und Forstwirtschaft.
- Es handelt sich nicht um private Vermögensverwaltung (z. B. Hausverwaltung, im Gegensatz zum gewerblichen Grundstückshandel).

Für Einzelunternehmen sowie Personengesellschaften (oHG, KG) müssen für die Annahme der gewerblichen Tätigkeit alle Voraussetzungen erfüllt sein.

Kapitalgesellschaften gelten immer als Gewerbebetrieb und können nach § 3 GewStG nur in Einzelfällen von der Gewerbesteuer befreit werden.

Grenzbereiche

Einige Berufsgruppen liegen im Grenzbereich zwischen gewerblicher und selbstständiger bzw. freiberuflicher Tätigkeit. Der BFH hat z. B. folgende Berufsgruppen eindeutig qualifiziert als

Freie Berufe:

- Hebammen
- Heilmasseure
- Kfz-Sachverständige mit Ingenieursausbildung oder auch Gutachtertätigkeit mit mathematisch-technischen Kenntnissen

Gewerbliche Berufe:

- Anlageberater
- Artisten
- Bauleiter
- Berufssportler
- Bezirksschornsteinfegermeister
- Detektive

- Finanz- und Kreditberater
- Hersteller von Softwareprogrammen
- Makler
- Medizinische Fußpfleger

Achtung: Wird ein Freiberufler im Rahmen seines Unternehmens gewerblich tätig, so färbt diese (wenn auch geringfügige) gewerbliche Tätigkeit auf die gesamte Tätigkeit ab (Abfärbetheorie). Daraus folgt, dass die gesamten Gewinne gewerbesteuerpflichtig werden.

Abfärbetheorie

Beispiel: *Ein Wirtschaftsprüfer wird Treuhänder einer Bauherrengemeinschaft. Betreibt dieser Wirtschaftsprüfer ansonsten einen Hotelbetrieb, werden seine neuen freiberuflichen Einkünfte nicht gewerbesteuerpflichtig, da es sich um völlig artfremde Tätigkeiten handelt.*

Achtung: Der Gefahr des »Abfärbens« können Sie durch Gründung einer juristischen Person (GmbH) entgehen.

Haben Sie in mehreren Gemeinden Betriebsstätten, bekommt jede Gemeinde ihren Anteil am »Gewerbesteuerkuchen«. Allerdings erfolgt eine Zerlegung, jede Gemeinde bekommt Steuern aus dem Teil der Besteuerungsgrundlage, der auf die einzelnen Betriebsstätten entfällt.

Erhebung der Gewerbesteuer

Gewerbeertragsteuer

Die Gewerbesteuer besteht seit 1998 nur noch als Gewerbeertragsteuer, das Gewerbekapital wird nicht mehr besteuert. Bemessungsgrundlage für die Gewerbeertragsteuer ist der Gewerbeertrag, der hauptsächlich aus dem Gewinn des Unternehmens resultiert. Gewinn senkende Steuerstrategien wirken sich für Gewerbetreibende somit doppelt aus, auf die Einkommen- bzw. Körperschaftsteuer und die Gewerbesteuer.

Ermittlung des Gewerbeertrages
Gewinn des Gewerbebetriebes
\+ Hinzurechnungen nach § 8 GewStG
./. Kürzungen nach § 9 GewStG
= Gewerbeertrag

Hiervon dürfen Einzelunternehmen und Personengesellschaften einen Freibetrag von 48.000 DM abziehen, bzw. bis zu dieser Höhe bleiben Gewerbeerträge gewerbesteuerfrei. Für alle Kapitalgesellschaften entfällt dieser Freibetrag.

Freibetrag

Der verbleibende Gewerbeertrag wird auf volle 100 DM nach unten abgerundet.

Ermittlung der Gewerbesteuermesszahl und des Gewerbesteuermessbetrages (§ 11 GewStG)

Hier erfolgt für natürliche Personen und Personengesellschaften eine Staffelung für den 48.000 DM übersteigenden Gewerbeertrag:

für die ersten 24.000 DM	1 % Steuermesszahl	= 240 DM Messbetrag
für weitere 24.000 DM	2 % Steuermesszahl	= 480 DM Messbetrag
für weitere 24.000 DM	3 % Steuermesszahl	= 720 DM Messbetrag
für weitere 24.000 DM	4 % Steuermesszahl	= 960 DM Messbetrag
für alle weiteren Beträge	5 % Steuermesszahl	individuell zu errechnen

Diese Staffelung entfällt für Kapitalgesellschaften.
Die Summe des Steuermessbetrages wird mit dem jeweiligen Hebesatz der Gemeinde multipliziert, das Ergebnis wird durch 100 geteilt.

Beispiel: *Die Gewinn-und-Verlust-Rechnung der Firma Josef Abels oHG weist einen Gewinn von 60.000 DM aus. Es entsteht folgende Gewerbesteuerbelastung:*

Gewinn	*60.000 DM*
+ *Hinzurechnungen § 8 GewStG (Zinsen für Dauerschulden)*	*5.000 DM*
./. Kürzungen § 9 GewStG	*0 DM*
./. Freibetrag § 11 Abs. 1 GewStG	*48.000 DM*
= *verbleibender Gewerbeertrag*	*17.000 DM*
Steuermesszahl für die ersten 24.000 DM	*1 %*
Steuermessbetrag (17.000 DM x 1 %)	*170 DM*
Hebesatz der Gemeinde	*460 %*
Schlussrechnung: Steuermessbetrag (170 DM) × Hebesatz (460) geteilt durch 100	*782 DM*

Vorauszahlungen

Die Gewerbesteuer ist eine Jahressteuer. Die zuständige Gemeinde erhebt vierteljährliche Vorauszahlungen zum 15. Februar, 15. Mai, 15. August und 15. November des Jahres, sofern jede Vorauszahlung mindestens 100 DM beträgt. Hierbei wird die Steuerfestsetzung des Vorjahres geviertelt. Zu viel gezahlte Beträge werden später bei der Jahressteuererklärung verrechnet. Bilanzierende Unternehmer dürfen für die Gewerbesteuerabschlusszahlung eine Gewerbesteuerrückstellung von fünf Sechsteln des Betrages der Gewerbesteuer bilden, der sich – ohne Berücksichtigung der Gewerbesteuer als Betriebsausgabe – ergeben würde.

Achtung: Für Ihre Preiskalkulation sollten Sie bedenken, dass bei einem Gewerbesteuer-Hebesatz von 300 Prozent Ihre Gewerbesteuerbelastung ca. 15 Prozent, bei einem Hebesatz von 400 Prozent ca. 20 Prozent des kalkulierten Gewinns beträgt.

Kleinstädte sind günstiger

Die Hebesätze erfahren Sie bei der Gemeinde, in der sich der Geschäftssitz befindet. Großstädte haben weitaus höhere Hebesätze als Kleinstädte, deshalb verlegen ertragsstarke Unternehmen oft ihren Geschäftssitz in Randgebiete, sofern sie mit der Stadt keine Gewerbesteuererleichterungen vereinbaren können.

Lohnsteuer

Inländische Arbeitgeber müssen für ihre Arbeitnehmer die Lohnsteuer (zuzüglich zzt. Solidaritätszuschlag) vom Bruttoarbeitslohn einbehalten und an das Finanzamt abführen. Ist der Arbeitnehmer Angehöriger einer Kirche, muss zusätzlich Kirchensteuer abgeführt werden. Steuerschuldner ist immer der Arbeitnehmer, der Arbeitgeber kann jedoch nach § 38 Abs. 2 EStG für die Lohnsteuerschuld in Haftung genommen werden.

Lohn-, Kirchensteuer und Solidaritätszuschlag

Lohnsteuerabzug

Die Höhe der vom Arbeitnehmer einzubehaltende Lohnsteuer richtet sich nach der Steuerklasse des Arbeitnehmers und dessen Kinderzahl. Der Arbeitgeber muss zu bestimmten Terminen eine Lohnsteueranmeldung beim Finanzamt einreichen und die Lohnsteuern, Kirchensteuern und Solidaritätszuschläge entrichten. Arbeitgeber, die für ihre Arbeitnehmer das Kindergeld auszahlen, müssen in der Lohnsteueranmeldung die Summe des ausgezahlten Kindergeldes aufführen. Für Samstage, Sonntage und Feiertage gibt es entsprechende Schonfristen (§ 240 Abs. 3 AO).

Maßgeblich: Steuerklasse und Kinder

Blitzübersicht: Die Lohnsteuerfristen für Arbeitgeber

Summe der Lohnsteuer des Vorjahres	Lohnsteueranmeldungszeitraum	Abgabefrist der Lohnsteueranmeldung
über 6.000 DM	monatlich	10. Tag des Folgemonats
über 1.600 DM und bis 6.000 DM	vierteljährlich	10. 01. 10. 04. 10. 07. 10. 10.
bis 1.600 DM	jährlich	10. 01. des Folgejahres

Aufzeichnungspflichten

Der Arbeitgeber muss für jeden Arbeitnehmer und für jedes Kalenderjahr ein Lohnkonto führen. Die Unterlagen dazu sind sechs Jahre lang aufzubewahren. Im Lohnkonto werden Art und Höhe der Bezüge, alle steuerfreien Bezüge sowie die einbehaltene Lohnsteuer aufgeführt.

Lohnsteuerpauschalierungen

Aushilfslohn

In bestimmten Fällen kann der Arbeitgeber die Lohnsteuer pauschal abführen (§§ 40a, 40b EStG). Der Arbeitnehmer erhält eine Brutto- = Nettolohnauszahlung und ist nicht mehr Schuldner der Lohnsteuer. Der Arbeitnehmer muss diese Bezüge (z. B. pauschaler Aushilfslohn, Lohn für kurzfristige Beschäftigung, Aushilfsbeschäftigung in der Land- und Forstwirtschaft) nicht in seiner Einkommensteuererklärung versteuern, kann im Gegenzug auch nicht die Anrechnung der pauschalen Lohnsteuern beantragen, da er sie ja nicht entrichtet hat.

Achtung: Sind Sie Gesellschafter oder Gesellschafter-Geschäftsführer einer Kapitalgesellschaft, erhalten Sie Arbeitslohn für Ihre aktiven Tätigkeiten. Dies selbst dann, wenn Ihnen die Kapitalgesellschaft allein gehört (z. B. Ein-Mann-GmbH). Die Gesellschaft muss dann die Lohnsteuerbeträge für Ihr Gehalt abführen.

Einzelunternehmer

Ein Einzelunternehmer dagegen kann nicht Angestellter seiner Firma sein und von seiner Einzelfirma bzw. Personengesellschaft auch kein Gehalt beziehen. Er erhält entweder Vorabvergütungen oder tätigt Privatentnahmen, die zunächst nicht steuerpflichtig sind. Der im Jahresabschluss festgestellte Gewinn ist dann einkommensteuerpflichtig.

Achtung: Eine Einzelfirma bzw. Personengesellschaft zahlt nur Lohnsteuer für angestellte Mitarbeiter. Freie Mitarbeiter müssen hingegen alles selbst versteuern.

EINKOMMENSTEUER

Alle Einkünfte von natürlichen Personen und Gesellschaftern einer Personengesellschaft unterliegen der Einkommensteuer. Bei Kapitalgesellschaften nennt sich diese Abgabe Körperschaftsteuer.

Gesellschafter einer Personengesellschaft sind mit ihrem Gewinnanteil einkommensteuerpflichtig. In der privaten Einkommensteuererklärung werden alle Einkünfte der jeweiligen Einkunftsarten (§ 2 EStG) zusammengefasst. Verluste einer Einkunftsart können mit positiven Einkünften einer anderen Einkunftsart verrechnet werden.

Kapitalgesellschaft

Diese Verrechnung ist den Gesellschaftern einer Kapitalgesellschaft nicht möglich.

Die Verluste können – wie bei Kapitalgesellschaften auch – bis zu zehn Millionen DM zwei Jahre zurück- und dann unbegrenzt vorgetragen werden, wenn sie sich im Entstehungsjahr steuerlich nicht auswirken.

Gewinnermittlung

Der Gewinn sowohl aus selbstständiger als auch aus gewerblicher Tätigkeit einer natürlichen Person unterliegt der Einkommensteuer.

Für bilanzierende Unternehmer ist Gewinn der Unterschied zwischen dem Betriebsvermögen am Schluss des laufenden Wirtschaftsjahres und demjenigen am Schluss des vorangegangenen Wirtschaftsjahres, vermindert um die Einlagen und erhöht um die Entnahmen.

Entsteht ein Verlust, kann dieser mit anderen Einkunftsarten des gleichen Jahres verrechnet werden oder auch zurück- und dann vorgetragen werden. Die gemachten Verluste wirken sich somit in der privaten Einkommensphäre des Steuerpflichtigen aus.

Steuerpflichtige, die ihren Gewinn nach der Einnahmen-Überschuss-Rechnung nach § 4 Abs. 3 EStG ermitteln, stellen nur die Betriebseinnahmen den Betriebsausgaben des Wirtschaftsjahres gegenüber.

Bei Personengesellschaften gehören zum Gewinn auch die Tätigkeitsvergütungen der Gesellschaft für die Gesellschafter, die Überlassung von Wirtschaftsgütern und die Hingabe von Darlehen (§ 15 Abs. 1 Nr. 2 EStG).

Die unterschiedlichen Einkommensteuertarife

Bemessungsgrundlage für die Einkommensteuer sind nicht nur der Unternehmergewinn und die übrigen Einkunftsarten, sondern das zu versteuernde Einkommen. Von den Bruttoeinnahmen werden zunächst die Betriebsausgaben oder Werbungskosten in tatsächlicher oder pauschaler Höhe abgezogen. Zusätzlich dürfen, sofern die entsprechenden Voraussetzungen vorliegen, Sonderausgaben, außergewöhnliche Belastungen und bestimmte Tariffreibeträge abgezogen werden.

Diese Abgabefristen für Ihre Einkommensteuererklärung müssen Sie einhalten

Bei Pflichtveranlagungen will das zuständige Finanzamt die Steuererklärungen immer bis zum 31. Mai des folgenden Jahres haben.

Fristverlängerung

Beauftragt man einen Steuerberater mit der Erstellung der Steuererklärungen, so verlängert sich diese Frist automatisch bis zum 30. September des folgenden Jahres. Bei erstmaliger Inanspruchnahme eines Steuerberaters sollte man entweder die Steuererklärung auch bis zum 31. Mai des Folgejahres abgeben oder den Berater Fristverlängerung beantragen lassen, die bei entsprechendem schriftlichem Antrag und plausibler Begründung meist bis zum 31. März des übernächsten Jahres gewährt werden kann.

Steuertarife

Die Einkommensteuerveranlagung natürlicher Personen erfolgt nach zwei Tabellen:

- Grundtabelle für Nichtverheiratete oder
- Splittingtabelle für Verheiratete bzw. Verwitwete im Todesjahr des Ehegatten und im Folgejahr

Grundsätzlich kann gesagt werden, dass die Versteuerung nach der Splittingtabelle günstiger ist – dies insbesondere, wenn ein Ehegatte keine oder nur geringe Einkünfte hat –, da hier die doppelten Freibeträge (Grundfreibeträge, Werbungskostenpauschbeträge) eingearbeitet sind

Der Einkommensteuertarif verläuft progressiv; mit steigendem Einkommen erhöhen sich die Steuersätze.

Die Einkommensteuerpflicht entsteht erst bei Überschreitung der Grundfreibeträge, die in der Splittingtabelle doppelt so hoch sind wie in der Grundtabelle. Die Höhe der festgesetzten Einkommensteuer ist Basis für den Solidaritätszuschlag und gegebenenfalls für die Kirchensteuer.

Steuerbescheide und Vorauszahlungen

Das Finanzamt erteilt aufgrund der Angaben in Ihrer Einkommensteuererklärung einen Einkommensteuerbescheid. Hieraus kann sich für den Steuerzahler eine Nachzahlung oder Erstattung ergeben.

Aufgrund des Ergebnisses des Vorjahres kann das Finanzamt nach § 37 EStG vierteljährliche Einkommensteuer-Vorauszahlungen zum

Im Voraus zu zahlen

- 10. März
- 10. Juni
- 10. September und
- 10. Dezember

des Jahres festsetzen, sofern die Einkommensteuer nicht durch anrechenbare Lohnsteuern ausgeglichen wird. Vorauszahlungen sind jedoch nur festzusetzen, soweit sie jährlich mindestens 400 DM und 100 DM für jede Vorauszahlungen betragen (§ 37 Abs. 5 EStG).

Herabsetzungsantrag

Entsprechen die Bemessungsgrundlagen laut Vorauszahlungsbescheid nicht mehr den tatsächlichen wirtschaftlichen Verhältnissen, kann ein Herabsetzungsantrag (ggf. bis auf 0 DM) gestellt werden. Der Steuerpflichtige muss dann den Rückgang seiner Einkünfte nachweisen, die eine niedrigere Festsetzung der Einkommensteuer-Vorauszahlungen rechtfertigen.

KÖRPERSCHAFTSTEUER

Die Körperschaftsteuer ist die Steuer auf die Gewinne einer juristischen Person (GmbH, AG, KGaA, Genossenschaft). Sie entspricht der Einkommensteuer bei natürlichen Personen und Personengesellschaften.

Einkommensermittlung

Juristische Personen sind immer bilanzierungspflichtig, ihr Einkommen ergibt sich daher aus der Bilanz mit Gewinn-und-Verlust-Rechnung.
Bemessungsgrundlage für die jeweilige Höhe der Körperschaftsteuer ist zunächst der Bilanzgewinn bzw. -verlust, hierbei werden folgende Hinzurechnungen bzw. Abzüge vorgenommen:

Rechenmuster

Die Ermittlung der Körperschaftsteuer

Steuerbilanzgewinn/-verlust
+ verdeckte Gewinnausschüttung
+ nicht abziehbare Aufwendungen (Körperschaftsteuer, Kapitalertragsteuer, Solidaritätszuschlag, Vermögensteuer, Spenden, Säumniszuschläge, 50 Prozent der Aufsichtsratvergütungen)
./. verdeckte Einlagen
./. andere steuerfreie Erträge
= Gesamtbetrag der Einkünfte (Einkommen zur Ermittlung der abziehbaren Spenden)
./. abziehbare Spenden (§ 9 Nr. 3 KStG)
= Einkommen zur Ermittlung der Gewerbesteuer-Rückstellung
./. Gewerbesteuer-Rückstellung
./. Verlustabzug
= Einkommen der juristischen Person
./. Freibetrag von 7.500 DM, höchstens jedoch bis zur Höhe des Einkommens (entfällt für Vereine)
= zu versteuernde körperschaftsteuerpflichtige Einkommen

Die Körperschaftsteuer beträgt (Stand: Dezember 1998) 45 Prozent des zu versteuernden Einkommens. Für Vereine, juristische Personen des öffentlichen Rechtes und Stiftungen (§ 1 Abs. 1 Nr. 3–6) ermäßigt sich die Körperschaftsteuer auf 42 Prozent.

45 Prozent des zu versteuernden Einkommens

Wird der Gewinn der Gesellschaft nicht an die Gesellschafter ausgeschüttet, bleibt es bei diesem Steuersatz. Bei einer Gewinnausschüttung (Dividendenauszahlungen) gelten geringere Steuersätze für die Gesellschaft, da die Körperschaftsteuer den Gesellschaftern belastet wird.

Die auf die ausgeschütteten Dividenden entfallenden Steuern (Körperschaftsteuer, Kapitalertragsteuer und Solidaritätszuschlag) werden vollständig von den Gesellschaftern getragen, so dass ihnen von der Dividende nicht viel übrig bleibt. Die von der Gesellschaft einbehaltenen und abzuführenden Steuern können die Gesellschafter jedoch mit ihrer privaten Einkommensteuerschuld verrechnen. Bei einer Dividende in Höhe von 14.286 DM sieht die Rechnung wie folgt aus:

Dividendenauszahlung

Höhe der Einnahmen (Nettodividende)	10.000 DM
+ 3/7 Körperschaftsteuer (Steuergutschrift)	4.286 DM
= Gesamtausschüttung (Bruttodividende)	14.286 DM
./. 25 % Kapitalertragsteuer (von der Bardividende von 10.000 DM)	2.500 DM
./. Solidaritätszuschlag von Kapitalertragsteuer zzt. 5,5 %	138 DM
= Nettodividende bzw. tatsächliche Ausschüttung (Dividende abzüglich Steuern)	7.362 DM

Der Gesellschafter muss in seiner privaten Einkommensteuererklärung 16.924 DM Bruttodividenden (inkl. Steuern und Solidaritätszuschlag) versteuern, kann jedoch insgesamt 6.924 DM (4.286 + 2.500 + 138) abzugsfähige Steuern von seiner Einkommensteuerschuld abziehen. Entsteht keine Steuerpflicht, werden alle einbehaltenen Steuern vom Finanzamt erstattet, deshalb muss ein Gesellschafter bzw. Aktionär in

Jahren einer Dividendenauszahlung in jedem Fall eine Einkommensteuererklärung abgeben. Voraussetzung für die Anrechnung der abzugsfähigen Steuern ist die Vorlage einer Original-Steuerbescheinigung nach § 44 KStG der Kapitalgesellschaft bzw. der Bank.

Verluste bei Kapitalgesellschaften

Im Gegensatz zu natürlichen Personen und Personengesellschaften wirken sich Verluste bei Kapitalgesellschaften nicht auf Gesellschafterebene aus. Das bedeutet, dass ein Gesellschafter den Verlust einer Kapitalgesellschaft nicht mit anderen Einkünften verrechnen kann. Die Verluste einer Kapitalgesellschaft können nur mit eigenen Gewinnen der beiden Vorjahre bzw. danach unbegrenzt in den Folgejahren verrechnet werden.

Das Finanzamt setzt vierteljährliche Körperschaftsteuer-Vorauszahlungen zum 10. März, 10. Juni, 10. September sowie 10. Dezember eines Jahres fest. Die Höhe richtet sich nach den Einkommensverhältnissen des Vorjahres. Gegen den Vorauszahlungsbescheid kann ein Herabsetzungsantrag gestellt werden, sofern nachgewiesen werden kann, dass die vom Finanzamt angenommenen Besteuerungsgrundlagen nicht den tatsächlichen Verhältnissen entsprechen.

Mitwirkungspflichten des Steuerpflichtigen und Pflichten des Finanzamtes

Jeder Steuerpflichtige muss bei der Ermittlung der zutreffenden Besteuerungsgrundlagen mitwirken. Dies beschränkt sich zunächst auf die Offenlegung aller bedeutsamen Tatsachen und Unterlagen (Erklärungs- und Offenbarungspflichten). Weitere Mitwirkungspflichten sind:

Mitwirkungspflichten

- Anzeigepflicht nach §§ 137, 138 AO (Anzeigen der Aufnahme einer Unternehmertätigkeit)
- Buchführungs- und Aufzeichnungspflichten (geregelt in §§ 140–146 AO)
- Aufbewahrungspflichten zur Beweissicherung (§ 146 AO)

- Pflicht zur Auskunftserteilung nach bestem Wissen und Gewissen (§ 93 Abs. 1 AO)
- Pflicht zur Vorlage von Urkunden, sofern diese für die Besteuerung nötig sind (§ 97 AO)
- Pflicht zur Duldung des Besuchs von Beamten der Finanzverwaltung (§ 99 AO) nach vorheriger Ankündigung

Pflichten des Finanzamtes

Die meisten Steuergebeutelten kennen die Finanzverwaltung nur als gierigen stillen Teilhaber ihrer Einnahmen. Neben der Eintreibung von möglichst hohen Steuerabgaben trifft die Finanzbeamten jedoch auch eine gewisse »Fürsorgepflicht« für den Steuerpflichtigen, was allerdings in der Praxis kaum spürbar ist. Hier drängt sich eher der Verdacht einer provisionsabhängigen Beteiligung der Beamten an den Steuereinnahmen auf.

Wahrung des Steuergeheimnisses

Keine Informationen an Unbefugte

Nach § 30 AO müssen Amtsträger der Finanzverwaltung das Steuergeheimnis wahren. Das bedeutet, dass sie die Verhältnisse des Steuerpflichtigen Unbefugten gegenüber nicht offenbaren dürfen.

Amtsermittlungspflicht

Das Finanzamt muss auch ohne Antrag des Steuerpflichtigen tätig werden, wenn es von einem steuerlich relevanten Sachverhalt Kenntnis erlangt, sowohl im günstigen (uns sind keine Fälle aus der Praxis bekannt) als auch im ungünstigen Fall.

Fürsorgepflicht

Beratungspflichten

Nach § 89 AO muss das Finanzamt den Steuerpflichtigen über seine Rechte und Pflichten aufklären, es übernimmt somit gewisse Beratungspflichten. Wenn Sie versehentlich Angaben, Berichtigungen oder Anträge vergessen haben, muss Sie das Finanzamt hierüber aufklären bzw. die Anträge anregen; dies jedoch nur, soweit sich dem Finanzbeamten bestimmte Hinweise dafür aufdrängen. Ansonsten ist der

Steuerpflichtige selbst verpflichtet, sich über steuerliche Antragsmöglichkeiten zu informieren.

Rechtsfolgen bei Verstoß gegen die Fürsorgepflicht
Können Sie beweisen, dass das Finanzamt gegen seine Fürsorgepflicht i. S. § 89 AO verstoßen hat, können Sie die Wiedereinsetzung in den vorigen Stand bzw. die Änderung des Verwaltungsaktes beantragen.

Verpflichtung zur Auskunftserteilung
Informationen

Das Finanzamt muss Ihnen Auskünfte über Ihre Rechte im laufenden Verfahren geben, z. B. Fristberechnungen, Aussetzung der Vollziehung etc.

Gewährung des rechtlichen Gehörs
Nach § 91 AO muss das Finanzamt dem Steuerpflichtigen rechtliches Gehör verschaffen. Das bedeutet, dass Sie vor Erlass eines Verwaltungsaktes (z. B. Steuerbescheid) nochmals Gelegenheit erhalten, sich zu dem Sachverhalt zu äußern, bevor das Finanzamt zu Ihren Ungunsten (in Abweichung von den Angaben in Ihrer Steuererklärung) entscheidet und einen anderen steuerlichen Sachverhalt annimmt.
Von einer solchen Anhörung des Steuerpflichtigen darf nur dann abgesehen werden, wenn es sich um eine geringfügige Abweichung des Finanzamtes handelt oder Gefahr im Verzug ist.

Keine Verpflichtung zur Gewährung der Akteneinsicht
Der Steuerpflichtige hat kein Recht zur Akteneinsichtnahme bei der Finanzverwaltung, diese darf jedoch die Akteneinsichtnahme zulassen, sofern sich daraus keine Informationen über dritte Personen ergeben.

Steuervermeidung durch geschickte Buchführungsansätze

Wie bereits in den vorangegangenen Kapiteln ausgeführt, sind alle Unternehmen, unabhängig von ihrer Rechtsform, an viele gesetzliche Vorschriften gebunden, wovon die Steuergesetze sicherlich die schwierigsten, undurchsichtigsten und widersprüchlichsten sind. Hier blickt kaum ein Unternehmer mehr durch, selbst hochkarätige Fachleute verzweifeln an manchen Vorschriften und deren Auslegung. Jede bisher geplante Steuerreform ist gescheitert. Und eigentlich ist es für einen Unternehmer unzumutbar, dass er sich in dem sogar für Experten rätselhaften Steuerdschungel auskennen soll, zumal weitaus mehr Steuerarten anfallen als für Arbeitnehmer.

Vorschriftendschungel

Unternehmer ermitteln ihren Gewinn nach den Vorschriften des Einkommensteuergesetzes (EStG) oder, bei Kapitalgesellschaften, nach den Vorschriften des Körperschaftsteuergesetzes (KStG). Weiter gibt es noch Durchführungsverordnungen, Richtlinien, Erlasse sowie Finanzgerichts- und Bundesfinanzhofurteile. Wollte der Unternehmer alle diese steuerrechtlichen Grundlagen im Kopf haben, bliebe keine Zeit mehr für seine eigentlichen Aufgaben: Einnahmen bzw. Gewinne zu erzielen, zu sichern und zu steigern.

Umsatz und Gewinn sind die wichtigsten Bemessungsgrundlagen für die Steuerarten, mit denen der Unternehmer belastet wird. Je niedriger diese steuerlichen Bemessungsgrundlagen ausfallen, desto geringer ist auch die Steuerlast für den Unternehmer. So wünschenswert hohe Umsätze sind – der Gewinn darf aus steuerlichen Gründen nicht zu hoch sein.

Geringe Gewinne sind steuerlich vorteilhaft

Grundsatz: Gestaltungsmöglichkeiten bestehen nur bei den Betriebsausgaben.

Da der Unternehmergewinn nicht identisch ist mit dem steuerlichen Gewinn laut Jahresabschluss, ergeben sich überwiegend bei den Betriebsausgaben steuerliche Gestaltungsmöglichkeiten. Interessant sind hier die Gewinn mindernden kalkulatorischen Posten, für die kein Kapitalabfluss entsteht (z. B. Ansparabschreibung, Sonderabschreibungen). Das läuft dann nicht auf eine strafbare Steuerverkürzung, sondern auf die legale Steuervermeidung hinaus. An den Einnahmen hingegen dürfen Sie nicht manipulieren – sie dürfen in Einzelfällen (bei Einnahmen-Überschuss-Rechnung) höchstens verschoben werden, aber nie »unter den Tisch fallen«.

Kalkulatorische Posten

Was Sie über Betriebsausgaben wissen müssen

Gemeint sind damit Aufwendungen (nach § 4 Abs. 4 EStG), die durch den Betrieb veranlasst sind und nur bei selbstständig bzw. gewerblich Tätigen entstehen können. Es handelt sich, wie bei den Werbungskosten für Arbeitnehmer, um Aufwendungen, die nur dazu dienen, die beruflichen bzw. selbstständigen Einkünfte zu erhalten und/oder zu steigern. Die Kosten dürfen nicht privat mit veranlasst sein, da sie – abgesehen von Telefon- und Kfz-Kosten – nicht in einen privaten und beruflichen Teil aufgeschlüsselt werden dürfen. Die Betriebsausgaben werden von den Betriebseinnahmen abgezogen und mindern den steuerlichen Gewinn bzw. erhöhen den Verlust.

Aufwendungen zur Arbeitssicherung

Typische Betriebsausgaben sind z. B. Löhne, Gehälter, Mieten für berufliche Flächen, Wareneinkauf usw.

Abgrenzung der Unternehmertätigkeit vom Hobby

Sie werden nicht automatisch Unternehmer, wenn Sie Gegenstände veräußern oder Dienstleistungen erbringen. Wenn Sie z. B. ihren privaten Pkw veräußern oder Ihrem Schwager das Auto reparieren, erzielen Sie keine steuerpflichtigen Einnahmen.

Eine Steuerpflicht entsteht nur, wenn Sie mit Ihrer Tätigkeit auf Dauer Gewinne erzielen möchten. Fehlt diese nachhaltige Gewinnerzielungsabsicht, müssen die Gewinne nicht versteuert werden. Dann handelt es sich um so genannte »Liebhaberei«, die in den privaten Bereich fällt. Gewinne aus solchen »Hobbys« müssen nicht versteuert werden. Es dürfen aber auch keine Betriebsausgaben abgezogen werden, bzw. es können keine steuerlichen Verluste entstehen.

Gewinnerzielungsabsicht

Achtung: Für Liebhabereien oder Hobbys muss auch keine Finanzbuchführung erstellt werden.

Das Finanzamt unterstellt wegen fehlender Gewinnerzielungsabsicht oft Liebhaberei bei z. B.:

- Einer kurzen Lebensdauer des Betriebes
- Schriftstellerischen, künstlerischen Nebentätigkeiten, wenn die Existenz ansonsten gesichert ist
- Boutiquen, die von Ehefrauen gut verdienender Ehemänner geführt werden
- Mangelndem Engagement des Firmeninhabers

Bei zu hohen Verlusten

Wie können Sie das Finanzamt von Ihren ernsthaften unternehmerischen Absichten überzeugen?
Maßgeblich für die Verneinung der steuerlichen »Liebhaberei« ist entweder die Gewinnerzielungs- oder die Überschusserzielungsabsicht. Es muss insgesamt, von der Betriebsgründung bis Beendigung bzw. Betriebsveräußerung, ein Totalgewinn entstehen. Wenn das Finanzamt Zweifel anmeldet und Ihnen deshalb Steuerprivilegien streichen will, müssen Sie entsprechend argumentieren. Insbesondere müssen Sie begründen:

- Warum Einnahmen evtl. rückläufig sind bzw. was Sie unternommen haben, um diese Einnahmen wieder zu steigern
- Wie stark Ihr berufliches Engagement ist
- Wann mit positiven Einnahmen zu rechnen ist

Anfangsverluste sind normal – aber nicht auf Dauer

Fünf Jahre lang Verluste

Das Finanzamt akzeptiert bei Firmenneugründungen Anfangsverluste bis über einen Zeitraum von etwa fünf Jahren, bedingt durch hohe Investitionen in der Anfangsphase, die meistens auch mit Kreditmitteln finanziert wurden. Die Betriebseinnahmen übersteigen in der Gründungsphase selten die Betriebsausgaben, so dass Verluste in den ersten Jahren hingenommen werden müssen, was für den Unternehmer steuerliche Vorteile bringt.

Gestaltungsmissbrauch

Bleiben die Verluste jedoch bestehen und die Gewinnzone ist noch in weiter Ferne, unterstellt das Finanzamt, dass die Selbstständigkeit ausschließlich dem Zweck dient, um hieraus steuerliche Vorteile zu erzielen (Gestaltungsmissbrauch nach § 42 AO). Kann der Steuerpflichtige keine vernünftigen Argumente dagegenhalten, werden künftige Verluste nicht anerkannt und rückwirkend auch die Anfangsverluste aberkannt. Das ist meistens verbunden mit hohen Steuernachzahlungen (Einkommensteuer, Umsatzsteuer), denn der Unternehmer muss dann die zu Unrecht erhaltenen Steuervorteile bzw. Erstattungen zurückzahlen.

TIPP: Wenn nebenberuflich das Hobby zum Geschäft umfunktioniert werden soll, kann es besser sein, dies im Bereich der Liebhaberei zu belassen, wenn Ihnen kaum Betriebsausgaben entstehen.
Vorteil: Die Einnahmen bleiben steuerfrei, ebenso evtl. entstehende Veräußerungsgewinne bei bestimmten Wirtschaftsgütern oder dem »Liebhabereibetrieb« selbst.

Wie fällt eine selbstständige berufliche Nebentätigkeit auf?

Viele heutige Unternehmer haben zunächst mit einer selbstständigen oder gewerblichen Nebenbeschäftigung »als zweitem Standbein« begonnen. Diese steuerpflichtige Nebenbeschäftigung wird leider oft in der Einkommensteuererklärung »vergessen«, da viele dem Irrtum unterliegen, dass Selbstständige in den ersten fünf Jahren sowieso »keinerlei« Steuern zahlen müssen. Dass es sich hier um ein Ammenmärchen handelt, merken viele erst dann, wenn das Finanzamt über Dritte von den verschwiegenen Einnahmen erfahren hat. Wenn Sie dann für diese Nebentätigkeit weder eine Buchführung erstellt noch Unterlagen aufbewahrt haben, können Sie der Schätzung durch das Finanzamt nichts entgegenhalten und müssen mit hohen Steuerzahlungen rechnen.

Nebenbeschäftigung ist von Anfang an zu versteuern

Betriebsausgabenabzug beim Auftraggeber

Sind Sie oder Ihr Ehegatte haupt- oder nebenberuflich selbstständig, zieht die Firma, für die Sie tätig sind, Ihre Rechnungen als Betriebsausgaben ab. Im Falle einer Betriebsprüfung beim Auftraggeber schickt der Betriebsprüfer Kontrollmitteilungen an Ihr Finanzamt zur Prüfung, ob Sie alles richtig versteuert haben. Wenn Sie selbst eine Betriebsprüfung erhalten, wird sowieso alles transparent.

Kontrollmitteilungen

Anzeigen durch Nachbarn, »Freunde«, ehemalige Lebenspartner

Der häufigste Umstand, durch den Nebeneinkünfte ans Tageslicht kommen, sind telefonische, meist anonyme Anzeigen durch neidische Nachbarn oder Kollegen, verprellte Liebhaber, rachsüchtige Exlebenspartner etc. Diesen Anzeigen geht das Finanzamt auch nach, sofern nach Vorabschätzung der Sachlage mit einem steuerlichen Mehrergebnis zu rechnen ist und genügend Beweise vorhanden sind.

Anonyme Anzeigen

Achtung: Abgesehen von der strafrechtlichen Relevanz bringen Ihnen »vergessene« Einnahmen nur Ärger, schlaflose Nächte und erhebliche Mehrkosten durch Rechtsberatungskosten und Strafzinsen, wenn tatsächlich Steuerhinterziehung vorliegt und es für eine Selbstanzeige zu spät war!

Reduzieren Sie die Steuerlast durch hohe Betriebsausgaben

Betriebsausgaben sind, wie schon erwähnt, nach § 4 Abs. 4 EStG Aufwendungen, die durch Ihren Betrieb veranlasst sind. Eine private Mitveranlassung muss ausgeschlossen sein.

> **TIPP:** Versuchen Sie ganz legal, möglichst viele private Ausgaben in den betrieblichen Bereich zu ziehen. Sie müssen bei einer evtl. Betriebsprüfung nur plausibel darlegen können, warum bestimmte Ausgaben betrieblich unbedingt notwendig sind (Erhaltung, Sicherung und Steigerung der Einnahmen).

Steuerlichen Gewinn gering halten

Je höher die Betriebsausgaben, desto geringer das steuerliche Ergebnis. Es gibt auch rein kalkulatorische Ausgaben, die eigentlich gar nicht aus Ihrem Portemonnaie fließen, dennoch Ihren steuerlichen Gewinn gering halten oder einen steuerlichen Verlust bilden.

Welche Aufwendungen dürfen nicht als Betriebsausgaben abgezogen werden?

Sämtliche Aufwendungen, die privat oder teilweise privat veranlasst sind, dürfen den Gewinn nicht mindern, ebenso nicht die folgenden Aufwendungen nach § 4 (5) EStG:

- Geldbußen, Ordnungs- oder Verwarnungsgelder, die gerichtlich verhängt wurden
- Geschenke an Personen, die nicht Arbeitnehmer des Steuerpflichtigen sind, soweit sie 75 DM (netto, ohne Mehrwertsteuer) übersteigen
- Zinsen auf hinterzogene Steuern
- Aufwendungen für doppelte Haushaltsführung, soweit sie mehr als zwei Jahre besteht
- Aufwendungen für die Bewirtung von Geschäftsfreunden aus geschäftlichem Anlass, sofern sie 80 Prozent des Rechnungsbetrages übersteigen (20 Prozent der Rechnung müssen immer als Privatausgabe gebucht werden)

- Aufwendungen für ein häusliches Arbeitszimmer und dessen Einrichtung, sofern das häusliche Büro nicht den Mittelpunkt der beruflichen Tätigkeit bildet, ein anderer Arbeitsplatz zur Verfügung steht oder die berufliche Nutzung unter 50 Prozent der gesamten beruflichen Tätigkeit beträgt

Liegt bei den Aufwendungen eine private Mitveranlassung vor, so dürfen sie nach § 12 EStG nicht in einen betrieblichen und einen privaten Teil aufgeteilt werden. Ausnahme: Telefon- und Kfz-Kosten.

Private oder teilweise private Veranlassung ist unzulässig

Achtung: Bei Kapitalgesellschaften entfällt für Kfz- und Telefonkosten eine Aufteilung in einen privaten und einen betrieblichen Anteil ebenso wie das Aufteilungsverbot nach § 12 EStG, weil hier ausschließlich betrieblich veranlasste Ausgaben entstehen können. Eine Kapitalgesellschaft hat keine Privatsphäre.

Das ABC der Betriebsausgaben mit Gestaltungshinweisen

Bleiben Sie bei den Einnahmen absolut steuerehrlich, maximieren Sie jedoch Ihre Betriebsausgaben, denn hier liegen die Gestaltungsmöglichkeiten! Jeder haupt- oder nebenberufliche Unternehmer ist, unabhängig von der gewählten Rechtsform, an hohen Umsätzen, nicht jedoch an hohen Steuerzahlungen interessiert. Die Betriebsausgaben werden von den Betriebseinnahmen abgezogen. Hohe Betriebsausgaben halten die Bemessungsgrundlage für die Steuerforderungen des Fiskus niedrig.

Steuern im gesetzlichen Rahmen reduzieren

Abschreibung (Absetzung für Abnutzung, kurz: AfA)

Wenn Sie Wirtschaftsgüter anschaffen, die nur dazu bestimmt sind, Ihrem Unternehmen zu dienen, handelt es sich um Anlagevermögen. Wirtschaftsgüter des Anlagevermögens, die

Die Kosten für die Anschaffung auf die Nutzungsdauer verteilen

weniger als 800 DM kosten (ohne MwSt., brutto also zzt. bei vollem Mehrwertsteuersatz 928 DM), sind sofort im Jahr der Bezahlung oder des wirtschaftlichen Zugangs als Betriebsausgabe abzugsfähig. Sind die Güter teurer als 800 DM (ohne Mehrwertsteuer), müssen sie abgeschrieben werden. Abschreibung ist die Verteilung der Anschaffungskosten auf die voraussichtliche Nutzungsdauer.

Nach § 7 EStG können sowohl unbewegliche (Immobilien, jedoch ohne Grundstücksanteil) wie auch bewegliche Wirtschaftsgüter abgeschrieben werden. In diesem Fall gibt es zwei Alternativen:

Lineare AfA

- Wirtschaftsgüter können nach § 7 Abs. 1 EStG linear, also in gleich bleibenden Jahresbeträgen abgeschrieben werden. Die jeweilige Nutzungsdauer kann den amtlichen AfA-Tabellen entnommen werden.

Achtung: Der lineare AfA-Satz in Prozent ergibt sich, indem man 100 durch die jeweilige Nutzungsdauer in Jahren dividiert. Nutzungsdauer und Prozentsätze sind der im Anhang gedruckten Übersicht 1: AfA-Sätze zu entnehmen.

Degressive AfA

- Bewegliche Wirtschaftsgüter des Anlagevermögens können nach § 7 (2) EStG auch degressiv, also in fallenden Jahresbeträgen abgeschrieben werden. Die degressive AfA beträgt höchstens das Dreifache der linearen AfA und darf 30 Prozent des Anschaffungspreises nicht übersteigen. Sie können von der degressiven zur linearen AfA wechseln, jedoch nicht umgekehrt. Die Tabelle auf Seite 183 zeigt den optimalen Übergangszeitpunkt.

Nach der Vereinfachungsregel (laut Abschnitt 43 EStR) können Wirtschaftsgüter, die bis zum 30. Juni des Jahres angeschafft oder hergestellt wurden, voll abgeschrieben werden. Bei Anschaffung oder Herstellung ab dem 1. Juli eines Jahres wird der AfA-Betrag für das erste Jahr halbiert und später nachgetragen.

Der optimale Übergang von degressiver auf lineare AfA

Betriebsgewöhnliche Nutzungsdauer des abzuschreibenden Anlageguts in Jahren	Bester Übergangszeitpunkt nach dem unten angegebenen Wirtschaftsjahr bei Anschaffung oder Herstellung des Anlageguts im	
	1. Halbjahr	2. Halbjahr
4	1	2
5	2	3
6	3	4
7	4	5
8	5	6
9	6	7
10	7	8

TIPP: Die magische Grenze von 800 DM netto kann sich immens auf die Steuerlast des jeweiligen Jahres auswirken. Kaufen Sie zehn Wirtschaftsgüter zum Preis von je 799 DM netto, können Sie sofort 7.999 DM als Betriebsausgabe ansetzen, was bei einem Steuersatz des Einzelunternehmers von 50 Prozent eine Steuerersparnis von 4.000 DM ausmacht. Kaufen Sie ein Wirtschaftsgut zum Preis von 7.999 DM, müssen diese Kosten auf mehrere Jahre verteilt werden. Bei einer Verteilung auf fünf Jahre beträgt der AfA-Satz 20 Prozent. In diesem Fall könnten nur 1.600 DM als Betriebsausgabe abgesetzt werden, was eine Steuerersparnis von lediglich 800 DM (bei 50 Prozent Steuern) ausmachen würde.

Anschaffungen für mehrmals 800 DM tätigen

Ansparabschreibung

Kleine und mittlere Betriebe, deren Einheitswert am Schluss des vorangegangenen Wirtschaftsjahres nicht höher als 400.000 DM war, sowie land- und forstwirtschaftliche Betriebe mit einem betrieblichen Einheitswert von höchstens 240.000 DM können für künftig zu tätigende Anschaffungen neuer beweglicher Wirtschaftsgüter eine Gewinn mindernde Rücklage bilden (Stand Dezember 1998, § 7g Abs. 3–7 EStG).

Anspar-rücklage

Diese Ansparrücklage darf 50 Prozent der Anschaffungs- oder Herstellungskosten des begünstigten Wirtschaftsgutes nicht übersteigen, das voraussichtlich bis zum Ende des zweiten auf das Jahr der Rücklagenbildung folgenden Wirtschaftsjahres angeschafft oder hergestellt wird.

Sobald für das begünstigte Wirtschaftsgut Abschreibungen vorgenommen werden, ist die Rücklage in Höhe von 50 Prozent der Anschaffungs- oder Herstellungskosten Gewinn erhöhend aufzulösen (§ 7g Abs. 4 Satz 1 EStG).

Wird das Wirtschaftsgut nicht angeschafft und somit nicht abgeschrieben, dann erfolgt eine Gewinn erhöhende Zwangsauflösung der Rücklage mit einem Zuschlag von sechs Prozent pro Jahr.

Die am Bilanzstichtag gebildeten Rücklagen dürfen je nach Betrieb einen Betrag von 300.000 DM nicht übersteigen (§ 7g Abs. 3 Satz 5 EStG).

Obwohl diejenigen Betriebe, die ihren Gewinn nach der Einnahmen-Überschuss-Rechnung (§ 4 Abs. 3 EStG) ermitteln, eigentlich keine Rücklagen bilden können – da sie ja nicht bilanzieren –, werden solchen Betrieben trotzdem (nach § 7g Abs. 6 EStG) die gleichen steuerlichen Vergünstigungen gewährt.

Fiktiver Betriebsausgabenabzug

Die Rücklage wird hier durch einen fiktiven Betriebsausgabenabzug ersetzt. Die Auflösung der Rücklage erfolgt durch eine fiktive Einnahme.

Achtung: Durch die Ansparabschreibung können Sie keine zusätzlichen Beträge für betriebliches Anlagevermögen abschreiben, jedoch den Abschreibungszeitpunkt auf eine frühere, für Sie vielleicht günstigere Periode verlegen.

TIPP: Durch den richtigen Einsatz der Ansparabschreibung können Sie Ihr steuerliches Ergebnis entscheidend manipulieren. Drücken Sie Ihr Einkommen (als Einzelunternehmer oder Gesellschafter einer Personengesellschaft) in den entscheidenden Jahren, z. B. für die Inanspruchnahme der Eigenheimzulage. Selbst wenn die geplante Investition später nicht realisiert werden sollte und die Rücklage Gewinn erhöhend aufgelöst wird, können Sie in den entscheidenden Jahren profitieren. Für die Inanspruchnahme der Eigenheimzulage muss Ihr Einkommen nur im Jahr der Anschaffung und im Jahr davor bestimmte Grenzen einhalten. Der Gesamtbetrag der Einkünfte darf in beiden Jahren zusammen bei Ledigen 240.000 DM und bei Verheirateten 480.000 DM nicht überschreiten.

Eigenheimzulage

Extrabonbon für Existenzgründer

Für Existenzgründer beträgt der Höchstbetrag der Ansparrücklage sogar 600.000 DM. Das begünstigte Wirtschaftsgut muss bis zum Ende des fünften auf die Rücklagenbildung folgenden Jahres angeschafft werden (Anschaffungszeitraum somit sechs Jahre). Unterbleibt die Investition, muss die Rücklage zwar Gewinn erhöhend aufgelöst werden, es unterbleibt jedoch der sonst fällige »Strafzins« von sechs Prozent.

Kein Strafzins

Existenzgründer sind natürliche Personen, die innerhalb der letzten fünf Jahre vor dem Jahr der Betriebsgründung:

- Nicht an einer Kapitalgesellschaft beteiligt waren bzw.
- Nicht selbstständig oder gewerblich tätig waren bzw. Einkünfte aus Land- und Forstwirtschaft bezogen haben

Beispiel: *Sie planen 1998 für das folgende Geschäftsjahr 1999 die Anschaffung einer EDV-Anlage für 30.000 DM zuzüglich 16 Prozent Mehrwertsteuer (4.800 DM). Sie dürfen daher 1997 eine Ansparrücklage in Höhe von maximal 50 Prozent der Nettoaufwendungen bilden, die Mehrwertsteuer ist eine sofort abzugsfähige Betriebsausgabe.*

Bildung der Ansparrücklage: Sonderabschreibung (4850) 15.000 DM an Sonderposten mit Rücklageanteil (0947) 15.000 DM

Sie erwerben 1999 tatsächlich die EDV-Anlage zu einem Preis von 30.000 DM.

Buchung der Anschaffungskosten für die EDV-Anlage: Betriebsausstattung (0400) 30.000 DM + Vorsteuer (1576) 4.800 DM an Bank (1200) 34.800 DM

Ansparrücklage für Existenzgründer

Die 1998 gebildete Rücklage muss aufgelöst werden, da 1999 die Anschaffung erfolgte.

Sonderposten mit Rücklageanteil (0947) 15.000 DM an Erträge aus der Auflösung von Sonderposten mit Rücklageanteil (2741) 15.000 DM

Das Rücklagekonto ist wieder ausgeglichen, es ergibt sich ein höherer Ertrag für 1998 in Höhe von 15.000 DM. Sie können jedoch im Anschaffungsjahr 1999 alle Abschreibungsmöglichkeiten nutzen, z. B. die degressive Abschreibung von 30 Prozent (§ 7 Abs. 2 EStG), hier in Höhe von 9.000 DM, sowie zusätzlich die Sonderabschreibung von 20 Prozent (§ 7g Abs. 1 EStG), hier in Höhe von 6.000 DM. Dies ergibt einen Betrag von 15.000 DM, der den Betrag der aufgelösten Rücklage wieder ausgleicht.

Arbeitszimmer

Viele Unternehmer deklarieren ein Zimmer ihrer Mietwohnung oder des Eigenheimes als beruflich genutztes Arbeitszimmer. Bildet dieses häusliche Büro den Mittelpunkt Ihrer gesamten beruflichen Tätigkeit, z. B. wenn Ihnen sonst keine Betriebsräume zur Verfügung stehen, sind sämtliche anfallenden Kosten unbeschränkt abzugsfähig. Hierzu zählen z. B. Kaltmiete, anteilige Umlagen oder anteilige Zinsen, alle anteiligen Nebenkosten etc.

Nutzen Sie ein häusliches Arbeitszimmer zusätzlich zu anderen Betriebsräumen, können Sie die Kosten nur bis jährlich 2.400 DM als Betriebsausgaben abziehen, wenn Sie mindestens 50 Prozent Ihrer beruflichen Tätigkeit dort verbringen.

Achtung: Sind Sie Gesellschafter einer Kapitalgesellschaft, kann diese z. B. Ihr häusliches Arbeitszimmer anmieten, in dem Sie als Geschäftsführer tätig sind. Wichtig ist hier ein Mietvertrag wie unter Fremden, damit eine verdeckte Gewinnausschüttung ausgeschlossen ist.

Errichten Eheleute gemeinsam ein Gebäude und ein Ehegatte nutzt einen Teil des Hauses für seine selbstständige bzw. gewerbliche Tätigkeit (z. B. Versicherungsvertretung, Arztpraxis), so kann der selbstständig tätige Ehegatte die anteilige Abschreibung nur für seine Hälfte ansetzen, weil nur dieser Gebäudeteil zu seinem Betriebsvermögen gehört.
Der Unternehmer-Ehegatte kann auch sämtliche anderen Gebäudekosten (Zinsen, Hausstrom etc.) nur für seine Hälfte ansetzen, sofern das Haus im Miteigentum des anderen Ehegatten steht und beide die Aufwendungen gemeinsam getragen haben, auch die Anschaffungskosten.

Mietvertrag unter Eheleuten

TIPP: Möchte der Unternehmer-Ehegatte sämtliche Kosten als Betriebsausgaben absetzen, so muss mit dem nichtselbstständigen Ehegatten über die andere Gebäudehälfte ein Mietvertrag abgeschlossen werden, der einem Fremdvergleich standhält (BFH 9. November 1995, VI R 60/92 sowie 23. November 1995, IV R 50/94). Die Miete kann auch in der Übernahme der tatsächlich anfallenden laufenden Kosten bestehen, was jedoch einer schriftlichen Vereinbarung bedarf.
Hiervon nicht betroffen sind die Fälle, in denen der die betrieblichen Räume nutzende Ehegatte unabhängig vom Eigentumsanteil die Anschaffungskosten und die laufenden Kosten allein getragen hat.
Hierzu hat der BFH (30. Januar 1995 Az. GrS 4/92) entschieden, dass der Ehegatte auch, falls er den anderen Miteigentumsanteil unentgeltlich betrieblich nutzt, hierfür die anteiligen Aufwendungen inkl. AfA absetzen darf.

Mittelpunkt der geschäftlichen Tätigkeit

Ein Selbstständiger kann die Kosten für das Arbeitszimmer nur geltend machen, wenn es den Mittelpunkt der gesamten beruflichen Tätigkeit bildet (§ 4 Abs. 5 Nr. 6b EStG). Dann dürfen die Kosten jedoch nur als Betriebsausgaben geltend gemacht werden, wenn sie fortlaufend, zeitnah und auf getrennten Konten aufgezeichnet werden; die Kosten müssen monatlich erfasst werden.

Steht das Haus ganz im Eigentum des anderen Ehegatten, so muss über die gesamte beruflich genutzte Fläche ein Mietvertrag abgeschlossen werden, damit der selbstständig oder gewerblich Tätige die Raumkosten geltend machen kann.

Extratipps für wenig genutzte Arbeitszimmer

Sollte das Arbeitszimmer nicht den Mittelpunkt der gesamten beruflichen Betätigung bilden, sind die Kosten dennoch abzugsfähig, wenn:

- Sie als Unternehmensform die GmbH wählen und Räumlichkeiten an die GmbH als eigene Rechtspersönlichkeit vermieten.
- Sie das Arbeitszimmer an eine Personengesellschaft vermieten und das Arbeitszimmer von einem Familienmitglied genutzt wird, das fast seine gesamte berufliche Tätigkeit in diesem Zimmer ausübt. Dies ist z. B. dann der Fall, wenn Sie den Ehegatten in Ihrem Betrieb beschäftigen und dieser die ihm übertragenen Tätigkeiten in diesem Arbeitszimmer erledigt.
- Sie in der Nachbarschaft ein Büro anmieten, z. B. bei Nachbarn, Freunden oder Verwandten. Es muss ein Mietvertrag abgeschlossen werden, und die Zahlungen müssen regelmäßig erfolgen. Die für Sie absetzbaren Kosten dürfen sogar die magische 2.400-DM-Grenze überschreiten, da es sich nicht mehr um ein häusliches Arbeitszimmer handelt.

Zimmer bei Fremden

Falls Sie Ihr häusliches Arbeitszimmer nicht als Betriebsausgabe ansetzen können, so bleibt es dennoch Betriebsvermögen. Hier ist zu prüfen, ob Sie das Arbeitszimmer nicht aus Ihrem Betriebsvermögen entnehmen möchten (§ 8 EStDV). Eigenbetrieblich genutzte Grundstücksteile müssen nicht als Betriebsvermögen behandelt werden, wenn ihr Wert nicht mehr als 20 Prozent des gemeinen Wertes des gesamten Grundstücks und nicht mehr als 40.000 DM beträgt.

Bestechungsgelder

Ebenso wie andere Vorteilsgewährungen, bei denen wegen der Zuwendung bzw. des Vorteilsempfangs eine rechtskräftige Verurteilung erfolgte oder ein Bußgeld rechtskräftig verhängt wurde, dürfen Bestechungsgelder nicht als Betriebsausgabe abgezogen werden. Dies gilt auch, wenn das Verfahren eingestellt wurde.

Wichtig: Das Finanzamt darf hier sogar das Steuergeheimnis aushebeln. Wenn Schmiergelder als Betriebsausgabe abgezogen wurden, informiert der Finanzbeamte die Staatsanwaltschaft, die dann ein Ermittlungsverfahren einleitet.

Bewirtungsaufwendungen

Wenn es sich um die Bewirtung von Geschäftsfreunden handelt, entstehen Betriebsausgaben. Es gelten die gleichen Abzugsvoraussetzungen wie für Arbeitnehmer, 20 Prozent der Aufwendungen sind dem Gewinn hinzuzurechnen.

20 Prozent der Bewirtung sind nicht absetzbar

Kosten für die reine Arbeitnehmerbewirtung (Ihr Arbeitnehmer geht mit Ihrem Geschäftspartner essen) sind 100-prozentig absetzbar, sofern Sie als Unternehmer nicht mitbewirtet werden.

TIPP: Auch wenn die bewirtete Person noch nicht zu Ihren Geschäftspartnern gehört, sind die Kosten (z. B. wegen Kundenwerbung oder Vorgesprächen) abzugsfähig.

Kundenwerbung

Doppelte Haushaltsführung

Zwei Jahre lang absetzbar

Aufwendungen für doppelte Haushaltsführung sind maximal für zwei Jahre als Betriebsausgaben abzugsfähig. Diese Aufwendungen entstehen dann, wenn Ihr Betriebssitz nicht am Wohnort liegt und Sie deshalb zwei Wohnungen unterhalten müssen.

Als Unternehmer werden Sie innerhalb der für zwei Jahre absetzbaren doppelten Haushaltsführung womöglich ein Firmenfahrzeug für die Familienheimfahrten benutzen. Und dann ist eine Besonderheit zu beachten:

Der Unterschiedsbetrag zwischen 0,002 Prozent des inländischen Listenpreises einerseits und der Kilometerpauschale von 0,70 DM je Entfernungskilometer andererseits gehört dann zu den nicht abziehbaren Betriebsausgaben (laut § 4 Abs. 5 Nr. 6 EStG). Klingt schrecklich, oder? Also rechnen wir's mal durch:

Fahrten zwischen zwei Haushalten

Beispiel: *Das Auto kostet 40.000 DM. Die erwähnten 0,002 Prozent des Listenpreises machen dann 0,80 DM aus. Bei 200 Kilometern pro Fahrt ergibt das 160 DM. Bei Pauschalabrechnung wären es 200 Kilometer mal 0,70 DM, also 140 DM. Der positive Unterschiedsbetrag von 20 DM (160 DM minus 140 DM) pro Familienheimfahrt wäre dem Gewinn hinzuzurechnen.*

Faustregel: Fällt die Rechnung mit den 0,002 Prozent niedriger aus als die Rechnung mit der Pauschale, ist das steuerlich nicht zu berücksichtigen.

An die Stelle des Pauschbetrages von 0,002 Prozent je Entfernungskilometer treten die tatsächlichen Aufwendungen, wenn der Steuerpflichtige diese anhand eines fortlaufend geführten Fahrtenbuches nachweisen kann.

TIPP: Dies ist immer dann sinnvoll und bringt Ihnen etwas, wenn Sie damit auf einen echten Kilometerpreis von weniger als DM 0,70 kommen.

Fortbildungskosten

Der Unternehmer kann sie als Betriebsausgaben geltend machen, sofern es sich um die Weiterbildung in einem bestehenden Beruf handelt.

Geringwertige Wirtschaftsgüter

Wirtschaftsgüter des Anlagevermögens bis netto 800 DM sind so genannte geringwertige Wirtschaftsgüter. Diese können sofort als Betriebsausgabe abgesetzt werden. Wenn Sie nicht umsatzsteuerpflichtig sind oder von der Option keinen Gebrauch machen, gilt die Grenze von 928 DM.

Geschäftswert

Derivativer Firmenwert

Haben Sie Ihr Unternehmen entgeltlich erworben, also z. B. gekauft, handelt es sich um einen abschreibungsfähigen, so genannten derivativen Firmenwert. Die Abschreibungsdauer für dieses immaterielle Wirtschaftsgut beträgt nach § 6 Abs. 1 Nr. 2 in Verbindung mit § 7 Abs. 1 Satz 3 EStG 15 Jahre. Wenn Sie Ihre Firma selbst aufgebaut haben, handelt es sich um einen originären Firmenwert, der nicht abschreibungsfähig ist. Entgeltlich erworbene freiberufliche Praxen (Heilpraktiker, Psychologen) werden in drei bis fünf Jahren abgeschrieben, bei einer Sozietätsgründung in sechs bis zehn Jahren.

Geschenke

Bis 75 DM netto

Liegt ihr Nettoanschaffungswert je Empfänger pro Jahr bei maximal 75 DM, handelt es sich bei Geschenken an Kunden oder Geschäftspartner um Betriebsausgaben. Bei höheren Aufwendungen pro Empfänger entfällt der gesamte Betriebsausgabenabzug. Geschenkaufwendungen müssen einzeln und getrennt von den sonstigen Betriebsausgaben aufgezeichnet werden.

Achtung: Nicht aufzeichnungspflichtig sind die Zugaben bzw. kleinen Werbegeschenke eines Einzelhändlers. Diese sind immer als Betriebsausgabe abzugsfähig.

Kfz-Kosten

Nutzen Sie als Unternehmer Ihren Pkw zu 100 Prozent betrieblich, sind sämtliche Kosten als Betriebsausgabe (nach § 4 Abs. 4 EStG) absetzbar. Hierzu zählen insbesondere:

- Abschreibungen
- Leasingraten
- Garagenmieten
- Laufende Kosten wie Benzin, Öl, Autowäsche
- Versicherungen und Schutzbrief, Steuern, ADAC-Beiträge
- Zinsen für Autokredite

Aufwendungen für Privatfahrten stellen jedoch nicht abzugsfähige Kosten der privaten Lebensführung dar (§ 12 Nr. 1 EStG). Da nun aber in den meisten Fällen ein betrieblich genutzter Pkw auch privat mit genutzt wird, sind die Kosten in abzugsfähige Betriebsausgaben und nicht abzugsfähige Kosten der privaten Lebensführung aufzuteilen.

Ein-Prozent-Regelung

Die Ermittlung des Privatanteiles erfolgt entweder nach der Ein-Prozent-Regelung oder auf der Grundlage des Fahrtenbuches, sofern Ihr Fahrzeug zum Betriebsvermögen gehört (§ 6 (1) Nr. 4 Sätze 2 und 3). Die Ein-Prozent-Regelung sieht vor, dass ein Prozent des Listenpreises (Neupreis) zum Anschaffungszeitpunkt (einschließlich aller Extras und Umsatzsteuer) pro Monat als Privatanteil angesehen wird. Dabei werden auch Zuschläge für Sonderausstattung einschließlich Mehrwertsteuer berücksichtigt, jedoch nicht Kosten für Überführung, Zulassung, Kfz-Brief und Autotelefon.

TIPP: Fast immer bringt eine Abrechnung nach Fahrtenbuch Vorteile gegenüber der Ein-Prozent-Regelung.

Nutzen Sie Ihr Fahrzeug zu mehr als 50 Prozent betrieblich, gehört es zum notwendigen Betriebsvermögen. Bei einer betrieblichen Nutzung von mindestens 10 Prozent bis 50 Prozent gehört der Pkw nicht zum notwendigen Betriebsvermögen, sondern kann zum gewillkürten Betriebsvermögen gehören. Ermitteln Sie Ihren Gewinn nach der Einnahmen-Überschuss-

Rechnung nach § 4 Abs. 3 EStG (Überschuss der Einnahmen über die Ausgaben), so entfällt diese Wahlmöglichkeit. Ihr Pkw gehört nur dann zum Betriebsvermögen, wenn er zu mehr als 50 Prozent betrieblich genutzt wird.

Tücken der pauschalen Wertermittlung

Diese umstrittene Pauschalbewertung der Ein-Prozent-Regel hat aber noch eine üble Tücke: Sie wird auch angewandt, wenn es sich um einen Gebrauchtwagen handelt. Sogar wenn das Fahrzeug bereits abgeschrieben ist oder der Unternehmer einen zum Privatvermögen gehörenden Zweitwagen besitzt, rückt das Finanzamt nicht davon ab. Und man bewertet nicht etwa den niedrigeren Gebrauchtwagenpreis, sondern zieht immer wieder den Listenpreis des Neufahrzeugs heran. Falls Sie während eines Kalendermonats abwechselnd mehrere Pkws privat nutzen, ist der Privatanteil für das Fahrzeug zu ermitteln, das überwiegend für die Privatfahrten genutzt wird.

Privatanteil am Firmenwagen

Fahrten zwischen Wohnung und Betriebsstätte – so rechnen Sie richtig

Der nicht als Betriebsausgabe abzugsfähige Anteil für Fahrten zwischen Wohnung und Arbeitsstätte wird wie folgt ermittelt (nach § 4 Abs. 5 Nr. 6 EStG): Man errechnet hierfür den positiven Unterschiedsbetrag zwischen 0,03 Prozent des Listenpreises für jeden Entfernungskilometer und der Kilometerpauschale von DM 0,70 (§ 9 Abs. 1 Nr. 4 EStG).

Nicht absetzbar: Fahrten zwischen Wohnung und Arbeitsstätte

Beispiel: *Herr Meier nutzt seinen zum Betriebsvermögen gehörenden Pkw an 20 Tagen im Monat auch für Fahrten zwischen Wohnung und Arbeitsstätte, die Entfernung beträgt 18 km. Der inländische Listenpreis beträgt 60.000 DM. Folgender Betrag ist dem Gewinn wieder hinzuzurechnen:*

DM 60.000 × 0,03 Prozent × 18 km	*DM 324,–*
Pauschale DM 0,70 × 20 Tage × 18 km	*DM 252,–*
Unterschiedsbetrag	*DM 72,–*

Für ein Jahr wären also DM 72 × 12 Monate = DM 864 als positiver Unterschied herauszurechnen.

Die gesetzliche Regelung nimmt an, dass der Pkw an 15 Tagen im Monat für Fahrten zwischen Wohnung und Arbeitsstätte genutzt wird. Kommt es zu mehr Fahrten, so verringert sich der Hinzurechnungsbetrag. Sind es weniger Fahrten, so bleibt es bei den 15 Tagen pro Monat.

Fahrtenbuch

Sie müssen sich nicht mit der pauschalen Ein-Prozent-Regelung abfinden, wenn Sie stattdessen ein ordnungsgemäßes, auf Dauer angelegtes Fahrtenbuch führen. Dies kann auch ein elektronisch geführtes Fahrtenbuch sein, wenn beim Ausdrucken der Aufzeichnungen nachträgliche Veränderungen ausgeschlossen sind. Weil aber nicht alle elektronischen Fahrtenbücher von jedem Finanzamt anerkannt werden, sollten Sie vor der nicht ganz billigen Anschaffung mal Ihren zuständigen Sachbearbeiter schriftlich um eine Liste der anerkannten Programme bzw. Geräte bitten.

Achtung: Während eines laufenden Kalenderjahres können Sie normalerweise nicht von der pauschalen Privatanteilermittlung zum Einzelnachweis laut Fahrtenbuch übergehen. Wechseln Sie während des laufendes Jahres das Fahrzeug, ist ab dessen Anschaffung der Umstieg auf die Abrechnung nach Fahrtenbuch möglich.

Betriebliche Nutzung Ihres privaten Pkw

Privater Pkw für betriebliche Fahrten

Die Regelung bezüglich der Privatanteilversteuerung von Pkws nach der Ein-Prozent-Regel gilt nur für Pkws des Betriebsvermögens. Falls nun aber Ihr zum Privatvermögen gehörender Pkw für betriebliche Fahrten genutzt wird, können die hiermit in Zusammenhang stehenden Ausgaben als Betriebsausgaben berücksichtigt werden. Es wird hier der Anteil an den Gesamtkosten abgezogen, der dem Anteil der Betriebsfahrten entspricht. Wird kein Fahrtenbuch geführt, so wird dieser Anteil geschätzt.

Beispiel: *Frau Schmitz nutzt ihren zum Privatvermögen gehörenden Pkw zu 40 Prozent betrieblich (geschätzt), sie kann 40 Prozent aller Kosten als Betriebsausgaben ansetzen.*

Falls Frau Schmitz ein Fahrtenbuch führt, müssen die betrieblich gefahrenen Kilometer ins Verhältnis zu den Privatfahrten gesetzt werden. Das kann Vorteile bringen. Sind bei einer Gesamtfahrleistung von 55.000 Kilometern 30.000 auf private und 25.000 auf betriebliche Fahrten entfallen, ergibt sich z. B. ein betrieblicher Anteil von 45,45 Prozent. Frau Schmitz könnte 45,45 Prozent aller Kfz-Kosten betrieblich geltend machen.

Leasingverträge

Für die Entscheidung, ob ein Wirtschaftsgut des Betriebsvermögens geleast oder gekauft werden sollte, sind nicht immer nur steuerliche Aspekte zu betrachten. Grundsätzlich sollten Sie zunächst bedenken, ob der Betriebszweck Ihres Unternehmens im Besitz des betreffenden Wirtschaftsgutes liegt – oder ob Sie das Wirtschaftsgut nur möglichst günstig nutzen wollen. Erwerben Sie ein teures Wirtschaftsgut, so stellt dies immer eine enorme Kapitalbindung dar und behindert eventuell weitere wichtige Betriebsinvestitionen. Hinzu kommt, dass Sie sich über Jahre hinweg festgelegt haben und die Anlagen womöglich technisch schnell überholt sind. Andererseits können Sie das Wirtschaftsgut jederzeit veräußern, wenn es sich in Ihrem Besitz befindet.

Leasing oder Kauf bestimmen die jeweiligen Firmenerfordernisse

Beim Kauf eines Wirtschaftsgutes setzen Sie als Betriebsausgabe folgende Beträge ab:

- AfA (linear oder degressiv, siehe Seite 181 ff.)
- Finanzierungskosten (Zinsen, Gebühren)
- Laufende Reparaturen, Wartungen
- Vorsteuerbeträge aus Kaufpreis und laufenden Kosten (Umsatzsteuer)

Falls Sie ein Wirtschaftsgut leasen, so entsteht weder eine Kapitalbindung, noch vergeuden Sie Kreditspielräume. Sie sind zwar nicht Besitzer des Wirtschaftsgutes, dafür können Sie aber (je nach Vertragsdauer) etwa alle drei Jahre die Anlage oder den Pkw gegen ein technisch neues Modell austauschen. Eine Kaufoption nach Ablauf der Leasingdauer kann, muss aber nicht vereinbart werden.

Beim Leasing setzen Sie als Betriebsausgabe ab:

- Brutto-Leasingraten
- Laufende Kosten, Reparaturen
- Vorsteuerbeträge aus jeder Leasingrate (bei Umsatzsteuer)

Die günstigste Variante ist abhängig von den individuellen Erfordernissen der entsprechenden Firmen.

TIPP: Angenommen, Sie sind Unternehmer mit umsatzsteuerfreien Umsätzen (z. B. Versicherungsmakler, Arzt) und möchten ein neues Fahrzeug erwerben, das betrieblich genutzt werden soll. Dann können Sie die im Rechnungsbetrag enthaltene Umsatzsteuer folglich nicht vom Finanzamt als Vorsteuer erstattet bekommen. Nun meldet aber Ihre Ehefrau ein Gewerbe für Kfz-Verleasung an. Sie erwirbt den Pkw, den sie über eine Bank finanziert, und schließt mit ihrem Ehemann einen Leasingvertrag, der einem Fremdvergleich standhalten muss. Vorteil: Die Ehefrau beantragt in ihrer Umsatzsteuererklärung die Erstattung der Vorsteuer und setzt diese Vorsteuer direkt als Betriebsausgabe in ihrer zu erstellenden Einnahmen-Überschuss-Rechnung an. Zusätzlich setzt sie die Schuldzinsen und sonstige Kosten wie Reparaturen, Versicherungen, Kfz-Steuern, Steuerberatungskosten etc. als Betriebsausgaben ab. Ihr Ehemann zahlt eine monatliche Leasingrate einschließlich 16 Prozent Mehrwertsteuer. Die Brutto-Leasingraten stellen beim Ehemann nun voll abzugsfähige Betriebsausgaben dar.

Pauschalierte Betriebsausgaben

Selbstständige Tätigkeit

Wenn Sie keine Aufzeichnungen über die Betriebsausgaben geführt haben und Ihnen die Belege auch nicht mehr vorliegen, können in bestimmten Fällen ohne Nachweise verschiedene Betriebsausgabenpauschalen von den Einnahmen abgezogen werden. Dies ist möglich für bestimmte Einkünfte aus selbstständiger Tätigkeit; für gewerbliche Einkünfte gibt es diese Pauschalen nicht.

⚡ Blitzübersicht: Betriebsausgabenpauschalen für verschiedene Tätigkeiten

bei nebenberuflicher Tätigkeit als	% vom Umsatz	maximal in DM
Kirchenmusiker	25	600
Volksmusiker	entfällt	1.200
Künstler, Wissenschaftler, Lehr-, Vortrags- und Prüfungstätigkeit	25	1.200 max. für alle Tätigkeiten zusammen
nebenberuflicher Übungsleiter, Ausbilder	entfällt	Entschädigung statt Pauschale bis 2.400 DM jährlich steuerfrei
Hebammen	25	3.000
Tagesmütter	entfällt	480 pro Kind, bei Teilzeitpflege anteilig
Schriftsteller	30	4.800

Reisekosten

Für beruflich veranlasste ein- oder mehrtägige In- und Auslandsreisen kann der Unternehmer Fahrtkosten, pauschale Verpflegungskosten und Übernachtungskosten als Betriebsausgaben geltend machen. Als Unternehmer können Sie die in den Reisekostenpauschalen enthaltenen Vorsteuerbeträge von Ihrer Mehrwertsteuerschuld abziehen, sofern Sie für die Umsatzsteuer optiert haben.

Fahrt-, Verpflegungs- und Übernachtungskosten

Sonder-AfA zur Förderung kleiner und mittlerer Betriebe

Nach § 7g Abs. 1 u. 2 EStG können bei neuen beweglichen Wirtschaftsgütern des Anlagevermögens, die im Jahr der Anschaffung bzw. Herstellung in Ihrem Unternehmen zu mindestens 90 Prozent betrieblich genutzt werden und die mindestens ein Jahr in Ihrem Betrieb verbleiben, neben der

AfA nach § 7 Abs. 1 und 2 EStG in den ersten fünf Jahren bis zu 20 Prozent abgeschrieben werden. Voraussetzung:

- Das Betriebsvermögen des Gewerbebetriebes bzw. des selbstständigen Betriebes betrug zum Schluss des der Anschaffung vorangegangenen Wirtschaftsjahres nicht mehr als 400.000 DM. Diese Voraussetzung gilt für Steuerpflichtige, die ihren Gewinn nach der Einnahmen-Überschuss-Rechnung ermitteln, stets als erfüllt.
- Der Einheitswert des land- und forstwirtschaftlichen Betriebes im Zeitpunkt der Anschaffung des begünstigten Wirtschaftsgutes beträgt nicht mehr als 240.000 DM.

TIPP: Durch die Inanspruchnahme der Sonder-AfA zum richtigen Zeitpunkt können Sie die Voraussetzungen für die Inanspruchnahme der Eigenheimzulage schaffen, da hierfür Ihr Einkommen bestimmte Grenzen einhalten muss.

Steuerberatungskosten

Rechnung vom Steuerberater

Diese Kosten sind Betriebsausgaben, sofern die Rechnung für betriebliche Angelegenheiten gestellt wurde, z. B. für die Erstellung der Finanzbuchhaltung, Jahresabschlüsse, Umsatzsteuererklärung, betriebliche Beratung etc. Andere Steuerberatungsrechnungen sind als Sonderausgabe abzugsfähig, was ungünstiger sein kann.

Telefon- und Faxkosten

Abzugsfähig sind bei betrieblicher Nutzung:

- Anschaffungskosten der Geräte
- Laufende Gesprächsgebühren
- Anschluss-, Wartungs- und Instandhaltungskosten

Achtung: Diese Kosten dürfen, ebenso wie die Kfz-Kosten, in einen privaten und beruflichen Anteil aufgeteilt werden, was nach § 12 EStG bei anderen Wirtschaftsgütern nicht möglich ist!

Für die private Nutzung dieser Aufwendungen müssen Sie einen Privatanteil zuzüglich Mehrwertsteuer als Betriebseinnahme ansetzen. Dieser kann geschätzt werden (mindestens 30 Prozent) oder durch Einzelgesprächsnachweis bzw. geeignete Belege ermittelt werden.

Gewinne und Steuern zu hoch?

Nutzen Sie ganz legale Tricks, um Ihre Steuerlast ein wenig zu reduzieren, z. B. durch die Schaffung von Sonderbetriebsvermögen oder künstliche Schuldenzinsen.

Die Schaffung von Sonderbetriebsvermögen

Sind Sie an einer Gesellschaft bürgerlichen Rechts beteiligt, profitieren Sie anteilig von den Einnahmen und tragen auch anteilig die Betriebsausgaben.

Private Wirtschaftsgüter dem Betrieb zur Nutzung überlassen

Falls Sie Wirtschaftsgüter nicht in den Betrieb einlegen, jedoch dem Betrieb zur Nutzung überlassen, so handelt es sich um Sonderbetriebsvermögen. Dieses stellt eine Betriebsausgabe dar, die nur Ihren Gewinn mindert bzw. Ihren steuerlichen Verlust erhöht.

Beispiel: *Sie fahren für die GbR mit Ihrem Privat-Kfz oder verrichten für die Gesellschaft die Büroarbeiten in Ihrem häuslichen Arbeitszimmer, dann werden die Kosten nur Ihnen allein zugerechnet. Die Kosten sind nicht im Jahresabschluss, sondern in der Sonderbilanz des jeweiligen Gesellschafters bzw. in der einheitlichen und gesonderten Gewinnfeststellung zu erfassen.*

Schuldzinsen lassen sich künstlich aufbauen

Bankkredite

Betriebliche Anschaffungen müssen häufig durch Bankkredite im kurzfristigen oder langfristigen Bereich finanziert werden; die Zinsen für diese betrieblich veranlassten Kredite sind abzugsfähige Betriebsausgaben. Zinsen für privat veranlasste Darlehen, etwa für selbst genutzte Einfamilienhäuser oder teure Segeljachten, werden dagegen vom Finanzamt als Privatvergnügen bewertet. Sie sind zzt. (ein Verfahren vor dem Bundesverfassungsgericht wegen der Nichtabzugsfähigkeit privater Schuldzinsen ist anhängig) leider und unverständlicherweise nicht abzugsfähig. Durch geschickte Konteneinrichtung können jedoch privat veranlasste Darlehen in betriebliche Schulden überführt werden – dies hat der BFH in seinem Urteil vom 8. Dezember 1997 bestätigt!

Verlagerung von Schuldzinsen mit dem Drei-Konten-Modell

Sie müssen hierfür zunächst drei verschiedene Girokonten einrichten:

Geschickte Konteneinrichtung

1. ein Privatkonto für alle privaten Vorgänge
2. ein betriebliches Einnahmenkonto
3. ein betriebliches Ausgabenkonto

Die Funktionen der Konten müssen strikt eingehalten werden.

Achtung: Es darf keine Zinskompensationsvereinbarung mit der Bank getroffen werden bezüglich der Kontoführungsgebühren und Zinsen des Privatkontos und des Ausgabenkontos, dann unterstellt das Finanzamt das Vorliegen nur eines Kontos.

Schrittweise Umwandlung privater Schulden in betriebliche:

1. Auf dem Privatgirokonto werden alle privaten Vorgänge erfasst, z. B. Abbuchungen privater Versicherungen, von Urlaubsreisen sowie privater Anschaffungen.

Private Schulden in betriebliche überführen

2. Sollten Sie ein Darlehen zur Finanzierung eines Eigenheims abzahlen, müssen Sie die Zins- und Tilgungsleistungen auch von diesem Privatkonto bezahlen.
3. Steht das Privatgirokonto im Minus, können Sie vom betrieblichen Einnahmenkonto eine Überweisung (Entnahme) auf das Privatgirokonto tätigen.
4. Auf das betriebliche Einnahmenkonto werden alle Kundenzahlungen gebucht. Es empfiehlt sich, auf Rechnungsvordrucken ausschließlich dieses Konto anzugeben.

5. Vom betrieblichen Einnahmenkonto dürfen Überweisungen auf das Privatgirokonto getätigt werden sowie auch auf das betriebliche Ausgabenkonto zur Korrektur des Sollsaldos.
6. Alle betrieblichen Ausgaben (Anschaffungen, Gehaltszahlungen, Mietzahlungen für Betriebsräume sowie betriebliche Zins- und Tilgungsleistungen) werden ausschließlich vom Ausgabenkonto getätigt.

Schuldzinsen als Betriebsausgaben

7. Das Konto läuft dann zwar in die roten Zahlen, diesbezüglich ist mit der Bank ein großzügiger Dispositionsrahmen zu vereinbaren.
8. Die Zinsen und Kosten für den Kontokorrentkredit des Ausgabenkontos sind aber nun, weil es ein reines Betriebskonto ist, zu 100 Prozent als Betriebsausgabe abzugsfähig.

TIPP: Ist der individuelle Dispositionsrahmen überschritten, kann das Soll vom Ausgabenkonto in ein längerfristiges Geschäftsdarlehen umgewandelt werden. Die Zins- und Tilgungsleistungen dafür sind als Betriebsausgaben abzugsfähig.
Achtung: Diese Umschuldung des betrieblichen Ausgabenkontos durch ein längerfristiges Darlehen darf aber nicht in engem zeitlichem Zusammenhang mit der Finanzierung größerer Privataufwendungen stehen. Die Finanzverwaltung unterstellt sonst einen wirtschaftlichen Zusammenhang und macht die Gestaltung mit den drei Konten hinfällig.

Hohe Einkommensteuer-Vorauszahlungen: Das können Sie tun

Wenn Ihre selbstständige bzw. gewerbliche Tätigkeit einen steuerlichen Gewinn ausweist, wird das Finanzamt Sie mit einem Einkommensteuer-Vorauszahlungsbescheid auffordern, vierteljährliche Einkommensteuer-Vorauszahlungen zu entrichten. Diese werden quartalsmäßig, jeweils zum

10. März, 10. Juni, 10. September und 10. Dezember eines Jahres, fällig, sofern sie mindestens 400 DM pro Veranlagungsjahr bzw. 100 DM pro Quartal betragen.

Das Finanzamt erhebt die Vorauszahlungen aufgrund des steuerlichen Ergebnisses des letzten vorliegenden Veranlagungsjahres; steuerliche Abzugsbeträge (einbehaltene Lohnsteuern) werden entsprechend berücksichtigt.

Herabsetzungsantrag

Die im Vorauszahlungsbescheid zugrunde gelegten Besteuerungsgrundlagen entsprechen jedoch nicht immer den aktuellen Verhältnissen. Erscheint Ihnen die festgesetzte Jahressteuer im Vorauszahlungsbescheid zu hoch, können Sie einen schriftlichen Herabsetzungsantrag stellen. Sie müssen dann dem Finanzamt plausibel darlegen, dass sich die Einkommensverhältnisse für das Kalenderjahr, für das die Vorauszahlungen festgesetzt wurden, ändern werden.

Achtung: Stellt das Finanzamt fest, dass sich das Einkommen bzw. die Besteuerungsgrundlagen erhöhen, können auch rückwirkend für noch nicht veranlagte Kalenderjahre die Vorauszahlungen nach oben angepasst werden, sofern der Erhöhungsbetrag mindestens 5.000 DM beträgt.

Neue Einkommensverhältnisse

Gründe für einen Herabsetzungsantrag sind z. B.:

- Änderung des Steuertarifs wegen Heirat
- Verluste aus Vermietung und Verpachtung für bestehende Gebäude
- Sonderabschreibungen nach dem Fördergebiets- und Berlinförderungsgesetz
- Arbeitslosigkeit des Steuerpflichtigen oder Ehegatten
- Rückläufige Einnahmen bei selbstständigen bzw. gewerblichen Einkünften
- Hohe betriebliche Investitionen
- Geringere Mieteinnahmen aus Vermietung und Verpachtung wegen Renovierung, Nichtvermietbarkeit
- Hohe Reparaturkosten bei vermieteten Immobilien
- Ein Ehegatte stellt die berufliche Tätigkeit ein

Folgende Ausgaben rechtfertigen nicht die Herabsetzung von Einkommensteuer-Vorauszahlungen:

Keine Herabsetzung möglich

- Aufwendungen für steuerbegünstigte eigengenutzte bzw. unentgeltlich überlassene Wohnungen i. S. §§ 10e und 10h EStG für noch nicht angeschaffte oder fertig gestellte Objekte
- Vorkosten bei einer nach dem Eigenheimzulagengesetz begünstigten Immobilie vor Anschaffung oder Fertigstellung
- Verluste aus Vermietung und Verpachtung von noch nicht fertig gestellten Gebäuden
- Außergewöhnliche Belastungen nach § 33 a EStG (Unterhaltsleistungen, Ausbildungsfreibetrag), sofern hier (zusammen mit den beiden folgenden Aufwendungsarten) ein Betrag von insgesamt 1.200 DM nicht überschritten wird
- Spenden i. S. § 10b EStG
- Sonderausgaben i. S. § 10 Abs. 1 Nr. 1, 1a, 4 bis 9 EStG

Achtung: Übersteigen Ihre Einkommensteuer-Vorauszahlungen die Jahressteuerschuld, werden Ihnen die überzahlten Beträge erstattet. Diese Überzahlung wird jedoch nur zu Ihren Gunsten verzinst, wenn die Veranlagung erst 15 Monate nach Beendigung des jeweiligen Veranlagungsjahres erfolgt. Das Finanzamt kann somit über ein Jahr mit Ihrem Geld arbeiten.
Hat sich Ihr Einkommen erhöht, sind Sie nicht verpflichtet, dies dem Finanzamt im Vorfeld für Zwecke der Vorauszahlungen mitzuteilen, das muss der Fiskus selbst »ermitteln«.

Für kleine und große Unternehmer: Beteiligen Sie Angehörige an Ihrem Betrieb

Mit der Beschäftigung oder sogar Beteiligung Ihrer Angehörigen oder Ihres Lebenspartners können Sie Steuern sparen. Bedenken Sie jedoch, dass solche Gestaltungen auch Risiken bergen, und zwar im außersteuerlichen Bereich.

Wenn Sie Angehörige an Ihrem Unternehmen beteiligen, übertragen Sie sowohl Firmenvermögen als auch die daraus resultierenden Einkünfte. Somit sinken Ihre gewerblichen bzw. selbstständigen Einkünfte oder Einkünfte aus Kapitalvermögen (bei Gewinnausschüttungen einer GmbH), was zu Einsparungen bei der Einkommen-, Körperschaft- und Gewerbesteuer führen kann.

TIPP: Sie müssen sich nicht unbedingt von Firmenanteilen trennen, wenn Sie Steuern sparen wollen. Da die Vermögensteuer vom Gesetzgeber abgeschafft wurde, können Sie Vermögen behalten und Steuern reduzieren durch die Beschäftigung von Angehörigen.

Vergleich der steuerlichen Belastung von Personen- und Kapitalgesellschaften

Natürliche Personen werden anders besteuert als juristische Personen. Welche Rechtsform die geringste Steuerbelastung bringt, hängt immer vom Einzelfall ab.

Der Einzelfall bedingt die günstigere Rechtsform

Die Entscheidung für oder gegen eine bestimmte Rechts- bzw. Gesellschaftsform darf aber nie allein aus steuerlichen Gründen erfolgen. Hierfür sollten vielmehr wirtschaftliche, haftungsrechtliche und finanzielle Überlegungen maßgebend sein. Steuergesetze ändern sich laufend, und kein Unternehmer sollte häufig seine Unternehmensform wechseln.

Abgrenzung von Privat- und Betriebssphäre

Der wichtigste Unterschied zwischen den Rechtsformen ist, dass Personengesellschaften keine selbstständigen Steuersubjekte darstellen wie Kapitalgesellschaften. Das Betriebsvermögen der Kapitalgesellschaft darf keinesfalls mit dem Privatvermögen der Gesellschafter der Kapitalgesellschaft vermischt werden. Daher sind z. B. Privatentnahmen seitens der Gesellschafter einer Kapitalgesellschaft nicht möglich. Der Gesellschafter erhält entweder ein Gehalt für seine aktive Mitarbeit oder eine Gewinnausschüttung (Dividende). Anlagevermögen kann der Gesellschafter nicht einfach entnehmen, sondern nur durch einen Vertrag käuflich erwerben. Wichtig ist hier, dass der Wert wie unter fremden Dritten vereinbart wird, sonst liegt eine steuerpflichtige verdeckte Gewinnausschüttung an den Gesellschafter vor.

Keine Privatentnahme bei Kapitalgesellschaften

Bei der Personengesellschaft kann der Inhaber (oder mehrere Inhaber) Privatentnahmen tätigen, d. h. Geld, Gegenstände oder Leistungen aus dem Betrieb entnehmen. Dies ist möglich, weil die Personengesellschaft kein eigenes Steuersubjekt ist, sondern identisch ist mit dem oder dem/den Inhaber/n. Der Einzelunternehmer bzw. Gesellschafter einer Personengesellschaft kann an sich selbst kein Betriebsvermögen aus seiner Firma veräußern und sich selbst auch nicht in der Firma mit einem Gehalt anstellen. Die Vergütungen erfolgen durch Entnahmen, Vorabvergütungen bzw. Gewinnverteilungen.

Bei Personengesellschaften ist dies möglich

Ertragsteuern von Personen- und Kapitalgesellschaften

Besteuert wird bei beiden Rechtsformen der Jahresgewinn laut Gewinn-und-Verlust-Rechnung bzw. Einnahmen-Überschuss-Rechnung.

Einzelunternehmer und Gesellschafter einer Personengesellschaft müssen Ihren Gewinn bzw. Gewinnanteil der Einkommensteuer unterwerfen. Die Einkünfte aus selbstständiger oder gewerblicher Tätigkeit werden mit denen anderer Einkunftsarten saldiert. Private Aufwendungen (Versicherungen, Spenden, Gesundheitskosten) dürfen ebenso in Abzug gebracht werden wie bestimmte persönliche oder tarifliche Freibeträge (Kinderfreibetrag, Ausbildungsfreibetrag, Behindertenfreibetrag, Altersentlastungsbetrag etc.).

Personengesellschaft und Steuern

Schließt das Wirtschaftsjahr einer Personengesellschaft mit einem Verlust ab, dürfen diese Verluste mit anderen Einkünften des gleichen Veranlagungsjahres verrechnet oder zwei Jahre zurück- und dann unbegrenzt vorgetragen werden. Betriebliche Verluste wirken sich somit auf die persönliche Steuerbelastung des Betriebsinhabers bzw. der Betriebsinhaber aus. Verluste einer Kapitalgesellschaft wirken sich nicht auf die private Einkommensteuerbelastung der Gesellschafter aus. Diese können nur auf Betriebsebene – nicht auf Gesellschafterebene – zwei Jahre zurück- und dann bis zu einem Betrag von zehn Millionen DM unbegrenzt vorgetragen werden.

Körperschaftsteuer

Kapitalgesellschaften versteuern ihren Gewinn mit der Körperschaftsteuer. Zusätzlich müssen die Gesellschafter die an sie gezahlten Dividenden (Gewinnausschüttungen) der Einkommensteuer unterwerfen. Die Dividenden werden mit Körperschaftsteuer, Kapitalertragsteuer und Solidaritätszuschlag belastet, die jedoch von der Einkommensteuerschuld des gleichen Jahres abgezogen werden dürfen bzw. ganz erstattet werden, sofern sich für den Gesellschafter keine Steuerpflicht ergibt. Gemeinsam ist beiden Rechtsformen, dass das zu versteuernde Einkommen die Bemessungsgrundlage für die Ertragsteuern (Körperschaftsteuer, Einkommensteuer) ist, deren Ermittlung nach den Vorschriften des EStG und des KStG erfolgt. Für Kapitalgesellschaften gelten nach § 8 Abs. 1 KStG auch die Vorschriften des EStG.

Unterschiedliche Ermittlung des Gewinnes und des Gewerbeertrages

Kapitalgesellschaft

Grundsätzlich erfolgt die Gewinnermittlung bei allen Rechtsformen nach den gleichen Buchführungs- bzw. Bilanzierungsgrundsätzen. Unterschiede bestehen jedoch bei der Ermittlung des steuerpflichtigen Gewinnes, der Grundlage für verschiedene Steuerarten ist. Aufgrund der rechtsformabhängigen Ermittlung des steuerpflichtigen Gewinnes ergibt sich für Kapitalgesellschaften eine andere Gewerbesteuerbelastung als für Personengesellschaften.

Beispiel: *Die geschäftsführenden Gesellschafter einer Kapitalgesellschaft erhalten für ihre aktive Mitarbeit Geschäftsführergehälter, die bei der Gesellschaft als Gewinn mindern-*

de Betriebsausgaben abzugsfähig sind. Die Gehälter sind bei den Gesellschaftern lohnsteuer- bzw. einkommensteuerpflichtig. Gewinnausschüttungen sind bei den Gesellschaftern Einkünfte aus Kapitalvermögen. Die unterschiedlichen Vergütungen werden den entsprechenden Einkunftsarten zugeordnet. Da die Gehälter an die Eigentümer der Kapitalgesellschaft als Betriebsausgaben abzugsfähig sind, verringert sich die Bemessungsgrundlage für die Gewerbeertragsteuer.

Keine Gehaltszahlungen bei der Personengesellschaft

Eine Personengesellschaft kann an ihre Eigentümer bzw. sich selbst keine Gehälter zahlen, da es sich nicht um zwei unterschiedliche Steuersubjekte handelt. Folglich vermindert sich der steuerpflichtige Gewinn auch nicht um die an die Gesellschafter gezahlten Vergütungen. Es entsteht ein höherer Gewerbeertrag und somit eine höhere Gewerbesteuerbelastung als bei juristischen Personen. Sämtliche Einkünfte, die ein Inhaber einer Personengesellschaft von dieser bezieht, sind Einkünfte aus Gewerbebetrieb. Hierzu zählen Vorabvergütungen, Gewinnanteile und Vergütungen für Darlehensgewährung (atypische stille Beteiligung).

Bei Personengesellschaften kann kein Gehalt abgesetzt werden

Die Eigentümer einer Personengesellschaft versteuern somit den Unternehmensgewinn in ihrer persönlichen Einkommensteuererklärung, während eine Kapitalgesellschaft ihren Gewinn einer eigenen Steuer, der Körperschaftsteuer, unterwerfen muss. Der Gewinn einer Kapitalgesellschaft wird zweimal besteuert, einmal von der Gesellschaft selbst (Körperschaftsteuer), zum anderen von den Gesellschaftern (Einkommensteuer). Da der Gewinn der Kapitalgesellschaft jedoch schon um die Vergütungen an die Gesellschafter reduziert ist, neutralisiert sich diese Doppelbesteuerung.

Bei der Gewerbesteuer dürfen Personengesellschaften einen Freibetrag von 48.000 DM jährlich abziehen, die Ermittlung des Steuermessbetrages erfolgt nach einer Staffelung. Diese Vergünstigungen entfallen bei der Kapitalgesellschaft; die Steuermesszahl beträgt einheitlich fünf Prozent.

Gewerbesteuer

Unterschiedliche Steuertarife

Einkommensteuererklärung

Inhaber einer Personengesellschaft bzw. Einzelunternehmer versteuern ihren Gewinn bzw. Gewinnanteil in der privaten Einkommensteuererklärung. Der Gewinnanteil erhöht den Gesamtbetrag der Einkünfte und damit auch das zu versteuernde Einkommen, das Bemessungsgrundlage für die Höhe der Einkommensteuer (plus Kirchensteuer und Solidaritätszuschlag) ist. Nach Abzug einiger individueller Freibeträge erfolgt die Versteuerung bei Ledigen nach der Grundtabelle und bei Verheirateten nach der meist günstigeren Splittingtabelle.

Für gewerbliche Einkünfte gibt es für natürliche Personen eine Tarifbeschränkung nach § 32c EStG. Danach werden gewerbliche Einkünfte maximal mit 47 Prozent Einkommensteuer belastet, sofern deren Anteil am zu versteuernden Einkommen 100.224/200.448 DM übersteigt.

Gewinnausschüttung aus Eigenkapital

Die Gewinnversteuerung bei Kapitalgesellschaften ist erheblich komplizierter. Verbleiben die Gewinne in der Firma (Gewinnthesaurierung), beträgt die Körperschaftsteuerbelastung 45 Prozent. Werden die Gewinne an die Gesellschafter ausgeschüttet, erfolgt durch eine so genannte Gliederungsrechnung des verwendbaren Eigenkapitals (§§ 29, 30 KStG) eine Anpassung an die Ausschüttungsbelastung, die geringer ist als die tarifliche Körperschaftsteuer.

Das für die Ausschüttung verwendbare Eigenkapital wird nach § 30 KStG entsprechend der Tarifbelastung wie folgt gegliedert:

- EK 45: mit 45 Prozent KSt. belastete Einkommensteile (Gewinnthesaurierung)
- EK 30: mit 30 Prozent KSt. belastete Einkommensteile (ausgeschüttete Gewinne)
- EK 01: nicht belastete ausländische Einkommensteile sowie nach § 8b Abs. 1 und 2 KStG außer Ansatz bleibende Beträge
- EK 02: sonstige nicht mit Körperschaftsteuer belastete Einkommensteile, z. B. steuerfreie Zinsen, Investitionszulagen, Verluste

- EK 03: nicht mit Körperschaftsteuer belastete Einkommensteile, die bis zum 1. Januar 1977 entstanden sind
- EK 04: nicht belastete Einlagen, die das Eigenkapital nach dem 31. Dezember 1976 erhöht haben

Im Fall einer Gewinnausschüttung erfolgt die Entnahme aus dem verwendbaren Eigenkapital in der Reihenfolge der abnehmenden Tarifbelastung. Die Differenzen zwischen Tarifbelastung und Ausschüttungsbelastung führen dann zu Körperschaftsteuerminderungs- oder -erhöhungsbeträgen (§ 27 KStG).

Unterschiedliche steuerliche Belastung für nicht entnommene Gewinne

Der steuerliche Gewinn der Inhaber einer Personengesellschaft wird durch die einheitliche und die gesonderte Gewinnfeststellung ermittelt, beim Einzelunternehmer nur durch die Gewinn-und-Verlust-Rechnung. Der Gewinn bzw. Gewinnanteil wird beim Unternehmer der Einkommensteuer unterworfen, unabhängig davon, ob der Gewinn entnommen wird oder auf dem Firmenkonto verbleibt.

Wenn der Gewinn in der Firma bleibt

Thesaurierte Gewinne werden bei Kapitalgesellschaften nur mit 45 Prozent besteuert, so dass diese Rechtsform dann günstiger ist, wenn der Gesellschafter einen sehr hohen Gewinn zu erwarten hat (unabhängig davon, ob ausgeschüttet wird oder nicht), der mit einem Einkommensteuersatz von über 45 Prozent besteuert werden würde. Zu berücksichtigen ist auch, dass Gewinne einer Personengesellschaft oft noch der Kirchensteuer unterliegen.

Unterschiede bei der Berücksichtigung steuerlicher Verluste

Ein Verlust bedeutet im Einkommensteuer- und Körperschaftsteuergesetz das Gleiche. Ein abzuziehender Verlust ist der Gesamtbetrag aller Einkünfte in einem Veranlagungsjahr, wobei eine Kapitalgesellschaft immer nur gewerbliche Einkünfte hat. Es gelten die Vorschriften des § 10d EStG, bei Kapitalgesellschaften zusätzlich noch § 33 KStG.

Verluste bzw. Verlustanteile bei einer Personengesellschaft können deren Inhaber auf Gesellschafterebene verrechnen, d. h., sie können mit anderen positiven Einkünften des gleichen Jahres verrechnet oder vor- und zurückgetragen werden. Verluste wirken sich hier Einkommensteuer und Kirchensteuer mindernd aus, was zu Liquiditätsvorteilen führt.

Personengesellschaft

Verluste einer Kapitalgesellschaft können nicht auf Gesellschafterebene ausgeglichen, sondern nur mit Gewinnen anderer Jahre verrechnet werden. Insofern hat der Gesellschafter persönlich nichts davon, erhält keine Einkommensteuer- oder Kirchensteuererleichterungen. Die Kapitalgesellschaft verrechnet die Verluste zunächst mit den nicht mit Körperschaftsteuer belasteten sonstigen Vermögensmehrungen des EK 02.

Kapitalgesellschaft

Ein verbleibender Verlust wird dann zunächst in die beiden vorangegangenen Kalenderjahre zurück- und dann in weitere Veranlagungszeiträume vorgetragen.

Buchführung und Betriebsprüfung

Eine Betriebsprüfung findet nur bei Selbstständigen bzw. gewerblichen Unternehmern statt. Sie wird schriftlich angekündigt und sollte möglichst in den Praxisräumen Ihres steuerlichen Beraters stattfinden. Grund: Der Prüfer sollte nicht die Gelegenheit bekommen, Ihnen, Ihren Mitarbeitern oder Familienangehörigen scheinbar harmlose Fragen zu stellen, deren Hintergründe Sie nicht verstehen können, die Sie aber erheblich mehr Steuern kosten können.

Der Prüfer könnte Sie z. B. ganz nebenbei fragen, wo Sie meistens Ihren Urlaub verbringen. Da Urlaub ein beliebtes Thema ist, erzählen Sie, dass Sie immer mit dem Auto nach Barcelona fahren, und das zweimal jährlich. Das reicht dem Prüfer schon, um die Privatanteile des Firmenfahrzeuges hochzusetzen für den gesamten Prüfungszeitraum, der sich meistens über drei Jahre erstreckt. In manchen Fällen wird diese Prüfungsspanne auch auf einen längeren Zeitraum ausgedehnt.

Prüfungszeitraum erstreckt sich zumeist über drei Jahre

Achtung: Falls Ihre Buchhaltung nicht ordnungsgemäß ist oder der Gewinn, gemessen am Umsatz, zu gering ausfällt, so vermutet der Betriebsprüfer schnell Einnahmen- bzw. Gewinnverheimlichungen.

Ganz schlecht sieht es für Sie aus, wenn der Betriebsprüfer auf Ihren Konten regelmäßige und/oder hohe Geldtransferierungen ins Ausland bemerkt, für die Sie keine saubere Erklärung parat haben. Falls Sie dann angeben, Ihre mittellose in Ghana lebende Schwester zu unterstützen, müssen Sie dies nachweisen, u. a. auch durch Verdienstbescheinigungen Ihrer Schwester etc.

Achtung: Sind bei einer Einzelfirma keine Privatentnahmen des Betriebsinhabers ersichtlich, wird Sie der Prüfer fragen, wovon Sie gelebt haben. Hier wird er auch Schwarzeinnahmen vermuten, die für den Lebensunterhalt und privaten Konsum verbraucht wurden.

Die Sache mit dem Schwarzgeld

Verräterischer Zucker

Bei Selbstständigen müssen vor allem Wareneinkauf und Betriebseinnahmen übereinstimmen. Wenn Sie als Gastronom z. B. kiloweise weißen Zucker kaufen, unterstellt der Betriebsprüfer eine bestimmte Menge verkauften Kaffees/Cappuccinos/Espressos.
Wenn Sie diesbezüglich zu geringe Einnahmen verbucht haben, erfolgen Hinzuschätzungen.

Achtung: Entdeckt der Betriebsprüfer Bareinzahlungen auf Ihrem Konto, zu denen er keine von Ihnen ausgestellte Rechnung findet, oder eine Gehaltszahlung, so vermutet er Schwarzgeld.

Nun gibt es zwar Unternehmer, die laufend über heimlich verdientes Geld verfügen. Auffallen aber kann dies nur, wenn:

- Dieses Schwarzgeld auf private oder geschäftliche Giro- oder Anlagekonten fließt
- Dem Wareneinkauf erheblich zu geringe Erlöse gegenüberstehen
- Betriebsausgaben und/oder betriebliche Investitionen mit Schwarzgeld bezahlt werden

Selbst wenn es möglich wäre, einen betrieblich notwendigen neuen Lkw in bar zu bezahlen, wird der erfahrene Schwarzgeld-Verwender das Fahrzeug lieber über einen Kredit finanzieren und sein heimlich verdientes Geld eher dafür ausgeben, die Wasserhähne in der privaten Wohnung zu vergolden.

Achtung: Auch bei einem reichlichen Aufkommen von Schwarzgeld, welches für den privaten Verbrauch verwendet wird, sollte immer auf ausreichende Privatentnahmen geachtet werden. Sonst fragt der Prüfer, wovon Sie eigentlich gelebt haben.

Verprobungsmethoden

Auch die Verprobungsmethode stellt bei Selbstständigen ein Instrument des Betriebsprüfers dar, deren Steuerehrlichkeit zu überprüfen. Verprobung heißt im Wesentlichen, dass verschiedene Bilanzpositionen miteinander verglichen werden, für die der Prüfer Messzahlen besitzt. Bei der so genannten Vorsteuerverprobung werden die Betriebsausgaben mit den in Abzug gebrachten Vorsteuern verglichen.

Bilanzposten werden verglichen

Beispiel: *Angenommen, Ihr Wareneinsatz betrug 20.000 DM (inkl. 16 % MwSt.), Sie machten jedoch für das betreffende Kalenderjahr DM 5.000 Vorsteuern geltend und hatten sonst keine Ausgaben. Ihr als Betriebsausgaben geltend gemachter Vorsteuerbetrag ist um DM 2.241,39 zu hoch, wofür der Betriebsprüfer folgende Gründe finden kann:*

- *Es handelt sich um einen Eingabefehler bei der Buchhaltung. Dies ist jedoch kaum möglich, wenn diese per EDV erstellt wurde.*
- *Die Vorsteuern wurden bewusst zu hoch angesetzt, um die Umsatzsteuerbelastung gering zu halten und um die Betriebsausgaben aufzublähen.*
- *Es wurden zunächst alle Eingangsrechnungen inkl. Mehrwertsteuer verbucht und hinterher einige wieder herausgenommen, nicht jedoch die entsprechende Vorsteuer. Vielleicht, weil Betriebseinnahmen hinterzogen wurden und folglich Schwarzeinkäufe stattgefunden haben müssen, damit es dem Prüfer nicht auffallen soll.*

Weiter wird der Gewinn einer Einzelfirma mit den privaten Bedürfnissen (Miete, Lebensunterhalt, Kleidung etc.) verglichen. Sind letztere Ausgaben höher, wird der Prüfer Sie fragen, wovon Sie gelebt haben.

Falls Sie nicht unterstützt wurden oder ein privates Darlehen beansprucht haben, schätzt der Prüfer Einnahmen hinzu und informiert vielleicht sogar die Steuerfahndung. Auf typische Verprobungsmethoden gehe ich später noch im Zusammenhang mit der Arbeit des Betriebsprüfers ein.

Welche Arten von Außenprüfungen gibt es?

Unternehmer in Deutschland müssen mit folgenden Außenprüfungen rechnen:

Was geprüft wird

1. Betriebsnahe Veranlagung, hier erfolgt eine punktuelle Einzelüberprüfung bestimmter Sachverhalte.
2. Abgekürzte Außenprüfung nach § 203 AO für Kleinbetriebe, für die das Finanzamt eine Außenprüfung in regelmäßigen Zeitabständen nicht für erforderlich hält; beschränkt auf die wesentlichen Besteuerungsgrundlagen.
3. Außenprüfungen (Betriebsprüfungen) nach § 193 AO, die in regelmäßigen Abständen erfolgen, hier erstreckt sich die Prüfung auf alle steuerlichen Verhältnisse und häufig auf mehrere Steuerarten des Betriebes.
4. Sonder-Außenprüfungen, z. B.:
   - Lohnsteuer-Außenprüfung bei Arbeitgebern
   - Umsatzsteuer-Sonderprüfung
   - Prüfung der Versicherungssteuer für Versicherungsunternehmen
   - Kapitalertragsteuerprüfung für Kreditinstitute

   Hier beschränkt sich die Prüfung des Finanzamtes auf die einzelnen Steuerarten.
5. Steuerfahndungsprüfungen zur Ermittlung von Steuerstraftaten und Steuerordnungswidrigkeiten und anschließende Ermittlung der richtigen Besteuerungsgrundlagen.

Wie oft kommt der Betriebsprüfer?

Auch wenn Sie ein reines Gewissen haben: Eine Betriebsprüfung ist für Sie immer mit erheblichem Arbeits- und Kostenaufwand verbunden. Das Finanzamt teilt alle Unternehmen in drei Größenklassen, die in unterschiedlichen Zeiträumen mit Betriebsprüfungen rechnen müssen.

Blitzübersicht: Betriebsgrößenklassen und Zeiträume für Prüfungen

(gültig seit 1. Januar 1998 laut BMF-Schreiben vom 2. Mai 1997)

Gewerbeart	Großbetrieb (DM)	Mittelbetrieb (DM)	Kleinbetrieb (DM)
Dienstleistung	**Gesamtumsatz** über 8,25 Mio. oder **Gewinn** über 460.000	**Gesamtumsatz** über 1,1 Mio. oder **Gewinn** über über 90.000	**Gesamtumsatz** über 250.000 oder **Gewinn** über 48.000
Freie Berufe	**Gesamtumsatz** über 6,7 Mio. oder **Gewinn** über 875.000	**Gesamtumsatz** über 1,25 Mio. oder **Gewinn** über 200.000	**Gesamtumsatz** über 250.000 oder **Gewinn** über 48.000
Handel	**Gesamtumsatz** über 11,8 Mio. oder **Gewinn** über 460.000	**Gesamtumsatz** über 1,4 Mio. oder **Gewinn** über 90.000	**Gesamtumsatz** über 250.000 oder **Gewinn** über 48.000
Produktionsbetriebe	**Gesamtumsatz** über 6,7 Mio. oder **Gewinn** über 410.000	**Gesamtumsatz** über 825.000 oder **Gewinn** über 90.000	**Gesamtumsatz** über 250.000 oder **Gewinn** über 48.000
Prüfungshäufigkeit	ca. alle 5 Jahre	ca. alle 14 Jahre	ca. alle 40 Jahre
Prüfungsumfang	lückenlos	die letzten drei dem Finanzamt vorliegenden Jahresabschlüsse und Steuererklärungen	
Prüfung außer der Reihe wegen Zufallsprinzip oder Kontrollmitteilungen	möglich		

Wann droht wem eine Prüfung?

Das legt allein das Finanzamt fest, denn dort wird die so genannte Fallauswahl getroffen. Und dabei wird ein Teil der anstehenden Prüfungsfälle immer nach dem Zufallsprinzip ausgewürfelt.

Grund: So hat theoretisch jedes Unternehmen die Chance (oder das Risiko), einmal »dran« zu sein. Ein anderer, erheblich größerer Teil von Betrieben aber wird gezielt geprüft. Dies geschieht z. B.:

- Wenn die Veranlagungsstelle aufgrund vermuteter Unstimmigkeiten ein Prüfungsersuchen an die Betriebsprüfungsstelle stellt
- Wenn bei der letzten Außenprüfung schon ein ordentliches steuerliches Mehrergebnis zu verzeichnen war

Ohne Anmeldung gibt es keine Prüfung

Zunächst erhalten Sie einige Wochen vor Prüfungsbeginn die schriftliche Bekanntgabe der Prüfungsanordnung (§ 197 Abs. 1 AO), in der das Datum des Prüfungsbeginns, der Name des Prüfers sowie der Umfang einer Außenprüfung bekannt gegeben werden.

Achtung: Der Betriebsprüfer erscheint nicht unangemeldet. Ohne die vorherige schriftliche Prüfungsanordnung brauchen Sie diesen gar nicht erst hereinzulassen.

Diese Prüfungsanordnung sollten Sie Ihrem Steuerberater vorlegen und zusammen mit diesem entscheiden, ob Ihnen das Datum der anberaumten Außenprüfung genehm ist oder nicht. Sie können die Prüfung unter Angabe einer stichhaltigen Begründung verschieben, z. B. wegen Urlaub, Geschäftsreisen, Krankheit, personalbedingter Abwesenheiten usw. Die Ursachen der Verschiebung können bei Ihnen oder Ihrem steuerlichen Berater liegen. Der Antrag sollte schriftlich gestellt werden.

Prüfung beim Steuerberater

Die Außenprüfung findet entweder in Ihren Geschäftsräumen oder bei Ihrem steuerlichen Berater statt, wobei Sie immer Letzteres wählen sollten. Dafür gibt es folgende Gründe:

- Der Prüfer kann seine Nase dann nicht überall hineinstecken, er kann Ihre betrieblichen Abläufe nicht in Augenschein nehmen, was in manchen Fällen für den Steuerpflichtigen vorteilhaft ist.
- Der Prüfer kann weder Ihr Personal noch Familienangehörige ausfragen, die meistens nicht durchschauen können, worauf der Prüfer mit seinen scheinbar harmlosen Fragen eigentlich hinauswill.

- Findet die Prüfung im Büro des Steuerberaters statt, hat dies den Vorteil, dass der Berater während der Prüfungsdauer immer zugegen ist und sofort die für den Steuerpflichtigen günstigste Antwort liefern kann.
- Der Steuerberater kennt die Tricks der Prüfer und lässt sich nicht »ausquetschen«. Er antwortet sachlich, präzise, nicht ausschweifend und ausschließlich im Sinne des Mandanten. Er muss jedoch bei der Wahrheit bleiben.

Unterstützung vom Steuerberater

- Der Steuerberater weiß, dass der Prüfer schon die nächsten Prüfungstermine für andere Steuerpflichtige fest im Terminkalender hat. Wenn er dann durch geschickte Ablenkungsmanöver Zeit schinden kann, so hat der Prüfer nicht viel Gelegenheit, in die Tiefe zu gehen. Dies darf jedoch nicht zu offensichtlich geschehen.

Das sind die Mitwirkungspflichten bei der Außenprüfung

Alle bei der Außenprüfung beteiligten Personen trifft eine Mitwirkungspflicht. Der Steuerpflichtige kann hierzu auch einen Bevollmächtigten legitimieren (Steuerberater, Rechtsanwalt) und darüber hinaus noch andere Auskunftspersonen (Mitarbeiter) benennen.

Bevollmächtigten bestimmen

Eine Auskunftsperson darf jedoch tatsächlich nur Auskünfte erteilen. Der Bevollmächtigte dagegen hat auch Entscheidungsbefugnisse, er kann z. B. Willenserklärungen abgeben, die dann für den Steuerpflichtigen bindend sind.

Bei juristischen Personen trifft den Geschäftsführer die Mitwirkungspflicht, wobei der Prüfer sich aber auch an die Gesellschafter halten kann.

Achtung: Falls dem Betriebsprüfer die Auskünfte der benannten Auskunftspersonen zu »dünn« sind und er nicht weiterkommt, kann er auch andere Betriebsangehörige befragen, wobei dies dem zu prüfenden Steuerpflichtigen mitgeteilt werden muss. Er soll vorher Gelegenheit haben, eine andere Auskunftsperson zu legitimieren.

Dies ist ganz wichtig, damit der Prüfer nicht wahllos Mitarbeiter ausfragt, durch deren unbedachte Äußerungen der Steuerpflichtige vielleicht Unannehmlichkeiten in Form hoher Steuernachzahlungen (oder sogar ein Strafverfahren) erwarten könnte. Diese unkontrollierbare Ausfragerei entfällt natürlich, wenn die Außenprüfung in den Büroräumen Ihres Steuerberaters stattfindet.

Hat der zu prüfende Steuerpflichtige eine Auskunftsperson benannt, so wendet sich der Prüfer in erster Linie an diese.

Auskunftsperson instruieren

Deshalb sollten Sie die Auskunftsperson entsprechend informieren, damit die Auskünfte in Ihrem Sinne ausfallen und Sie während der Prüfung getrost Ihrer Arbeit nachgehen können. Lediglich bei einer Lohnsteueraußenprüfung müssen auch die Arbeitnehmer im Unternehmen jede vom Prüfer gewünschte Auskunft bezüglich Art und Höhe ihrer Einnahmen geben, auch wenn der Mitarbeiter kein fest angestellter Arbeitnehmer ist, sondern freiberuflich mitarbeitet. Ein Arbeitnehmer darf jedoch nicht über Angelegenheiten von Kollegen ausgefragt werden, auch nicht über die Anzahl der noch beschäftigten Mitarbeiter.

Wann die Mitwirkung verweigert werden darf

Grundsätzlich kann der Prüfer nur Auskünfte verlangen, wenn diese tatsächlich notwendig sind und dem Steuerpflichtigen die Mitwirkung zugemutet werden kann. Erst wenn der Prüfer zur Klärung eines wichtigen Sachverhaltes Angaben oder Unterlagen benötigt, muss der Steuerpflichtige diese beibringen.

Wäre die Beschaffung der Auskünfte bzw. Unterlagen mit hohem Aufwand verbunden und hätte nur geringe steuerliche Konsequenzen, so steht die Mitwirkung des Steuerpflichtigen in keinem Verhältnis mehr zum eventuellen steuerlichen Mehrergebnis für den Prüfer.

Kommt der Prüfer in seinem Prüfungsfall nicht weiter, kann er z. B. ein Auskunftsersuchen an die Bank richten und so die entsprechenden Auskünfte einholen. Dies ist jedoch erst möglich, wenn der Steuerpflichtige sich weigert, die Angelegenheiten mit seiner Bank zu regeln, z. B. wegen ungeklärter Kontoeinzahlungen.

Auskunftsverweigerungsrecht von Angehörigen

Angehörige können (nach § 101 AO) die Auskünfte verweigern, sofern sie nicht selbst als Beteiligte über ihre eigenen steuerlichen Verhältnisse auskunftspflichtig sind oder die Auskunftspflicht eines Beteiligten zu erfüllen haben.

Ferner existiert noch das Auskunftsverweigerungsrecht zum Schutz bestimmter Berufsgeheimnisse (nach § 102 AO). Demnach dürfen bestimmte Berufsgruppen die Auskunft verweigern über Sachverhalte, die ihnen während ihrer Berufsausübung anvertraut wurden. Dies gilt z. B. für:

Berufliche Verschwiegenheitspflicht

- Steuerberater
- Rechtsanwälte
- Notare
- Wirtschaftsprüfer
- Vereidigte Buchprüfer
- Geistliche

um den wichtigsten Personenkreis zu benennen.

Für Notare gelten jedoch ungeachtet dessen die gesetzlichen Anzeigepflichten, die sich auch auf die Vorlage von Urkunden und Dokumenten (z. B. Grundstückskaufvertrag) erstrecken.

Wurden die erwähnten Berufsgruppen von ihrer beruflichen Verschwiegenheitspflicht entbunden, so dürfen diese auch die Auskunft nicht verweigern. Dies gilt ebenso für die Erfüllungsgehilfen (Mitarbeiter) dieser Berufsgruppen.

> **Achtung:** Der Steuerpflichtige kann (nach § 393 Abs. 1 Satz 2 AO) in jedem Fall die Auskunft verweigern, wenn er sich durch diese sonst selbst wegen einer Steuerstraftat oder Steuerordnungswidrigkeit belasten würde.

Die Vorbereitung der Außenprüfung

Ganz ohne Mitwirkung des Steuerpflichtigen kann eine Außenprüfung nicht ablaufen. Dies betrifft zunächst Ihre Buchhaltungs-, Aufzeichnungs-, Erklärungs- und Aufbewah-

rungspflichten bezüglich der Unterlagen. Diese Pflichten gelten völlig unabhängig von einer Betriebsprüfung. Falls eine solche jetzt unglücklicherweise ins Haus steht, müssen Sie sämtliche Unterlagen bereithalten, z. B.:

Bereitzustellende Unterlagen

- Finanzbuchhaltungsunterlagen
- Lohnbuchhaltungsunterlagen
- Kassenbücher
- Jahresabschlüsse, Gewinn-und-Verlust-Rechnungen
- Anlagenverzeichnisse
- Originalrechnungen (Eingangs- und Ausgangsrechnungen)
- Urkunden, Dokumente, Verträge

Die Zusammenstellung dieser Unterlagen ist lästig und zeitraubend, darüber hinaus sollte diese noch einmal mit Ihrem Steuerberater durchgesprochen werden. Deshalb ist es ratsam, dass zwischen schriftlicher Prüfungsanordnung und Prüfungsbeginn eine für Sie und den Bevollmächtigten ausreichend große Zeitspanne liegt.

Welche Rechte hat der Betriebsprüfer?

Arbeitsklima

Der Betriebsprüfer hat zunächst einmal Anspruch auf ein angenehmes Arbeitsklima – egal, ob die Außenprüfung bei Ihnen oder bei Ihrem Steuerberater stattfindet. Und auch wenn es eigentlich nicht erlaubt ist, sollten Sie dem Prüfer Kaffee anbieten oder ihn eventuell sogar mal zum Mittagessen einladen. Bedenken Sie, dass die beim Finanzamt gezahlten Gehälter knapp sind! Und von Bestechung kann ja keine Rede sein – denn Ihnen geht es schließlich nur darum, Fragen mit dem Prüfer zu klären.

Hilfsmittel

Dem Betriebsprüfer sind Hilfsmittel unentgeltlich zur Verfügung zu stellen, z. B. Büromaterial, Telefon, Rechenmaschine etc. Falls Sie kein Kopier- oder Faxgerät besitzen, müssen Sie dieses jedoch nicht extra beschaffen. In diesem Fall kann der Prüfer jedoch die Unterlagen mitnehmen und im Finanzamt kopieren. Aus diesem Grunde empfiehlt sich auch die Prüfungsdurchführung bei Ihrem Steuerberater, da dieser über sämtliche bürotechnischen Ausstattungen verfügt und keine Unterlagen mitgenommen werden müssen.

Achtung: Bei einer Prüfungsdurchführung in den Räumen des Steuerberaters ist es dem Prüfer zusätzlich erlaubt, eine Betriebsbesichtigung durchzuführen (§ 200 Abs. 3 Satz 2 AO). Er darf sich alle Betriebsräume und Grundstücke ansehen, um sich ein Bild der betrieblichen Abläufe zu machen, die er sich vom Steuerpflichtigen selbst erklären lassen sollte, eventuell auch in Begleitung des Steuerberaters.

Privatsphäre des zu Prüfenden

Die privaten Räume des Steuerpflichtigen müssen dem Betriebsprüfer jedoch nicht zugänglich gemacht werden. Dies kann nur mit ausdrücklicher Zustimmung des Steuerpflichtigen geschehen.
Dem Betriebsprüfer sind außerdem sämtliche betrieblichen Unterlagen vorzulegen. Bei privaten Unterlagen ist dies jedoch nur dann erforderlich, wenn sie für die Besteuerung relevant sind.
Der Prüfer muss den Anlass für das Verlangen der Einsichtnahme in Privatunterlagen begründen.

Wie der Betriebsprüfer vorgeht

Grundsätzlich arbeitet jeder Betriebsprüfer nach folgenden Prüfungsschwerpunkten:

Vorgehen des Betriebsprüfers

- Vollständigkeit der Betriebseinnahmen
- Ungeklärter, zunächst nicht nachvollziehbarer Vermögenszuwachs
- Abgrenzung von Privatvermögen und Betriebsvermögen, Einlagen und Betriebseinnahmen sowie Entnahmen und Betriebsausgaben
- Verträge zwischen Angehörigen
- Auslandsgeschäfte bzw. Zahlungen ins Ausland, die der Steuerpflichtige als Betriebsausgaben abgezogen hat
- Höhe der Sonderabschreibungen, Investitionszulagen

- Wechsel der Unternehmensform
- Gesellschafterwechsel, Neuaufnahme von Gesellschaftern
- Änderung der Beteiligungsverhältnisse
- Kapitalerhöhungen
- Grundstückskauf- und verkauf, Nutzungsänderung von Grundstücken
- Verdeckte Gewinnausschüttungen von GmbH-Gesellschaftern
- Finanzanlagen
- Nicht betriebliche Einkünfte, sofern sie wesentlich sind (Prüfung der Kapitalherkunft bei hohen Einlagen)
- Umsatzsteuer und Vorsteuer
- Innergemeinschaftliche Erwerbe und Ausfuhrlieferungen

Hilfsmittel des Betriebsprüfers

Amtliche Richtsätze

Wichtiges Arbeitswerkzeug des Prüfers ist die nach den verschiedenen Branchen geordnete Richtsatzeinteilung. Sie ermöglicht dem Prüfer einen genauen Vergleich, da identische Branchen ähnliche Betriebsausgabenarten haben.

Die amtlichen Richtsätze bestehen aus einem unteren, einem mittleren und einem oberen Rahmensatz, so dass den individuellen betrieblichen Verhältnissen Rechnung getragen werden kann.

Weichen die Werte des Steuerpflichtigen hiervon ab, erfolgt eine Hinzuschätzung des Prüfers, jedoch nur dann, wenn der Steuerpflichtige die Abweichung für seinen Betrieb nicht plausibel erklären kann.

Achtung: Für Freiberufler gibt es keine Richtsätze, hier wird auf den Einzelfall abgestellt!

Branchentypische Kennzahlen

Die Richtsatzsammlungen bestehen aus branchentypischen Kennzahlen. Diese werden für Rohgewinn, Halbreingewinn und Reingewinn in Prozentsätzen des wirtschaftlichen Umsatzes angegeben.

Der Aufbau ist wie folgt:

Handelsbetriebe
Wirtschaftlicher Umsatz ./. Wareneinsatz
Rohgewinn I ./. allgemeine sachliche Betriebsausgaben
Halbreingewinn ./. besondere sachliche und personelle Betriebsausgaben
Reingewinn

Identische Branchen weisen ähnliche Betriebsausgabenarten auf

Handwerksbetriebe und gemischte Betriebe
Wirtschaftlicher Umsatz ./. Waren- und Materialeinsatz ./. Fertigungslöhne
Rohgewinn II ./. allgemeine sachliche Betriebsausgaben
Halbreingewinn ./. besondere sachliche und personelle Betriebsausgaben
Reingewinn

Kontrollmitteilungen – der Datenaustausch innerhalb der Finanzverwaltung

Während jeder Betriebsprüfung sammelt der Prüfer viele Daten. Dabei interessieren den Prüfer insbesondere solche, die auf eine Steuerverkürzung schließen lassen können. In diesem Fall sendet der Betriebsprüfer eine Kontrollmitteilung an die betreffende Finanzbehörde. Es handelt sich dann um einen Informationsaustausch zwischen den Behörden, um die Steuermoral der Bürger zu prüfen und möglichst viel Geld für die Staatskasse einzutreiben.

Datensammlung

Der Prüfer wird deshalb während der Arbeit bei Ihnen neue Kontrollmitteilungen erstellen, die später zur Prüfung anderer Unternehmen oder von Privatleuten herangezogen werden. Außerdem aber trägt er vermutlich auch schon ein paar Kontrollmitteilungen in seiner Tasche, die Zahlungen anderer an Sie festhalten. Und er wird nun prüfen, ob er diese Zahlungen bei Ihnen tatsächlich richtig verbucht findet.

Bei einer Außenprüfung werden Kontrollmitteilungen häufig dann versendet, wenn:

Wann der Datenaustausch gerne erfolgt

- Hohe Abfindungen oder Zuschüsse gezahlt wurden
- Scheinrechnungen vermutet werden
- Scheinfirmen vermutet werden
- Branchenuntypische Geschäfte festgestellt werden
- Hohe Provisionen gezahlt wurden
- Schmiergeldzahlungen vorliegen
- Geldschenkungen sowie Übertragungen von Sparguthaben vorliegen
- Fragwürdige Darlehensverträge entdeckt werden
- Ungewöhnliche Zahlungsabwicklungen festgestellt werden
- Hohe Bargeldtransaktionen oder Auslandsüberweisungen vorliegen
- Rechnungen ungewöhnlich erscheinen

Dieses Kontrollsystem zwischen den Finanzbehörden funktioniert reibungslos. Neben den Erkenntnissen der Außenprüfung über den Steuerpflichtigen selbst erhält der Prüfer somit quasi nebenbei zahlreiche steuerlich relevante Informationen über Dritte.

Unkorrekte Buchungen – was passiert, wenn der Betriebsprüfer darüber stolpert?

Sind Sie gewerblich oder freiberuflich selbstständig tätig, so haben Sie das Glück, nicht jedes Jahr vom Finanzamt in die Mangel genommen zu werden. Sie reichen dem Finanzamt

zusammen mit Ihrer Einkommensteuererklärung jährlich eine Gewinnermittlung ein, nicht jedoch die dazugehörigen Belege, die Grundlage für Ihre Finanzbuchhaltung sind.
Da die jährliche komplette Belegprüfung aller Selbstständigen (man denke nur an die Vielzahl der großen Firmen) die Kapazitäten der Finanzämter sprengen würde, werden Selbstständige mehr oder weniger regelmäßig im Rahmen einer Betriebsprüfung (Außenprüfung) geprüft. Dann sind sämtliche Belege und Unterlagen zur Finanzbuchhaltung dem Prüfer vorzulegen.

Das Zufallsprinzip bestimmt die Außenprüfung

Hier handeln die Finanzbehörden oft nach dem Zufallsprinzip, was die Häufigkeit der Betriebsprüfungen für die jeweilige Firma betrifft. Und deshalb wohl handeln viele Steuerpflichtige nach dem Motto: Vielleicht habe ich wieder Glück und werde von einer Prüfung verschont! So kommt es wohl zu vielen Schummeleien, denn sonst ließen sich die drastischen Mehreinnahmen der letzten Jahre für den Fiskus durch Betriebsprüfungen nicht erklären.
Geschummelt wird einmal auf der Einnahmenseite durch Weglassen steuerpflichtiger Umsätze sowie auf der Ausgabenseite durch manipulierte Rechnungen oder unzulässigen Betriebsausgabenabzug von privaten Lebenshaltungskosten. Beide Handlungen führen zu einer buchmäßigen Gewinnreduzierung und somit zur Minderung der Besteuerungsgrundlagen, was weniger Steuerzahlung für den Unternehmer bedeutet!

Betriebsprüfung – hier ticken die Zeitbomben

Dem Betriebsprüfer können im Rahmen einer Außenprüfung folgende Sachverhalte auffallen, die er an die Bußgeld-und-Strafsachen-Stelle weiterleiten muss, wenn sie strafrechtliche Bedeutung haben:

- Steuerpflichtige Einnahmen wurden nicht gebucht.
- Inventuren wurden gefälscht.
- Preisabschläge wurden in unzulässiger Höhe vorgenommen.

Wann der Prüfer weitere Schritte einleitet

- Rückstellungen sind unzutreffend, zu hoch oder unbegründet.
- Private Lebenshaltungskosten wurden in den betrieblichen Bereich überführt, was zu unrechtmäßigem Betriebsausgabenabzug führte.
- Rechnungen wurden fingiert und führten somit zu unrechtmäßigem Betriebsausgabenabzug bzw. Vorsteuerabzug.
- Verträge zwischen Angehörigen wurden fingiert, die einem Fremdvergleich nicht standhalten und die tatsächlich nicht durchgeführt wurden.
- Das Verhältnis von Betriebsausgaben und -einnahmen stimmt nicht.

Was beim internen Betriebsvergleich geprüft wird

Auffällige Zahlenunterschiede

Vor Prüfungsbeginn bereitet sich der Prüfer auf den jeweiligen Betrieb vor und führt einen internen Betriebsvergleich durch, wobei die Bilanzansätze der drei letzten zu prüfenden Jahre verglichen werden. Hierbei richtet sich das Augenmerk auf auffällige Zahlenunterschiede bei den betreffenden Positionen. Der Steuerpflichtige sollte für größere Abweichungen plausible Erklärungen parat haben, sonst sieht es »schwarz« aus für ihn.

Beispiel:

Kassenbestand 1993	*DM 10.000*	*Gewinn 50.000*
Kassenbestand 1994	*DM 8.000*	*Verlust 10.000*
Kassenbestand 1995	*DM 50.000*	*Verlust 15.000*

Falls der Steuerpflichtige hier nicht die Erhöhung des Kassenbestandes durch Fremdfinanzierungen bzw. Darlehen oder Privateinlagen aus anderen Einkunftsarten (Vermietung und Verpachtung, Kapitalvermögen) nachweisen kann, vermutet der Prüfer Einlagen von Schwarzgeldern. Im günstigsten Fall schätzt er Einnahmen hinzu, meistens erfolgt eine Mitteilung an die Bußgeld-und-Strafsachen-Stelle.

Was beim externen Betriebsvergleich geprüft wird

Zusätzlich zum internen Betriebsvergleich prüft der Mann vom Finanzamt die betrieblichen Kennzahlen des jeweiligen Unternehmens anhand seiner amtlichen Richtsätze. Letztere stellen betriebliche Kennzahlen von Durchschnittsbetrieben gleicher Branchen dar. Diese Werte gewinnt das Finanzamt aus früheren Außenprüfungen. Es handelt sich dabei also um branchentypische Vergleichswerte.

Branchentypische Vergleichswerte

Die wichtigsten Verprobungsmethoden

Alle Betriebsprüfer arbeiten mit finanzamtsinternen Prüfungsrastern, so genannten Verprobungsmethoden, mit denen verheimlichte Einnahmen oder Steuerverkürzungen durch aufgeblähte, unechte Betriebsausgaben schnell entdeckt werden können. Dahinter verbergen sich verschiedene Möglichkeiten, Ihre Finanzbuchhaltung und das Betriebsergebnis auf ihre Richtigkeit zu überprüfen.

Verprobung durch Geldverkehrsrechnung

Hier wird die Finanzierung der betrieblichen Investitionen und der laufenden Betriebsausgaben überprüft.

Aufdeckung unechter Betriebsausgaben

Beispiel: *Sie haben eine teure Computeranlage angeschafft, können jedoch die Mittelherkunft nicht nachweisen, weder durch Betriebseinnahmen, betriebliches Bankguthaben noch Fremdfinanzierung. Der Prüfer vermutet dann Hinterziehung von Betriebseinnahmen.*

Verprobung mittels Vorsteuervergleich

Bei der so genannten Vorsteuerverprobung werden die Betriebsausgaben mit der Höhe der geltend gemachten Vorsteuerbeträge verglichen. Hierbei werden auch mehrwertsteuerfreie Positionen berücksichtigt.

Beispiel:

Betriebsausgaben brutto (MwSt.-Satz 16 %)	*DM 30.000*
geltend gemachte Vorsteuer	*DM 6.500*

Hier wurden mehr Vorsteuern abgesetzt, als die Betriebsausgaben hergeben. Vermutlich, um die Betriebsausgaben zu erhöhen und ein Guthaben bei der Umsatzsteuererklärung bzw. den Umsatzsteuer-Voranmeldungen zu erreichen. Der Prüfer geht dann davon aus, dass nachträglich Betriebsausgaben aus der Buchhaltung gestrichen wurden, damit das Verhältnis Betriebseinnahmen : Betriebsausgaben wieder stimmt.

Verprobung anhand der Kasse

Kassenfehlbeträge

Bei der Prüfung von Kassenfehlbeträgen wird untersucht, ob mehr Geld aus der Kasse entnommen wurde, als tatsächlich vorhanden war. Bei Kassenfehlbeträgen schätzt der Prüfer in jedem Fall nach folgender Formel hinzu:

Hinzuschätzung = durchschnittlicher Kassenfehlbetrag × 2,5

Kassenfehlbeträge können Sie durch Privateinlagen ausgleichen, deren Herkunft wird jedoch ebenfalls geprüft. Können Sie diese nicht durch Darlehen oder andere Einkunftsarten oder Vermögen (Bankguthaben, welches immer versteuert wurde) nachweisen, kann die Angelegenheit strafrechtliche Relevanz bekommen, da Schwarzgeld vermutet wird.

Verprobung anhand von Richtsätzen

Plausibilität des Zahlenmaterials

Die bei Richtsatzverprobungen gewonnenen betriebswirtschaftlichen Kennzahlen stellen Erfahrungswerte der Betriebsprüfer dar, mit deren Hilfe der Prüfer schnell die Plausibilität des vorliegenden Zahlenmaterials bzw. des Betriebsergebnisses überprüfen kann. Können die Abweichungen nicht begründet werden, erfolgen Hinzuschätzungen und/oder Mitteilungen an die Bußgeld-und-Strafsachen-Stelle.

- Der Betriebsprüfer geht davon aus, dass bei einem »Umsatz x« ein »Gewinn y« herauskommt, wobei in investitionsstarken Jahren eine Gewinnabweichung plausibel begründet werden kann.
- Weiter erkennen die Prüfer am Wareneinkauf, wie viel Umsatz und Gewinn tatsächlich erzielt werden konnten.

Beispiel Gastronomie: *Aufgrund der Wareneinkaufsmenge beim Zucker kann der Prüfer hochrechnen, wie viel Kaffee oder Espresso verkauft worden sein müsste. Aufgrund der bestehenden Richtsätze für die Gewinnaufschläge kann er dann weiter den Gewinn hochrechnen. Gleiches gilt für die eingekaufte Serviettenmenge, auch hier können die Speisenumsätze sowie die Gewinne hochgerechnet werden.*

Viele Gastronomen sind daher dazu übergegangen, Wareneinkäufe schwarz zu tätigen und nicht über die Bücher laufen zu lassen, jedoch müssen auch dann die Richtsätze eingehalten werden, damit wieder das Verhältnis Wareneinkauf : Umsatz : Gewinn stimmt.

Verräterischer Zucker und Dauerwellenpapiere

Beispiel Friseursalon: *Aufgrund der eingekauften Menge Dauerwellenpapier rechnet der Prüfer den Dauerwellenumsatz und somit auch den Gewinn hierfür hoch.*

Für diese beiden und viele andere Beispiele gilt: Abweichungen von den Richtsätzen werden ohne Hinzuschätzung akzeptiert, wenn sie plausibel begründet werden können.

Der Betriebsprüfer entdeckt Fehler – welche Folgen hat das?

Entdeckt der Prüfer eine Steuerstraftat während der Außenprüfung, so muss er die Steuerfahndung benachrichtigen. Da sich der Verdacht meistens gegen den in der Prüfung befindlichen Steuerpflichtigen richtet, dürfen die Ermittlungen bei ihm erst fortgeführt werden, wenn er über die Einleitung des Strafverfahrens informiert wurde.

Benachrichtigung der Steuerfahndung

Vor allem muss der Steuerpflichtige darüber belehrt werden (mit Angabe von Datum und Uhrzeit), dass seine Mitwirkung ab sofort im eigentlichen Besteuerungsverfahren nicht mehr erzwungen werden kann. Dies gilt auch bei dem bloßen Verdacht auf eine steuerliche Ordnungswidrigkeit.

Achtung: Der Prüfer darf nicht auf bloßen Verdacht hin die Bußgeld-und-Strafsachen-Stelle des Finanzamtes einschalten. Dies darf nur bei konkretem Tatverdacht geschehen.

Wie bereits beschrieben, ermitteln die Betriebsprüfer den steuerlichen Gewinn branchenbezogen nach bestimmten Richtsätzen. Falls das Ergebnis im Einzelfall nun abweichend ist, kann nicht automatisch die Steuerfahndung eingeschaltet werden, nur weil der Prüfer schwarze Einnahmen vermutet. Ein hoher Wareneinsatz bedeutet nicht unbedingt hohen Gewinn.

Der Prüfer schaltet also die Bußgeld-und-Strafsachen-Stelle nicht bei jeder festgestellten Unregelmäßigkeit ein. Er versucht meist aufgrund seiner Erfahrungen bei anderen Außenprüfungen in gleichartigen Branchen zu beurteilen, ob es sich um Flüchtigkeitsfehler, Rechenfehler, Eingabefehler bei der EDV, Personalfehler, strittige Bewertungs- und Rechtsauffassungen oder um eindeutige schwerwiegende Verstöße gegen die Buchführungs- und Bilanzierungsgrundsätze handelt.

Erst wird nach möglichen Fehlerquellen gesucht

Weicht das Betriebsergebnis vom Ergebnis der Betriebsprüfung ab, so entscheidet der Prüfer, ob eine steuerliche Zuwiderhandlung oder ein bloßer Irrtum vorliegt.

Ob ein Irrtum angenommen wird, hängt wesentlich von der Mitwirkung des geprüften Steuerpflichtigen ab. Zeigt er sich kooperativ und entschuldigt sich für den Rechtsirrtum oder technische Fehler, so ist der Prüfer eher geneigt, von der Einleitung eines Strafverfahrens abzusehen.

Achtung: Wenn offenkundig gar nichts mehr zu retten sein sollte, schieben Sie den Fehler auf Ihren Steuerberater. Um Sie vor einem Strafverfahren zu retten, wird er eventuell in Absprache mit Ihnen einen eigenen Fehler vor dem Betriebsprüfer zugeben.

Stellt der Betriebsprüfer Mängel in der Buchführung fest, so liegt keine Steuerverkürzung von strafrechtlicher Relevanz vor, wenn diese vom Prüfer nicht nachgewiesen werden kann. Vielmehr erfolgt in solchen Fällen eine Hinzuschätzung der Besteuerungsgrundlagen (nach § 162 AO) anhand

der amtlichen Richtsätze der Finanzverwaltung und der einschlägigen branchenspezifischen Erfahrungen.
Meistens werden Betriebseinnahmen hinzugeschätzt, oder man setzt den Eigenverbrauch für die private Nutzung bzw. Entnahme sonstiger Leistungen des Betriebsvermögens höher an. Hier handelt es sich häufig um die Privatanteile von Telefon und Pkw oder um Eigenverbrauch von Vorräten im Gaststätten- oder Lebensmittelgewerbe.

Achtung: Auf Mängel in der Buchführung stößt der Prüfer fast immer – und das ist weniger schlimm.

Es gibt keine fehlerlose Buchführung

Aufgrund der Vielzahl der steuerlichen Bewertungsvorschriften und weil sich praktisch jeden Tag eine steuerliche Vorschrift oder Verwaltungsanweisung ändert, haben zum Teil selbst Steuerberater, Richter an Finanzgerichten und Bundesfinanzhöfen keinen umfassenden Durchblick mehr. Deshalb gibt es auch kaum Ärger, wenn keine völlig fehlerlose Buchführung beim steuerlich unbedarften Normalbürger oder bei »normalen« Buchführungshelfern vorgefunden wird.
Nur bei offensichtlichen, bewussten, schwerwiegenden und nachweisbaren Verstößen gegen die ordnungsgemäßen Buchführungs- und Bilanzierungsgrundsätze liegt eine strafbare Handlung des Steuerpflichtigen oder auch von dessen Berater vor. Diese vorsätzliche oder leichtfertige Steuerverkürzung muss aber nachgewiesen werden.

Warum die Schlussbesprechung so wichtig ist

Der Betriebsprüfer muss dem Steuerpflichtigen das Ergebnis der Außenprüfung mitteilen. Daher erfolgt im Anschluss an die Betriebsprüfung eine Schlussbesprechung (§ 201 AO) zwischen dem Betriebsprüfer und dem Steuerpflichtigen, sofern sich aufgrund der Außenprüfung Änderungen gegenüber den bisherigen Besteuerungsgrundlagen ergeben haben. Wird der Unternehmer von einem Steuerberater vertreten, muss er selbst nicht an dieser Schlussbesprechung teilnehmen.

Nach Beendigung der Prüfung setzen Sie einen Termin für die Schlussbesprechung fest – möglichst im Beisein Ihres Steuerberaters. Er wird oft eine Vermittlungsfunktion zwischen dem Steuerpflichtigen und dem Betriebsprüfer einnehmen, wenn es anders zu keiner für beide Seiten akzeptablen Lösung kommt. Diese Schlussbesprechung sollten Sie wahrnehmen, obwohl Sie darauf verzichten dürften. Es können dann nämlich noch Kompromisse geschlossen werden, bevor der anschließende Prüfungsbericht ergeht.

Kompromisse sind möglich

Achtung: Der Prüfer will Ihnen im Normalfall nicht das Fell über die Ohren ziehen. Die meisten Betriebsprüfer sind kompromissbereit. Wichtig ist für sie nur, dass ein steuerliches Mehrergebnis erzielt wird und damit Punkte für die Beförderung gewonnen sind.

Die Schlussbesprechung entfällt, wenn der Prüfer nichts für Sie Nachteiliges gefunden hat und sich folglich keine Änderungen Ihrer Besteuerungsgrundlagen ergeben.

Nach der Schlussbesprechung erfolgt der Prüfungsbericht, der das Ergebnis der Prüfung für alle Steuerarten des Prüfungszeitraumes zusammenfasst. Sodann erlässt das Finanzamt gegebenenfalls geänderte Steuerbescheide für die betreffenden Jahre. Gegen diese Bescheide können Sie die Rechtsmittel des Einspruchs und der Klage einlegen. Nach einer abgeschlossenen Betriebsprüfung dürfte dies jedoch ein fast aussichtsloser und teurer Kampf sein!

Prüfungsbericht

Was hat der Prüfer mit der Steuerfahndung zu tun?

Zunächst einmal sind Steuerfahnder und Betriebsprüfer Kollegen – sie haben denselben obersten Chef, nämlich den Bundesfinanzminister. Und wie das bei Kollegen manchmal so ist, wird denn auch gelegentlich Hand in Hand gearbeitet. Der Prüfer hat neben der Prüfung Ihrer Steuerunterlagen auch die Pflicht, bei Verdacht einer Steuerstraftat oder nur einer Steuerordnungswidrigkeit die Steuerfahndung einzuschalten. Im Anschluss an die Betriebsprüfung kann dann eine Steuerfahndungsprüfung erfolgen. Diese soll:

- Steuerstraftaten und Steuerordnungswidrigkeiten aufdecken
- Die tatsächlichen Besteuerungsgrundlagen ermitteln
- Bisher noch unbekannte Steuerfälle aufdecken

Aufdeckung von Steuerstraftaten: Was ist Hinterziehung, was ist Verkürzung?

Ob Hinterziehung, Verkürzung oder Ordnungswidrigkeit – die Steuerfahndung wird aktiv

Die steuerliche Betriebsprüfung hat die Aufgabe, hohe Steuerausfälle für den Staat zu vermeiden. Zusätzlich soll der Steuerpflichtige zu einer höheren Steuermoral erzogen werden, was durch den Strafcharakter der Prüfung verstärkt wird.
Einige Steuersünder werden jedoch erst durch eine Außenprüfung geschult, künftig noch vorsichtiger zu sein und geheimes Geld oder Schwarzeinnahmen künftig wirklich als solche zu belassen.
Was aber passiert, wenn der Prüfer während einer normalen Betriebsprüfung eine Steuerhintergehung bemerkt? Zunächst muss unterschieden werden zwischen einer leichtfertigen Steuerverkürzung und der Steuerhinterziehung.
In beiden Fällen handelt es sich um zu Unrecht erhaltene Steuervorteile, Steuerverkürzungen und somit zugunsten des Steuerpflichtigen zu niedrige Steuerfestsetzungen.

Steuerhinterziehung

- Steuerhinterziehung wäre es, wenn Sie Ihre Einkommensteuer-Vorauszahlungen erheblich zu niedrig festsetzen lassen, obwohl Ihnen bekannt ist, dass Ihre Einkünfte tatsächlich wesentlich höher liegen werden. Gleiches gilt bei Arbeitnehmern für einen Lohnsteuerermäßigungsantrag, wenn hier erheblich zu hohe Werbungskosten aus nichtselbstständiger Tätigkeit angesetzt werden.
- Die Steuerhinterziehung (i. S. § 370 AO) liegt immer dann vor, wenn steuerlich erhebliche unrichtige Angaben gemacht wurden. Hier drohen hohe Geldstrafen und Gefängnisstrafen bis zu zehn Jahren.

Leichtfertige Steuerverkürzung

- Eine leichtfertige Steuerverkürzung (i. S. § 378 AO) ist eine nicht ganz so gravierende Steuerhinterziehung, die nur mit Geldstrafen (bis 100.000 DM) geahndet wird.

Beide Tatbestände kann der Betriebsprüfer im Rahmen der Außenprüfung feststellen. Entweder bei dem geprüften Steuerpflichtigen selbst oder bei anderen Steuerpflichtigen. Denn deren Steuersünden können eventuell dadurch ans Tageslicht kommen, dass sich während der Prüfung eine wirtschaftliche Beziehung zu dem geprüften Steuersünder herstellen lässt.

Weiter kann der Prüfer Steuerordnungswidrigkeiten (i. S. § 379 AO) feststellen, die Straf- und Bußgeldverfahren nach sich ziehen. Diese liegen z. B. vor, wenn:

Steuerordnungswidrigkeiten

- Belege falsch ausgestellt wurden, Eingangsrechnungen durch Briefkopfkopien tatsächlich vorhandener Firmen fingiert und die Rechnungsbeträge »frei erfunden« eingetragen wurden, um Steuervorteile zu erlangen
- Geschäftsvorfälle oder Betriebsvorgänge, die nach dem Gesetz aufzeichnungspflichtig sind, nicht oder der Höhe nach unrichtig notiert wurden
- Die gesetzlichen Mitteilungspflichten nicht oder nur unvollständig erfüllt werden. Dies betrifft Selbstständige bzw. gewerblich Tätige, die die Gründung und den Erwerb eines Betriebes nicht rechtzeitig dem zuständigen Finanzamt anzeigen

Bei solchen Ordnungswidrigkeiten erfolgen geringere Geldstrafen (bis 10.000 DM), wenn die Handlungen selbst nicht schon als leichtfertige Steuerverkürzungen geahndet werden.

Sie selbst können Steuererklärungen nachträglich berichtigen

Stellen Sie nachträglich vor Ablauf der Festsetzungsfrist fest, dass Sie eine Steuererklärung unrichtig oder unvollständig abgegeben haben und deshalb unberechtigte steuerliche Erleichterungen erhalten haben oder noch erhalten werden, so müssen Sie dies unverzüglich Ihrer Finanzbehörde durch Abgabe korrigierter Steuererklärungen melden (§ 153 AO).

Wenn Sie nachträglich feststellen, dass die Voraussetzungen für eine Steuervergünstigung oder Steuerfreiheit weggefallen sind, so ist auch diese Information dem Finanzamt unverzüglich mitzuteilen.

Achtung: Wird vorsätzlich auf solche Richtigstellungen verzichtet, liegt eine Steuerhinterziehung (i. S. § 370 AO) vor. Dies gilt auch für Ihren Steuerberater, wenn dieser Fehler in Ihren Steuererklärungen entdeckt, die Ihnen unberechtigte Steuerverkürzungen einbrachten oder noch einbringen.

Fristen, auf die es dabei ankommt

Diese Regelungen gelten bei Bekanntwerden von Fehlern vor Ablauf der Festsetzungsfristen. Die Festsetzungsfrist beginnt mit Ablauf des Kalenderjahres, in dem die Steuer entstanden ist, und beträgt:

Festsetzungsfristen

- Ein Jahr für Zölle und Verbrauchsteuern
- Vier Jahre für alle übrigen Steuern (Einkommen-, Umsatz-, Gewerbesteuer usw.)
- Zehn Jahre bei Steuerhinterziehungen
- Fünf Jahre bei leichtfertigen Steuerverkürzungen

Eine geänderte Steuerfestsetzung nach Ablauf dieser Fristen ist nicht mehr zulässig, dies gilt auch für Schreibfehler des Finanzamtes (offenbare Unrichtigkeiten § 129 AO).

Die Finanzbehörde prüft, ob eine vorsätzliche oder leichtfertige Steuerverkürzung vorliegt. Ist eine vorsätzliche Steuerhinterziehung (i. S. § 370 AO) gegeben, so kann die zehnjährige Festsetzungsfrist nicht durch eine strafbefreiende Selbstanzeige oder die Einstellung des Strafverfahrens verkürzt werden. Das bedeutet, dass die Steuern zuzüglich Hinterziehungszinsen (i. S. der §§ 233a, Verzinsung von Steuernachforderungen, und 235 AO) für die letzten zehn Jahre zu zahlen sind.

Keine Selbstanzeige möglich

Diese Festsetzungsfristen können durch verschiedene Ereignisse (z. B. Außenprüfungen) gehemmt werden (Ablauf-

Hemmung der Fristen

hemmung), so dass sie durchaus verlängert werden können. Dies bedeutet, dass Sie z. B. bei vorsätzlicher Steuerhinterziehung auch Steuern für mehr als zehn Jahre zurückzahlen müssen.

Achtung: Stellen Sie oder Ihr Steuerberater vor Ablauf dieser Fristen Steuer verkürzende Mängel in Ihren Steuererklärungen fest, so müssen Sie diese dem Finanzamt anzeigen und die Fehler berichtigen. Das Finanzamt wird die Fehler aufgrund der korrigierten Steuererklärungen berichtigen, und der Fall ist vom Tisch. Strafrechtlich hat dies keine Folgen.

Eine Steuerhinterziehung (i. S. § 370 AO) liegt vor, wenn diese Mitteilungen absichtlich (vorsätzlich) unterbleiben. Kommt das Finanzamt Ihnen durch Anzeigen Dritter oder Betriebsprüfungen auf die Schliche und konstatiert vorsätzliche oder leichtfertige Steuerverkürzungen, so verlängern sich die Festsetzungsfristen entsprechend. Sie müssen für weitaus mehr Jahre zurückzahlen und mit einem Strafverfahren rechnen.

Straffreiheit durch Selbstanzeige

Wenn Sie beim Finanzamt aufgeflogen sind, können Sie straffrei ausgehen, sofern Sie reumütig Ihre Steuersünden bekennen und die neu festgesetzten Steuern zuzüglich Zinsen auch entrichten.

Strafbefreiende Wirkung

Die Verjährungsfristen werden allerdings durch die Selbstanzeige nicht verkürzt, Sie erhalten auch keine »steuerlichen Rabatte«. Die Selbstanzeige hat einzig und allein strafbefreiende Wirkung. Ihnen erspart dies eventuell:

- Geld- oder Gefängnisstrafen
- Vorstrafen wegen Steuerhinterziehung
- Rechtsberatungskosten
- Gerichtskosten
- Bonitätsverluste bei Kunden, Banken oder Geschäftspartnern

Die Folgen der Selbstanzeige bei vorsätzlich begangener Steuerhinterziehung sind gesetzlich geregelt (§ 371 AO), ebenso die Folgen der Selbstanzeige bei leichtfertiger Steuerverkürzung (§ 378 AO). Beiden Vorschriften ist gemeinsam, dass strafrechtliche Sanktionen ausbleiben bzw. bei der leichtfertigen Steuerverkürzung kein Bußgeld erhoben wird.

Die Selbstanzeige im Rahmen einer Betriebsprüfung

Wann die Selbstanzeige zunächst ohne Wirkung bleibt

Nicht die Ankündigung einer Außenprüfung, sondern das Erscheinen des Finanzbeamten in den Räumen des Steuerpflichtigen oder seines Vertreters entfalten die Sperrwirkung. Hierzu zählen Betriebsprüfer, Fahndungsprüfer und Prüfer der betriebsnahen Veranlagung. Klartext: Haben diese den Türgriff zu Ihren privaten oder betrieblichen Räumen in der Hand, kann eine Selbstanzeige nicht mehr vor Strafe retten. Ihr Erscheinen schließt jedoch die Wirksamkeit einer Selbstanzeige nicht gänzlich aus, sondern entfaltet nur einschränkende Sperrwirkung. Die Einschränkung gilt:

- Persönlich nur für den Täter oder eventuelle Mitbeteiligte, bei denen der Prüfer erschienen ist. Ist der Prüfer bei einem Mittäter nicht erschienen, so kann dieser trotz laufender Betriebsprüfung beim Haupttäter strafbefreiende Selbstanzeige erstatten.
- Zeitlich, da nach Beendigung der Betriebsprüfung wieder eine wirksame Selbstanzeige abgegeben werden kann. Dies kann dann erfolgen, wenn der Prüfer nichts gefunden hat, Sie aber irgendwann mit einer Aufdeckung der Tat und den entsprechenden Strafen rechnen und außerdem Ihr Gewissen erleichtern wollen.
- Sachlich, da sich die Sperrwirkung nur auf die in der Prüfungsanordnung genannten Steuerarten und Veranlagungszeiträume bezieht. Handelt es sich z. B. um eine Umsatzsteuer-Sonderprüfung, so kann bezüglich hinterzogener Einkünfte aus Vermietung und Verpachtung (Einkommensteuer) die Selbstanzeige strafbefreiende Wirkung entfalten.

Wann gilt eine Steuerstraftat als entdeckt?

Hat die Finanzverwaltung eine Tat ganz oder teilweise entdeckt und die Tataufdeckung ist Ihnen bekannt oder müsste Ihnen eigentlich bekannt sein, entfällt die strafbefreiende Wirkung der Selbstanzeige.

Beweise gegen den Steuersünder müssen vorliegen

Entdeckt das Finanzamt durch Zufall mehrere ungeklärte Bareinlagen auf Ihrem Girokonto, reicht das für den Vorwurf der Steuerhinterziehung wegen Einzahlung von Schwarzgeld noch nicht aus. Eine Tat liegt erst dann vor, wenn das Finanzamt beweisen kann, dass die Bareinlagen unversteuerte Einnahmen sind.

Die Selbstanzeige bei leichtfertiger Steuerverkürzung

Ordnungswidrig handelt jeder, der eine Steuerhinterziehung (i. S. § 370 AO) leichtfertig begeht, also ohne böse Absicht. Diese kleineren Sünden können nur mit Bußgeldern und nicht mit Freiheitsstrafen geahndet werden (§ 378 Abs. 3 AO). Eine Selbstanzeige kann Sie deshalb in diesen Fällen auch nur vor Bußgeldern retten. Auch bei einer leichtfertigen Steuerhinterziehung gibt es jedoch Ausschlussgründe:

- Wurde dem Steuersünder oder dessen Vertreter die Einleitung eines Straf- oder Bußgeldverfahrens wegen der betreffenden Tat bekannt gegeben, entfällt die strafbefreiende Wirkung der Selbstanzeige.
- Wurde das Verfahren gegen den Steuerpflichtigen zwar eröffnet, ihm dies jedoch (noch) nicht bekannt gegeben, so ist die Amnestie durch die Selbstanzeige noch möglich.

Die Selbstanzeige bei vorsätzlicher Steuerhinterziehung

Um Stellungnahme wird gebeten

Wenn das Finanzamt z. B. durch eine Kontrollmitteilung oder Anzeigen Dritter von Ihren Steuersünden erfahren hat, werden Sie zunächst schriftlich mit Fristsetzung um Stellungnahme zu den neu erworbenen Kenntnissen gebeten.

Diese Frist beträgt meistens vier Wochen. Sie ist aber in jedem Fall großzügig bemessen, so dass Ihnen genügend

Zeit zur Recherche bleibt. Falls die Frist wegen Urlaub, Krankheit, Arbeitsüberlastung usw. nicht eingehalten werden kann oder Sie z. B. die entsprechenden Unterlagen erst anfordern müssen, können Sie beim Finanzamt um begründete Fristverlängerung bitten.

Den Steuerberater die Selbstanzeige anfertigen lassen

Sie sollten sich jedoch wegen der zu beachtenden Formvorschriften für das weitere Verfahren an einen Steuerberater wenden. Wenn Sie diesen dazu ausdrücklich im Voraus bevollmächtigen, wird er für Sie eine Selbstanzeige anfertigen, in der Sie:

- Sich zunächst für Ihr mögliches Versehen oder Ihren Rechtsirrtum entschuldigen
- Die bisher geheimen Einkünfte nachmelden
- Zusichern, dass Sie die Steuernachzahlungsbeträge zuzüglich Zinsen pünktlich in einer angemessenen Frist entrichten werden

Eine angemessene Frist zur Entrichtung der hinterzogenen Steuern beträgt bis zu sechs Monaten, die Frist wird jedoch jeweils vom Finanzamt festgesetzt.

Die Selbstanzeige ist ausschließlich an Ihre zuständige Finanzbehörde zu richten, nicht an die Staatsanwaltschaft!

Sinnvoll ist es, die Selbstanzeige an Ihren zuständigen Veranlagungsbezirk unter Angabe Ihrer Steuernummer zu richten. Falls Sie bisher steuerlich nicht geführt wurden, ist es ausreichend, die Selbstanzeige an das für Sie örtlich zuständige Finanzamt zu richten, dort ist jeder Bedienstete zur Entgegennahme einer Selbstanzeige befugt.

Wie sieht die Selbstanzeige aus?

Sie können eine Selbstanzeige mündlich oder schriftlich abgeben, wobei Letzteres aus Beweissicherungsgründen sinnvoller ist. Für die schriftliche Selbstanzeige gibt es keine Formvorschriften. Inhaltlich aber muss die Selbstanzeige vollständig sein in Bezug auf:

Keine Formvorschriften

- Die Berichtigung und Ergänzung vorher unrichtiger Angaben
- Die Nachholung bisher unterlassener Angaben

- Die Zusicherung der Entrichtung der Nachzahlungen in einer angemessenen Frist

Eine Selbstanzeige i. S. § 371 AO kann einen Zeitraum von bis zu zehn Jahren erfassen. Falls Sie aufgrund fehlender oder unvollständiger Unterlagen die steuerlichen Bemessungsgrundlagen für die vorangegangenen Jahre nicht mehr nachvollziehen können, so sollten Sie diese schätzen. Diese Schätzungen sollten jedoch realistisch sein, da Sie davon ausgehen müssen, dass dem Finanzamt bereits das tatsächliche Zahlenmaterial vorliegt.

Realistische Schätzungen vornehmen

Schätzungen sind nicht ohne Tücke

Fallen Ihre Schätzungen zu niedrig aus, kann das Finanzamt Folgendes unterstellen:

1. Schlampigkeit, mangelnde Möglichkeit zur Beschaffung der Beweisunterlagen, unzureichendes Erinnerungsvermögen. Hier wird die zu niedrige Schätzung als Irrtum bewertet und wirkt sich in einem Fahndungsverfahren strafmildernd aus.
2. Bewusst verkürzte (so genannte »dolose«) Selbstanzeige, bei der wiederum durch falsche Angaben geschummelt wird, um zu hohe Steuernachzahlungen zu vermeiden und von weiteren Steuerverkürzungen abzulenken. Kommt das Finanzamt dahinter, hat der Steuerpflichtige mit Strafen zu rechnen, die ja eigentlich durch die Selbstanzeige vermieden werden sollten.

Dolose Selbstanzeige

Es macht also Sinn, die strafrechtliche Sanktionsfreiheit der Selbstanzeige zu nutzen. Jedoch sollte man den Schuss nicht dadurch nach hinten losgehen lassen, dass bewusst unvollständige Angaben gemacht werden.

Wann Ihnen die Selbstanzeige nichts mehr bringt

Straffreiheit trotz eingereichter Selbstanzeige tritt in den folgenden Fällen (nach § 371 Abs. 2 AO) nicht ein, wenn:

- Vor der Berichtigung, Ergänzung oder Nachholung der Betriebsprüfer erschienen ist

- Der Finanzbeamte zur Ermittlung einer Steuerstraftat oder Steuerordnungswidrigkeit erschienen ist
- Dem Beschuldigten oder dessen Vertreter die Einleitung eines Straf- oder Bußgeldverfahrens wegen der Tat bekannt gegeben wurde. Wurde das Verfahren zwar eingeleitet, aber dem Steuerpflichtigen noch nicht bekannt gegeben, so ist eine strafbefreiende Selbstanzeige möglich

Keine Straffreiheit

- Die Tat zum Zeitpunkt der Berichtigung, Ergänzung oder Nachholung bereits entdeckt war und der Täter dies wusste oder damit rechnen musste

Bei all diesen Vorgängen wird die schon erwähnte Sperrwirkung für die Selbstanzeige ausgelöst.

Kleines Buchführungs- und Steuerlexikon

Am Endes meiner Ausführungen über die Finanz- oder Geschäftsbuchführung mit all ihren detaillierten Vorschriften und kreativen Möglichkeiten steht ein kurzer Überblick über alle wesentlichen Begriffe der Buchführung von A bis Z.

Abschreibung (AfA)

Abschreibung bezeichnet die Verteilung der Anschaffungs- oder Herstellungskosten (siehe Seite 243 und 250) auf die voraussichtliche Nutzungsdauer.

Unternehmer können Abschreibungen nur bei beweglichen Gegenständen des Anlagevermögens vornehmen. Die Abschreibung drückt also die Wertminderung aus, die ein betrieblich genutzter Gegenstand im Laufe der Zeit erfährt. Die Abschreibungsbeträge stellen Betriebsausgaben dar und mindern den steuerlichen Gewinn bzw. erhöhen einen steuerlichen Verlust.

Wertminderung im Laufe der Zeit

Die Höhe der Abschreibung richtet sich nach den steuerlichen Vorschriften des § 7 EStG. Nutzungsdauer und Abschreibungssatz der einzelnen Anlagegüter ergeben sich aus der amtlichen AfA-Tabelle. Im Steuerrecht bedeutet Abschreibung auch Absetzung für Abnutzung.

Es können planmäßige Abschreibungen in Form der linearen oder degressiven AfA vorgenommen werden. Zusätzlich gibt es Sonderabschreibungen und Ansparabschreibungen für künftige Betriebsinvestitionen. Bei unvorhersehbaren Wertminderungen sind außerplanmäßige Abschreibungen möglich.

Aktiva

Bilanzpositionen auf der linken Seite der Bilanz (siehe Seite 107).

Aktive Rechnungsabgrenzung

Zahlungen, die in einem Jahr erfolgen, deren Aufwendungen jedoch erst im folgenden Geschäftsjahr entstehen, werden als aktive Rechnungsabgrenzung in der Bilanz gebucht (z. B. Gehaltszahlungen vor Bilanzstichtag, deren Aufwand jedoch erst im kommenden Jahr entsteht/Januargehälter werden schon im Dezember gezahlt).

Aufwendungen und Erträge zwischen dem Wirtschaftsjahrwechsel

Anfangsbestand

ist der Bestand eines Sachkontos zu Beginn des Geschäftsjahres.

Anhang

Bestandteil des Jahresabschlusses bei Kapitalgesellschaften, z. B. einer GmbH. Der Anhang enthält wichtige Angaben zu einzelnen Positionen der Bilanz und der Gewinn-und-Verlust-Rechnung.

Aktivkonten

Bei Aktivkonten (linke Bilanzseite) stehen Anfangsbestände und Zugänge im Soll, Abgänge und Endbestände im Haben (Anlagevermögen, Umlagevermögen wie z. B. Warenbestand, Bankguthaben).

Linke Bilanzseite

Anlagevermögen

Wirtschaftsgüter, die dazu dienen, einem Geschäftsbetrieb auf Dauer zu dienen, z. B. Kfz, Büroeinrichtung, EDV-Anlage. Der Werteverzehr des Anlagevermögens wird in der Gewinn-und-Verlust-Rechnung durch die Abschreibung (siehe Seite 107 und Seite 242) berücksichtigt. Das Anlagevermögen ist in der Bilanz bzw. im Anlagespiegel gesondert auszuweisen. Es ist das Gegenteil zum Umlaufvermögen (siehe Seite 107).

Anschaffungskosten

sind die Aufwendungen, die zur Anschaffung eines abnutzbaren oder nicht abnutzbaren Wirtschaftsgutes des Betriebsvermögens getätigt werden.

Aufbewahrungspflichten

Für die Buchführung relevante Belege unterliegen gesetzlichen Aufbewahrungspflichten. Buchungsbelege müssen zehn Jahre aufbewahrt werden. Auch für Inventare, Jahresabschlüsse, Lageberichte etc. gelten zehn Jahre Aufbewahrungspflicht (siehe Seite 34 ff.).

Aufwandskonten

sind sämtliche Konten, die zur Erfassung und Verrechnung von Aufwendungen verwendet werden (z. B. Kfz-Kosten, Abschreibungen etc.). Bei Aufwandskonten stehen Zugänge im Soll, Abgänge und Saldos im Haben.

Aufwendungen

Kosten

sind die betrieblich verursachten Ausgaben (Kosten) einer Rechnungsperiode für die verbrauchten Güter, Dienstleistungen, die in der Gewinn-und-Verlust-Rechnung den Erträgen gegenübergestellt werden. Sie verringern das Eigenkapital eines Unternehmens. Die Aufwendungen stimmen nicht immer mit den Ausgaben einer Rechnungsperiode überein, hier erfolgt dann eine aktive Rechnungsabgrenzung (siehe Seite 122) in der Bilanz.

Aufzeichnungspflichten

Handelsrechtlich (HGB) und steuerrechtlich (EStG) ist ein Kaufmann zur ordnungsgemäßen Aufzeichnung seiner Geschäftsvorfälle verpflichtet. Wie die Aufzeichnungen geführt werden müssen, ist in den Grundsätzen ordnungsmäßiger Buchführung verankert (siehe Seite 31 ff.).

Beleg

Schriftstück, das einen Geschäftsvorgang nachweist. Ohne Belegnachweis ist eine Buchführung nicht möglich.

Bestandskonto

Alle Anfangsbestände der einzelnen Bilanzpositionen werden zu Beginn des Geschäftsjahres auf Bestandskonten gebucht. Bestandskonten auf der linken Bilanzseite (Aktiva) werden auf Aktivkonten gebucht. Auf der rechten Bilanzseite (Passiva) werden die Passivkonten gebucht. Alle Bestandskonten werden über ein Schlussbilanzkonto abgeschlossen.

Anfangsbestände des Geschäftsjahres

Bestandsmehrung
liegt vor, wenn in einem Geschäftsjahr mehr Waren eingekauft als verkauft wurden.

Bestandsminderung
liegt vor, wenn in einem Geschäftsjahr mehr Waren verkauft als eingekauft wurden.

Bestandsveränderungen
sind die Differenz des Warenbestandes zu Beginn des Geschäftsjahres gegenüber dem Geschäftsjahresschluss.

Betriebsausgaben
sind alle betrieblich bedingten Aufwendungen. Nach den steuerrechtlichen Vorschriften gibt es jedoch Aufwendungen, die den betrieblichen Gewinn nicht mindern dürfen (§ 4 Abs. 5 EStG, z. B. 20 Prozent der Bewirtungsaufwendungen etc.).

Betriebsprüfung (§ 193 AO)
Prüfung der Finanzverwaltung bei Unternehmern zur Feststellung der Richtigkeit der Besteuerungsgrundlagen. Eine Betriebsprüfung findet in den Räumen des Steuerpflichtigen oder seines steuerlichen Beraters statt.
Sie umfasst eine oder mehrere Steuerarten und erstreckt sich zeitlich meistens auf die drei letzten Veranlagungszeiträume.

Drei Jahre zurück

Betriebsvermögen
ist die Summe der betrieblich genutzten Wirtschaftsgüter. Das Gegenteil hiervon ist das steuerrechtlich irrelevante Privatvermögen.

Betriebswirtschaftliche Übersicht oder Auswertung (BWA)
ist eine aus der Buchführung resultierende Übersicht über die aktuelle Ertragssituation des Unternehmens. Eine BWA kann monatlich, quartalsmäßig oder jährlich erstellt werden.

Bilanz
ist ein Bestandteil des Jahresabschlusses durch Betriebsvermögensvergleich von Anfang und Ende eines Geschäftsjahres. Auf der linken Seite stehen die Aktiva (Vermögensgegenstände), auf der rechten Seite die Passiva (Schulden). Die Summe der Aktiva und der Passiva ist immer gleich (Bilanzgleichheit). Buchführungspflichtige Unternehmer müssen immer eine Jahresbilanz erstellen. Zum Geschäftsbeginn wird eine Eröffnungsbilanz erstellt, zum Ende jedes Geschäftsjahres eine Jahresschlussbilanz. Zwischenbilanzen während des Geschäftsjahres dienen der aktuellen Übersicht über die tatsächliche Vermögens- und Ertragssituation des Unternehmens.

Vermögensgegenstände und Schulden

Bilanzanalyse
Zerlegung des Jahresabschlusses zur Beurteilung der finanziellen und ertragsmäßigen Situation des Unternehmens für Vergangenheit und Zukunft. Der Unternehmer gewinnt z. B. Erkenntnisse über Liquidität und Rentabilität des Unternehmens.

Buchführungspflicht
Handelsrechtliche und steuerrechtliche Vorschriften besagen, dass ein Kaufmann buchführungs- und abschlusspflichtig ist.

Bücher
sind die schriftlichen Aufzeichnungen über die Geschäftsvorfälle. Inhalt und Ausführung müssen den GoBs entsprechen. Die Geschäftsvorfälle werden in folgenden Büchern dokumentiert:

- Inventarbuch
- Bilanzbuch
- Hauptbuch
- Hilfsbücher

Controlling

ist ein Führungsinstrument des Unternehmens zur strategischen Unternehmensplanung und Kontrolle des Betriebsgeschehens.
Das Controlling basiert grundlegend auf den Daten des Rechnungswesens.

DATEV eG

Datenverarbeitungsorganisation für die Angehörigen der steuerberatenden Berufe und Rechtsanwälte. Die DATEV ist das größte Service- und Rechenzentrum in Europa. Die DATEV übernimmt für ihre Mitglieder aus den auf Datenträgern übermittelten Daten folgende Leistungen:

Sitz in Nürnberg

- Finanzbuchhaltung
- Lohnbuchhaltung
- Kostenstellenrechnung
- Mahnwesen
- Jahresabschlusserstellung
- Abruf aus der Steuerrechtsdatenbank

Die von der DATEV entwickelten Kontenrahmen gelten als deutscher Standard.

Dialogverfahren

Verfahren der Datenerfassung bei der elektronisch gesteuerten Buchführung.
Jeder abgeschlossene Buchungssatz geht sofort in die Buchführung ein. Fehler können nur durch Stornobuchungen korrigiert werden.

Debitoren

sind in der Bilanz zu aktivierende Forderungen des Unternehmers. Das Debitorenkonto ist ein Sachkonto.

Doppik
ist ein Synonym für doppelte Buchführung. Ein Buchungssatz spricht immer zwei Konten an.

Eigenkapital
ist das Kapital, das der Unternehmer in seinen Betrieb zur Finanzierung eingebracht hat oder als Gewinn stehen lässt.

Eigenkapitalkonto
passives Bestandskonto, über das u. a. alle Privateinlagen und -entnahmen erfasst werden.

Einnahmen-Überschuss-Rechnung
Betriebseinnahmen und -ausgaben

Gewinnermittlungsart für nicht buchführungspflichtige Kleinunternehmer und Freiberufler durch einfache Gegenüberstellung von Betriebseinnahmen und Betriebsausgaben.

Erfolgskonten
sind Unterkonten des Eigenkapitalkontos, die alle Aufwendungen und Erträge des Unternehmens erfassen. Alle Erfolgskonten werden über die Gewinn-und-Verlust-Rechnung abgeschlossen.

Ertragskonten
sind alle Konten, auf denen betriebliche Erträge gebucht und verrechnet werden (z. B. Erlöse aus Lieferungen und Leistungen, Erlöse aus Anlagenverkäufen, Eigenverbrauch des Unternehmers). Bei Ertragskonten stehen die Zugänge im Haben, Minderungen und Saldos im Soll.

Eröffnungsbilanzkonto
nimmt als Hilfskonto die Gegenbuchungen der Eröffnungsbuchungen der Bestandskonten auf.

Erträge
sind die Einnahmen eines Unternehmens, die aus der Erstellung von Gütern und Dienstleistungen resultieren und das

betriebliche Eigenkapital erhöhen. Das Gegenteil von Erträgen sind die Aufwendungen (siehe Seite 244).

Freiberufler
sind nach § 18 EStG alle selbstständig Tätigen, die weder einen Gewerbebetrieb noch einen land- und forstwirtschaftlichen Betrieb unterhalten. Hierzu zählen z. B. Journalisten, Schriftsteller, Ärzte, Rechtsanwälte, Steuerberater, Notare, Hebammen, Krankengymnasten, Ingenieure, Architekten etc. (nämlich selbstständig ausgeübte künstlerische, medizinische, wissenschaftliche und erzieherische Tätigkeiten). Alle Freiberufler sind nicht buchführungs- und abschlusspflichtig; sie dürfen ihren Gewinn nach der Einnahmen-Überschuss-Rechnung ermitteln.

Nicht buchführungspflichtig

Fremdkapital
dient der Finanzierung des Unternehmensvermögens und wird in der Bilanz auf der rechten Seite ausgewiesen. Reicht das Eigenkapital des Unternehmens nicht aus, um Betriebsvermögen zu erwerben, muss kurzfristiges oder langfristiges Fremdkapital von außen aufgenommen werden (Bankkredite, private Kredite, Wechselverbindlichkeiten etc.).

Kredite

Geringwertige Wirtschaftsgüter (GwG)
abnutzbare, bewegliche Wirtschaftsgüter des Anlagevermögens, die selbstständig nutzbar sind und deren Anschaffungs- oder Herstellungskosten bzw. Einlagewert jeweils 800 DM netto (ohne Mehrwertsteuer) nicht übersteigen. Die geringwertigen Wirtschaftsgüter (GwG) können im Jahr der Anschaffung, Herstellung oder Einlage ins Betriebsvermögen sofort als Betriebsausgaben abgeschrieben werden. Die GwGs müssen aufgezeichnet werden, sofern ihr Wert jeweils 100 DM übersteigt.

Geschäftsjahr
ist das Wirtschaftsjahr eines Unternehmens, das zwölf Monate umfasst. Es kann vom Kalenderjahr abweichen.

Gewinn
ist der Jahresüberschuss eines Unternehmens, also die positive Differenz zwischen den Erträgen und Aufwendungen in einem Geschäftsjahr.

Gewinn-und-Verlust-Rechnung
Gegenüberstellung aller Erträge und Aufwendungen eines
GuV Geschäftsjahres zur Ermittlung des Betriebsergebnisses. Die GuV ist ein Pflichtbestandteil des Jahresabschlusses für bilanzierende Unternehmer.

Grundsätze ordnungsgemäßer Buchführung
Nach § 238 Abs. 1 HGB ist ein Kaufmann verpflichtet, seine
GoB Bücher in einer bestimmten Form und nach bestimmten Inhalten zu führen.

Grundsätze ordnungsgemäßer Speicherbuchführung
sind eine Ergänzung zu den Grundsätzen ordnungsgemäßer Buchführung für EDV-Buchführungen.
GoS Die auf Datenträgern gespeicherte Buchführung muss während der Aufbewahrungsfrist verfügbar sein und lesbar gemacht werden können.

Handelsregister
ist ein bei den deutschen Amtsgerichten geführtes öffentliches Register, das Kaufleute und Handelsgesellschaften mit ihrer Firma verzeichnet und bestimmte rechtliche Verhältnisse aufzeigt.
Somit kann sich jeder über Firmenbezeichnung, Rechtsform, Firmensitz, Inhaber, Gesellschafter und Kapitalausstattung einer juristischen Person informieren.

Herstellungskosten
Aufwendungen, die durch den Verbrauch von Gütern und die Inanspruchnahme von Diensten für die Herstellung eines Vermögensgegenstandes, seine Erweiterung oder eine wesentliche Verbesserung entstehen.

Inventar

Bestandsverzeichnis aller betrieblichen Vermögensgegenstände und Schulden, das nach der Inventur erstellt wird.

Inventur

ist die buchmäßige oder körperliche Bestandsaufnahme der betrieblichen Vermögensgegenstände und Schulden, die in der Bilanz angesetzt werden können. Eine Inventur muss von einem Kaufmann zu Beginn seiner Geschäftstätigkeit und am Ende jedes Geschäftsjahres durchgeführt werden. Wird das Unternehmen verkauft oder liquidiert, muss ebenfalls eine Inventur erstellt werden.

Kaufmann

Eintrag im Handelsregister

ist ein in das Handelsregister eingetragener gewerbetreibender Unternehmer, dessen Gewerbebetrieb eine vollkaufmännische Geschäftsführung erfordert und für den die Vorschriften des HGB gelten. Das Gegenteil eines Kaufmannes ist der Nichtkaufmann (siehe Seite 254).

Kleinunternehmer (§ 19 UStG)

Kleinunternehmer im Sinne des Umsatzsteuergesetzes können von der Verpflichtung der Mehrwertsteuerentrichtung befreit werden, wenn sie folgende Umsatzgrenzen einhalten: Gesamtumsatz im vorangegangenen Kalenderjahr bis 32.500 DM und im laufenden Kalenderjahr voraussichtlich nicht über 100.000 DM.

Der Kleinunternehmer kann sich jedoch auch für die Mehrwertsteuerabführung entscheiden, wenn dies aufgrund hoher Vorsteuerbeträge aus seinen Betriebsausgaben für ihn sinnvoll ist. Wenn auf die Mehrwertsteueroption verzichtet wird, darf auch keine Vorsteuer abgezogen werden; die Bruttorechnungsbeträge sind jedoch Betriebsausgaben.

War der Vorjahresumsatz höher als 32.500 DM und liegt im laufenden Jahr unter 32.500 DM, muss der Unternehmer Mehrwertsteuer abführen und darf die Vorsteuerbeträge dagegenrechnen.

Kontenplan
ist die systematische Gliederung aller Konten der Buchführung für den individuellen Geschäftsbetrieb eines Unternehmens (z. B. Land- und Forstwirtschaft, Bauunternehmen etc.). Der Kontenplan teilt die Konten der Finanzbuchführung in zehn Kontenklassen (0–9) von Bestandskonten, Erfolgskonten, Aufwandskonten und Ertragskonten.
Der Kontenplan zeigt alle Konten, die ein Unternehmen für die Buchführung verwendet; innerhalb einer Kontenklasse können Sonderkonten eingerichtet werden. Jedes Konto hat seine eigene Nummer; die erste Ziffer beschreibt jeweils die Kontenart. Aufwandskonten beginnen z. B. immer mit der Ziffer 4.

Kontenrahmen
ist die systematische Zusammenstellung der Konten in zehn Kontenklassen, die wiederum in Gruppen eingeteilt sind. Es gibt Einzelhandels- und Großhandelskontenrahmen, Industriekontenrahmen, Handwerkskontenrahmen etc.

Zehn Kontenklassen

Konto
ist die Aufnahme und wertmäßige Erfassung gleichartiger Geschäftsvorfälle in zeitlicher Reihenfolge. Jedes Konto hat eine Soll- und eine Habenseite. Auf der einen Seite werden die Zugänge, auf der anderen Seite die Abgänge gebucht, die Differenz ist der Kontenstand.

Kosten
sind der bewertete Verbrauch von materiellen und immateriellen Wirtschaftsgütern zur Erstellung und zum Absatz von Sachen und Dienstleistungen (Warenbestand zum Verkauf, Haarfarbe für Friseur etc.). Demgegenüber beschreibt Aufwand die Ausgaben für die verbrauchten Güter und Dienstleistungen.
Stimmen die Aufwendungen und Ausgaben einer Rechnungsperiode nicht überein, erfolgt eine aktive Rechnungsabgrenzung (siehe Seite 122).

Kosten- und Leistungsrechnung
Wichtiges Kontroll- und Planungsinstrument eines Unternehmens durch Erfassung und Speicherung aller betrieblich anfallenden Kosten und Leistungen und deren Auswertung. Die Kostenrechnung besteht aus:

- Kostenartenrechnung (Welche Kosten sind angefallen?)
- Kostenstellenrechnung (Wo sind die Kosten angefallen?)
- Kostenträgerrechnung (Wofür sind die Kosten entstanden?)

Kreditoren
Sind in der Bilanz zu passivierende Verbindlichkeiten eines Unternehmens.

Leichtfertige Steuerverkürzung (§ 378 AO)
Wenn ohne böse Absicht, sondern nur leichtfertig oder aus Unkenntnis heraus Steuern verkürzt wurden, handelt es sich um die »kleinere« Form einer Steuerhinterziehung, die nur mit Geldstrafe bis maximal 100.000 DM bestraft wird.

Ohne böse Absicht

Lohnbuchhaltung
ist die Erfassung, Abrechnung und Buchung der Entgelte für Mitarbeiter (Löhne, Gehälter, Aushilfslöhne) und der gesetzlichen und freiwilligen Abzüge. Die Lohnbuchhaltung dient der genauen Feststellung des Lohnanspruches jedes Arbeitnehmers und der Lohnnebenkosten (Sozialversicherungsbeiträge, Lohnsteuer, Kirchensteuer, Solidaritätszuschlag). Für jeden Mitarbeiter muss ein gesondertes Lohnkonto geführt werden, das im Fall einer Lohnsteuer-Außenprüfung dem Betriebsprüfer vorzulegen ist.

Mehrwertsteuer (= Umsatzsteuer)
Steuer, die von einem Unternehmer auf alle Dienstleistungen und Warenverkäufe erhoben wird. Ist der Empfänger dieser Leistung selbst Unternehmer, kann er diese Mehrwertsteuer als Vorsteuer (durchlaufender Posten) abziehen. Wird die Leistung einer Privatperson berechnet, trifft diese die eigentliche Mehrwertsteuerbelastung.

Ausgangsrechnungen

Nichtkaufmann

Kein Eintrag im Handelsregister

ist der nicht im Handelsregister eingetragene Gewerbetreibende, dessen Gewerbebetrieb keinen vollkaufmännischen Geschäftsbetrieb erfordert und für den die Vorschriften des BGB gelten. Nach § 2 HGB kann sich der Nichtkaufmann jedoch freiwillig ins Handelsregister eintragen lassen. Er muss sich dann als Kaufmann behandeln lassen, benötigt jedoch keinen vollkaufmännischen Geschäftsbetrieb. Nach Eintragung ins Handelsregister gelten für ihn dann die Vorschriften des HGB. Die Eintragung kann der Nichtkaufmann jederzeit wieder löschen lassen.

Passivkonten

Rechte Bilanzseite

Bei Passivkonten (rechte Bilanzseite) stehen Anfangsbestände und Zugänge im Haben, Abgänge und Endbestände im Soll (z. B. Rücklagen, Verbindlichkeiten).

Passive Rechnungsabgrenzung

Einnahmen vor dem Bilanzstichtag, die jedoch erst einen Ertrag für das kommende Jahr darstellen, werden auf der rechten Bilanzseite (Passivseite) als passive Rechnungsabgrenzung gebucht (z. B. Mieteinnahmen für das kommende Jahr, die schon vor dem Bilanzstichtag als Einnahme zufließen).

Privateinlage

ist die Zuführung von Geldmitteln oder Gegenständen aus dem Privatvermögen des Unternehmers in das Betriebsvermögen sowie die Bezahlung von Betriebsausgaben aus privaten Mitteln, wenn das Eigenkapital verbraucht ist. Privateinlagen gibt es nur für natürliche Personen, bei juristischen Personen (GmbH, AG) gibt es keine privaten Konten.

Privatentnahme

ist die Abführung von Geldmitteln, Gegenständen oder Leistungen aus dem Betriebsvermögen in das Privatvermögen des Unternehmers. Privatentnahmen von betrieblichen Gegenständen und betrieblichen Leistungen sind umsatzsteuerpflichtig. Gesellschafter einer Kapitalgesellschaft können keine Privatentnahmen vornehmen (siehe Privateinlage).

Privatkonten
Konten des Unternehmers (natürliche Person), auf denen die Privatentnahmen und Privateinlagen im Laufe eines Geschäftsjahres gebucht werden. Die Privatkonten werden als Unterkonto des Kapitalkontos über Letzteres abgeschlossen.

Privatvermögen
ist das Gegenteil von Betriebsvermögen, d. h. Vermögensgegenstände des Unternehmers, die nur privaten Zwecken dienen und bei der Buchführung nicht berücksichtigt werden (z. B. private Grundstücke, Schmuck).

Dient ausschließlich privaten Zwecken

Rechnungsabgrenzung
Sie ist nur für bilanzierende Unternehmer möglich, bei Einnahmen-Überschuss-Rechnungen ist sie ausgeschlossen, hier wird nach Zufluss- und Abflussprinzip gebucht.

Rechnungswesen
ist ein Teilbereich der Unternehmensführung mit der Aufgabe, alle betrieblichen Geld- und Leistungsströme mengen- und wertmäßig zu erfassen und zu überwachen. Das betriebliche Rechnungswesen übernimmt sowohl Dokumentations- als auch Kontrollfunktion, ferner Rechenschaftslegungs-, Informations- und Dispositionsfunktion. Die wichtigsten vier Teilgebiete sind:

- Buchführung und Bilanz (Zeitrechnung)
- Selbstkostenrechnung (Stückrechnung)
- Betriebswirtschaftliche Statistik
- Planungsrechnung

Reingewinn
Reingewinn ist der Rohgewinn abzüglich aller weiteren betrieblichen Aufwendungen zuzüglich aller weiteren betrieblichen Erträge.

Der Reingewinn wird bei bilanzierenden Unternehmern in der Gewinn-und-Verlust-Rechnung ausgewiesen.

Rohgewinn

Auch Rohertrag genannt

Differenz von Netto-Umsatzerlösen (ohne Mehrwertsteuer) und Netto-Aufwendungen für den Wareneinkauf.

Rücklagen

sind die Kapitalreserven einer Kapitalgesellschaft in Form von Eigenkapital, das nicht als gezeichnetes Kapital, Gewinnvortrag oder Jahresüberschuss ausgewiesen ist.

Rückstellung

Bilanzierende Unternehmer bilden Rückstellungen auf der Passivseite der Bilanz, wenn Verbindlichkeiten, die zu den Aufwendungen des Unternehmens im Geschäftsjahr zählen, am Bilanzstichtag der Höhe und Fälligkeit nach noch nicht feststehen.

Durch die Bildung von Rückstellungen sollen die später zu leistenden Ausgaben den Perioden ihrer Verursachung zugeordnet werden (z. B. Garantierückstellungen, Rückstellung für Abschlusskosten, Pensionsrückstellungen).

Sachkonten

sind die Konten einer Buchführung, die über Sachen geführt werden (z. B. Anlagevermögen, Betriebsbedarf, Umlaufvermögen). Das Gegenteil hiervon sind Personenkonten (Kunden- und Lieferantenkonten).

Saldenvorträge

haben die gleiche Funktion wie ein Eröffnungsbilanzkonto (siehe Seite 248).

Schwarzgeld

Nicht versteuerte Einnahmen

steuerpflichtige Einnahmen eines Steuerpflichtigen (natürliche oder nicht natürliche Person), die nicht in den Steuererklärungen deklariert wurden und somit steuerfrei bleiben.

Die Bildung von Schwarzgeld ist strafbar, da es sich um Steuerhinterziehung handelt.

Steuerhinterziehung
ist die vorsätzliche oder pflichtwidrige Falschangabe von steuerlich relevanten Tatsachen, um Steuern zu verkürzen oder nicht gerechtfertigte Steuervergünstigungen zu erhalten. Die Steuerhinterziehung nach § 370 AO wird mit Freiheits- oder Geldstrafe, die leichtfertige Steuerverkürzung nach § 378 AO mit Geldstrafe sanktioniert.

Freiheits- oder Geldstrafe

Summen- und Saldenliste
ist eine Auflistung der Salden aller Bestands-, Aufwands- und Ertragskonten einer bestimmten Rechnungsperiode. Diese Auswertungsunterlage resultiert aus der laufenden Buchführung und dient als Kontrollinstrument des Unternehmers.

Schlussbilanzkonto
Am Ende eines Geschäftsjahres werden die Bestandskonten über das Schlussbilanzkonto abgeschlossen. Aus den Schlussbilanzkonten kann dann die Bilanz erstellt werden.

Selbstanzeige (§ 371 AO)
Möglichkeit der Strafbefreiung bei Steuerhinterziehung. Der Steuerpflichtige berichtigt in der Vergangenheit falsch oder unvollständig abgegebene Steuererklärungen. Diese »Beichte« führt nur zur Strafbefreiung, die Steuern plus Hinterziehungszinsen müssen nachentrichtet werden. Die Selbstanzeige entfaltet nur Wirkung, wenn noch kein Straf- oder Bußgeldverfahren eingeleitet wurde.

Eventuell Straffreiheit

Sofortabschreibung
Aufwendungen für geringwertige Wirtschaftsgüter (siehe Seite 249) des Betriebsvermögens mit einem Anschaffungs-, Herstellungs- oder Einlagewert von jeweils maximal 800 DM netto (ohne MwSt.) dürfen im Jahr der Anschaffung sofort abgeschrieben werden.

Stapelverfahren
ist ein Verfahren der EDV-Datenerfassung zur Erstellung einer Buchführung. Hier werden alle Buchungssätze zunächst zwischengelagert und erst nach Endkontrolle zur Buchung freigegeben, so dass keine Stornobuchungen anfallen. Stapelverfahren ist das Gegenteil vom Dialogverfahren (siehe Seite 247).

Stornobuchungen
Buchungsfehler können durch Stornobuchungen behoben werden. Hier wird eine bereits abgeschlossene Buchung rückgängig gemacht, indem der gleiche Betrag auf der Gegenseite des Kontos gebucht wird. Beim Dialogverfahren können Buchungsfehler nur durch eine Stornobuchung behoben werden. Die fehlerhafte Buchung muss transparent bleiben.

Fehlerhafte Buchung korrigieren

Umbuchungen
sind Buchungen schon einmal gebuchter Beträge auf andere Konten, z. B. bei vorbereiteten Abschlussbuchungen, durch die bestimmte Konten erst abschlussreif gemacht werden können (z. B. Buchung von Rechnungsabgrenzungsposten, Buchung der Entnahmen vom Privatkonto auf ein Kapitalkonto).

Umlaufvermögen
bezeichnet die betrieblichen Vermögensgegenstände, die nicht dazu bestimmt sind, dem Betrieb dauerhaft zu dienen, da sie zu Verbrauch und Verkauf bestimmt sind. Hierzu gehören Vorräte, Forderungen, Bankguthaben, Kassenbestände, Wertpapiere als kurzfristige Liquiditätsreserven. Das Umlaufvermögen ist das Gegenteil des Anlagevermögens und wird auf der linken Bilanzseite ausgewiesen.

Umsatz (Erlös)
ist die Verkaufssumme von Waren oder Dienstleistungen eines Unternehmers in einer Rechnungsperiode.

Umsatzsteuer (siehe auch Mehrwertsteuer)

Verbrauchsteuer, die auf alle inländischen betrieblichen Lieferungen und Leistungen gegen Entgelt sowie Eigenverbrauch und Privatentnahmen des Unternehmers erhoben wird. Die gezahlte Umsatzsteuer ist eine abzugsfähige Betriebsausgabe. Da ein Unternehmer vorsteuerabzugsberechtigt ist, wird die eigentliche Mehrwertsteuer nur vom Privatverbraucher getragen. Für den Unternehmer ist die vereinnahmte Mehrwertsteuer das Gegenteil der abzugsfähigen Vorsteuer.

Umsatzsteuer-Identifikationsnummer

Steuernummer

wird vom Bundesamt für Finanzen zur Teilnahme am innergemeinschaftlichen Warenverkehr vergeben. Diesbezüglich anspruchsberechtigt sind alle vorsteuerberechtigten Unternehmer.

Umsatzsteuer-Sonderprüfung

Außenprüfung der Finanzverwaltung zur Feststellung der richtigen Festsetzung der Umsatzsteuer-Bemessungsgrundlagen. Diese Prüfung findet beim Steuerpflichtigen statt. Geprüft wird, ob alle Aufzeichnungen ordnungsgemäß erfolgt sind, der Mehrwertsteuerausweis auf den Belegen richtig ist, alle Umsätze versteuert wurden und die abzugsfähigen Vorsteuerbeträge richtig ermittelt wurden.

Umsatzsteuer-Voranmeldung

Monatlich, vierteljährlich oder jährlich

Umsatzsteuerpflichtige Unternehmer müssen neben der jährlichen Umsatzsteuererklärung auch entweder monatliche oder vierteljährliche Umsatzsteuer-Voranmeldungen abgeben. Es werden dem Finanzamt die monatlichen oder vierteljährlichen Umsätze gemeldet, aus denen sich ein Mehrwertsteuerbetrag ergibt. Die aus den Eingangsrechnungen resultierenden Vorsteuerbeträge können hiervon abgezogen werden. In der Umsatzsteuer-Jahreserklärung werden die gezahlten Mehrwertsteuerbeträge oder die bereits erstatteten Vorsteuerbeträge angerechnet.

Verlust

Überschuss der Aufwendungen über die Erträge in einem Geschäftsjahr ist bei einer Gewinn-und-Verlust-Rechnung ein steuerlicher Verlust. In der Bilanz bedeutet Verlust die Verringerung des Eigenkapitals vom Beginn eines Geschäftsjahres gegenüber dessen Ende.

Vorsteuer

Eingangs-rechnungen

Die in den Eingangsrechnungen enthaltene Mehrwertsteuer heißt Vorsteuer. Vorsteuerberechtigte Unternehmer ziehen diese Vorsteuerbeträge von ihrer Umsatzsteuer-Zahllast ab. Bei Rechnungsbeträgen über 200 DM muss der Mehrwertsteuerbetrag gesondert ausgewiesen werden, bei Rechnungsbeträgen bis 200 DM reicht der Ausweis des Mehrwertsteuersatzes.

Werbungskosten

sind Aufwendungen zur Erwerbung, Sicherung und Erhaltung der Einnahmen. Werbungskosten sind bei der Einkunftsart abzuziehen, bei der sie entstanden sind. Betrieblich veranlasste Ausgaben sind hingegen Betriebsausgaben (siehe Seite 245).

Zwischenbilanz

Betriebsvermögensvergleich des Unternehmers während des laufenden Geschäftsjahres für einen aktuellen Überblick über die Finanz- und Ertragslage des Unternehmens.

Anhang

Übersicht 1: AfA-Sätze

Lfd. Nr.	Anlagegüter	Nutzungsdauer (ND) i. J.	Linearer AfA-Satz v. H.
1	2	3	4
1	UNBEWEGLICHES ANLAGEVERMÖGEN		
1.1	Gebäude		
1.1.1	Hallen		
1.1.1.1	massiv	25	4
1.1.1.2	in Leichtbauweise	10	10
1.1.2	Datenhallen, mobil	15	7
1.1.3	Tennishallen, Squashhallen u. ä.	20	5
1.1.4	Traglufthallen	10	10
1.1.5	Kühlhallen	20	5
1.1.6	Baracken und Schuppen	10	10
1.1.7	Baubuden	8	12
1.1.8	Bierzelte	8	12
1.1.9	Parkhäuser	30	3,3
1.1.10	Tiefgaragen	30	3,3
1.2	Pumpen, Schalt- u. Trafostationshäuser u.ä.	20	5
1.3	Silobauten		
1.3.1	aus Beton	33	3
1.3.2	aus Stahl	25	4
1.3.3	aus Kunststoff	17	6
1.4	Wassertürme	33	3
1.5	Schornsteine		
1.5.1	aus Mauerwerk oder Beton	33	3
1.5.2	aus Metall	10	10
1.6	Laderampen	25	4
2	GRUNDSTÜCKSEINRICHTUNGEN		
2.1	Fahrbahnen, Parkplätze u. Hofbefestigungen		
2.1.1	mit Packlage	15	7
2.1.2	in Kies, Schotter, Schlacken	5	20
2.2	Straßen- und Wegebrücken		
2.2.1	aus Stahl u. Beton	33	3
2.2.2	aus Holz	15	7
2.3	Umzäunungen		
2.3.1	aus Mauerwerk oder Beton	20	5
2.3.2	aus Eisen, m. Sockel	15	7
2.3.3	aus Draht	10	10
2.3.4	aus Holz	5	20
2.4	Außenbeleuchtung, Straßenbeleuchtung	15	7
2.5	Orientierungssysteme, Schilderbrücken	10	10
2.6	Uferbefestigungen		
2.6.1	aus Mauerwerk, Stein, Beton	20	5
2.6.2	Stahlspundwände	20	5
2.6.3	Holz	10	10
2.6.4	Faschinen	10	10
2.7	Wehre, Ein- u. Auslaufbauwerke einschl. Rechen und Schützen		
2.7.1	Bauwerke	33	3
2.7.2	maschinelle Einrichtungen	20	5
2.8	Bewässerungs-, Entwässerungs- u. Kläranlagen		
2.8.1	Brunnen	20	5
2.8.2	Drainagen		
2.8.2.1	aus Beton oder Mauerwerk	33	3
2.8.2.2	aus Ton oder Kunststoff	10	10
2.8.3	Kläranlagen mit Zu- u. Ableitung	20	5
2.8.4	Löschwasserteiche	20	5
2.8.5	Wasserspeicher	20	5
2.9	Grünanlagen	10	10
2.10	Golfplätze	20	5
3	**BETRIEBSANLAGEN ALLGEMEINER ART**		
3.1	Krafterzeugungsanlagen		
3.1.1	Dampferzeugung (Dampfkessel mit Zubehör)	15	7
3.1.2	Stromerzeugung (Gleichrichter, Lade- und Notstromaggregate, Stromgeneratoren; Stromumformer usw.)	15	7
3.1.3	Akkumulatoren	10	10
3.1.4	Kraft-Wämmekoppelungsanlagen (Blockheizkraftwerke)	10	10
3.1.5	Windkraftanlagen	12	8
3.1.6	Photovoltaikanlagen	20	5
3.1.7	Solaranlagen	10	10
3.1.8	Heißluft-, Kälteanlagen, Kompressoren, Ventilatoren usw.	10	10
3.1.9	Kessel einschl. Druckkessel	15	7
3.1.10	Wasseraufbereitungsanlagen	12	8
3.1.11	Wasserenthärtungsanlagen	12	8
3.1.12	Wasserreinigungsanlagen	8	12
3.1.13	Druckluftanlagen		
3.1.13.1	stationär	10	10
3.1.13.2	mobil	5	20
3. 1.14	Wämetauscher	15	7
3.2	Rückgewinnungsanlagen	10	10

Lfd. Nr.	Anlagegüter	Nutzungsdauer (ND) i. J.	Linearer AfA-Satz v. H.
1	2	3	4
3.3	Meß- und Regeleinrichtungen		
3.3.1	allgemein	15	7
3.3.2	Emissionsmeßgeräte		
3.3.2.1	für Kfz	5	20
3.3.2.2	sonstige	6	17
3.3.3	Materialprüfgeräte	7	14
3.3.4	Ultraschallgeräte (nicht medizinisch)	10	10
3.3.5	Vermessungsgeräte		
3.3.5.1	elektronisch	5	20
3.3.5.2	mechanisch	8	12
3.4	Transportanlagen		
3.4.1	Elevatoren, Förderschnecken, Rollen- u. Hängebahnen, Transport-, Förder- u. Plattenbänder	10	10
3.4.2	Bahnkörper u. Gleisanlagen mit Drehscheiben, Weichen, Signalanlagen u. ä.		
3.4.2.1	nach gesetzlichen Vorschriften	25	4
3.4 2.2	sonstige	10	10
3.4.3	Krananlagen		
3.4.3.1	ortsfest oder auf Schienen	15	7
3.4.3.2	sonstige	10	10
3.4.4	Aufzüge, Winden, Arbeits- u. Hebebühnen, Gerüste, Hublifte		
3.4.4.1	stationär	10	10
3.4.4.2	mobil	8	12
3.5	Hochregallager		
3.5.1	automatisiert	15	7
3.5.2	herkömmliche Bauweise	10	10
3.6	Transport-, Bau-, Büro- u. Wohncontainer	8	12
3.7	Kombinationsschutzräume	16	6
3.8	Ladeneinbauten, Gaststätteneinbauten, Schaufensteranlagen u. ä. Einbauten (Hinweis auf BMF-Schreiben vom 30. 5. 1996 (BStBl. I 1996 S. 643)	7	14
3.9	Lichtreklame	6	17
3.10	Schaukästen, Vitrinen	5	20
3.11	Sonstige Betriebsanlagen		
3.11.1	Brückenwaagen	20	5
3.11.2	Tank- und Zapfanlagen für Treib- und Schmierstoffe	10	10
3 11.3	Brennstofftanks	25	4
3.11.4	Portalwaschanlagen	7	14
3.11.5	Autowaschstraßen	8	12
3.11.6	Abzugs- und Entstaubungsvorrichtungen	10	10
3.11.7	Alarm- und Überwachungsanlagen	8	12
4	**FAHRZEUGE**		
4.1	Schienenfahrzeuge		
4.1.1	Hochgeschwindigkeitszüge	15	7
4.1.2	Lokomotiven u. Waggons (auch Gelenkwagen-Waggons)	20	5
4 1.3	Kessel und Spezialwagen	15	7
4.1.4	Loren	5	20
4.2	Straßenfahrzeuge		
4.2.1	Personenkraft- und Kombiwagen	5	20
4.2.2	Motorräder, Motorroller, Fahrräder u. ä.	5	20
4 2.3	Lastkraftwagen, Sattelschlepper, Kipper	7	14
4.2.4	Traktoren und Schlepper	8	12
4.2.5	Kleintraktoren	5	20
4.2.6	Anhänger, Auflieger, Wechselaufbauten	8	12
4.2.7	Omnibusse		
4.2.7.1	Reiseomnibusse	6	17
4.2.7.2	sonstige	7	14
4.2.8	Sonderfahrzeuge		
4.2.8.1	Feuerwehrfahrzeuge	10	10
4.2.8.2	Rettungs- und Krankentransportfahrzeuge	6	17
4.2.9	Wohnmobile, Wohnwagen	6	17
4.2.10	Bauwagen	8	12
4.3	Luftfahrzeuge		
4.3.1	Flugzeuge unter 20 t. höchstzulässigem Fluggewicht	14	7
4.3.2	Drehflügler (Hubschrauber)	14	7
4.3.3	Heißluftballone	5	20
4.3.4	Luftschiffe	8	12
4.4	Wasserfahrzeuge		
4.4.1	Barkassen	20	5
4.4.2	Pontons	30	3,3
4.4.3	Segelyachten	20	5
4.5	Sonstige Beförderungsmittel (Elektrokarren, Stapler usw.	5	20

Lfd. Nr.	Anlagegüter	Nutzungs-dauer (ND) i. J.	Linearer AfA-Satz v. H.
1	2	3	4
5	**BE- UND VERARBEITUNGSMASCHINEN**		
5.1	Abrichtmaschinen	10	10
5.2	Biegemaschinen	10	10
5.3	Bohrmaschinen		
5.3.1	stationär	10	10
5.3.2	mobil	5	20
5.4	Bohr- und Preßlufthämmer	5	20
5.5	Bürstmaschinen	10	10
5.6	Drehbänke	10	10
5.7	Fräsmaschinen		
5.7.1	stationär	10	10
5.7.2	mobil	5	20
5.8	Funkenerosionsmaschinen	7	14
5.9	Hobelmaschinen		
5.9.1	stationär	10	10
5.9.2	mobil	5	20
5.10	Poliermaschinen		
5.10.1	stationär	10	10
5.10.2	mobil	5	20
5.11	Pressen u. Stanzen	10	10
5.12	Stauchmaschinen	10	10
5.13	Stampfer und Rüttelplatten	8	12
5.14	Sägen aller Art		
5.14.1	stationär	10	10
5.14.2	mobil	5	20
5.15	Trennmaschinen		
5.15.1	stationär	6	17
5.15.2	mobil	4	25
5.16	Sandstrahlgebläse	5	20
5.17	Schleifmaschinen		
5.17.1	stationär	10	10
5.17.2	mobil	5	20
5.18	Schneidemaschinen und Scheren		
5.18.1	stationär	10	10
5.18.2	mobil	5	20
5.19	Schredder	6	17
5.20	Schweiß- und Lötgeräte	10	10
5.21	Spritzgußmaschinen	10	10
5.22	Abfüllanlagen		
5.22.1	vollautomatisch	7	14
5.22.2	sonstige	10	10
5.23	Verpackungsmaschinen, Folienschweißgeräte	10	10
5.24	Zusammentragmaschinen	8	12
5.25	Stempelmaschinen	8	12
5.26	Banderoliermaschinen	8	12
5.27	Sonstige Be- und Verarbeitungsmaschinen (Abkanten, Anleimen, Anspritzen, Ätzen, Beschichten, Drucken, Eloxieren, Entfetten, Entgräten, Erodieren, Etikettieren, Falzen, Färben, Feilen, Gießen, Galvanisieren, Gravieren, Härten, Heften, Lackieren, Nieten)	10	10
6	**GESCHÄFTSAUSSTATTUNG**		
6.1	Wirtschaftsgüter der Werkstätten-, Labor- und Lagereinrichtungen	10	10
6.2	Wirtschaftsgüter der Ladeneinrichtungen	8	12
6.3	Kühleinrichtungen	5	20
6.4	Klimageräte (mobil)	8	12
6.5	Be- und Entlüftungsgeräte (mobil)	8	12
6.6	Fettabscheider	5	20
6.7	Magnetabscheider	6	17
6.8	Naßabscheider	5	20
6.9	Heiß-/Kaltluftgebläse (mobil)	8	12
6.10	Raumheizgeräte (mobil)	5	20
6.11	Arbeitszelle	6	17
6.12	Telekommunikationsanlagen		
6.12.1	Fernsprechnebenstellenanlagen	8	12
6.12.2	Kommunikationsendgeräte		
6 12.2.1	allgemein	6	17
6.12.2.2	Mobilfunkgeräte	4	25
6.12.3	Autotelefone	4	25
6.12.4	Textendeinrichtungen (Fernschreiber, Faxgeräte u. ä.)	5	20
6.12.5	Betriebsfunkanlagen	8	12
6.12.6	Antennenmasten		
6.12.6.1	stationär	10	10
6.12.6.2	mobil	5	20
6.13	Büromaschinen u. Organisationsmittel		
6.13.1	Adressier-, Kuvertier- und Frankiermaschinen	5	20
6.13.2	Paginiermaschinen	8	12
6.13.3	Datenverarbeitungsanlagen		
6.13.3.1	Großrechner	5	20

Lfd. Nr.	Anlagegüter	Nutzungsdauer (ND) i. J.	Linearer AfA-Satz v. H.
1	2	3	4
6.13.3.2	Workstations, Personalcomputer, Notebooks u. a	4	25
6.13.3.3	Peripheriegeräte (Drucker, Scanner u. ä.)	4	25
6.13.4	Foto-, Film-, Video- und Audiogeräte (CD-Player, Recorder, Lautsprecher, Radios, Verstärker, Kameras, Monitore u. ä.)	5	20
6.13.5	Beschallungsanlagen	5	20
6.13.6	Präsentationsgeräte (Overhead-Projektoren, Leinwände	5	20
6.13.7	Registrierkassen	5	20
6.13.8	Schreibmaschinen	5	20
6.13.9	Zeichengeräte		
6.13.9.1	elektronisch	5	20
6.13.9.2	mechanisch	10	10
6.13.10	Vervielfältigungsgeräte	5	20
6.13.11	Zeiterfassungsgeräte	5	20
6.13.12	Geldprüf-, sortier-, wechsel- und -zählgeräte	5	20
6.13.13	Reißwölfe	5	20
6.13.14	Kartenleser (EC-, Kredit-)	5	20
6.14	Büromöbel	10	10
6.15.	Verkaufstheken	7	14
6.16	Verkaufsbuden und -stände	5	20
6.17	Bepflanzungen in Gebäuden	5	20
6.18	Sonst. Büroausstattung		
6.18.1	Stahlschränke	10	10
6.18.2	Panzerschränke, Tresore	20	5
6.18.3	Tresoranlagen	25	4
6.18.4	Teppiche		
6.18.4.1	normale	5	20
6.18.4.2	hochwertige (ab 1 000 DM/m²)	15	7
6.18.5	Kunstwerke (ohne Werke anerkannter Künstler)		
6.18.5.1	hochwertige (ab 1 000 DM)	20	5
6 18.5.2	sonstige	10	10
6.18.6	Waagen (Obst-, Gemüse-, Fleisch- u. ä.	8	12
6.18.7	Rohrpostanlagen	10	10
7	**SONSTIGE ANLAGEGÜTER**		
7.1	Betonkleinmischer	6	17
7.2	Reinigungsgeräte		
7.2.1	Bohnermaschinen	6	17
7.2.2	Desinfektionsgeräte	10	10
7.2.3	Geschirrspülmaschinen	5	20
7 2.4	Hochdruckreiniger (Dampf- und Wasser-)	5	20
7.2.5	Industriestaubsauger	4	25
7.2.6	Kehrmaschinen	6	17
7.2.7	Räumgeräte	6	17
7.2.8	Sterilisatoren	10	10
7.2.9	Teppichreinigungsgeräte (transportabel)	4	25
7.2.10	Waschmaschinen	8	12
7.2.11	Bautrocknungs- und Entfeuchtungsgeräte	5	20
7.3	Wäschetrockner	5	20
7.4	Kranken- und Pflegebetten	6	17
7.5	Waren- und Dienstleistungsautomaten		
7.5.1	Getränke- und Leergutautomaten	5	20
7 5.2	Warenautomaten	5	20
7.5.3	Spielautomaten	4	25
7.5.4	Zigarettenautomaten	5	20
7.5.5	Unterhaltungsautomaten		
7.5.5.1	Musik-	5	20
7.5.5.2	Video-	3	33
7.5.6	Paßbildautomaten	5	20
7.5.7	Fahrkartenautomaten	8	12
7.5.8	Visitenkartenautomaten	5	20
7.6	Fahnenmasten	10	10
7.7	Kühlschränke	8	12
7.8	Laborgeräte (Mikroskope, Präzisionswaagen u ä.)	10	10
7.9	Mikrowellengeräte	5	20
7.10	Rasenmäher	6	17
7.11	Toilettenkabinen und -wagen	6	17
7.12	Zentrifugen	10	10

ÜBERSICHT 2: DATEV-SPEZIALKONTENRAHMEN SKR 03

Abdruck mit freundlicher Genehmigung der DATEV

Bilanz-Posten[2]	Programm-verbindung[4]	0 Anlage- und Kapitalkonten
		Finanzanlagen
Anteile an verbundenen Unternehmen		**0500 Anteile an verbundenen Unternehmen (Anlagevermögen)** **0504 Anteile an herrschender oder mit Mehrheit beteiligter Gesellschaft**
Ausleihungen an verbundene Unternehmen		**0505 Ausleihungen an verbundene Unternehmen**
Beteiligungen		**0510 Beteiligungen** 0513 Typisch stille Beteiligungen 0516 Atypisch stille Beteiligungen 0517 Andere Beteiligungen an Kapitalgesellschaften 0518 Andere Beteiligungen an Personengesellschaften 0519 Beteiligung einer GmbH & Co.KG an einer Komplementär GmbH
Ausleihungen an Unternehmen, mit denen ein Beteiligungsverhältnis besteht		**0520 Ausleihungen an Unternehmen, mit denen ein Beteiligungsverhältnis besteht**
Wertpapiere des Anlagevermögens		**0525 Wertpapiere des Anlagevermögens** 0530 Wertpapiere mit Gewinnbeteiligungsansprüchen 0535 Festverzinsliche Wertpapiere
Sonstige Ausleihungen		**0540 Sonstige Ausleihungen** 0550 Darlehen
Genossenschaftsanteile		**0570 Genossenschaftsanteile zum langfristigen Verbleib**
Sonstige Ausleihungen		0580 Ausleihungen an Gesellschafter 0590 Ausleihungen an nahestehende Personen
Rückdeckungsansprüche aus Lebensversicherungen		**0595 Rückdeckungsansprüche aus Lebensversicherungen zum langfristigen Verbleib**
		Verbindlichkeiten
Anleihen		**0600 Anleihen** nicht konvertibel 0601 – Restlaufzeit bis 1 Jahr 0605 – Restlaufzeit 1 bis 5 Jahre 0610 – Restlaufzeit größer 5 Jahre 0615 Anleihen konvertibel 0616 – Restlaufzeit bis 1 Jahr 0620 – Restlaufzeit 1 bis 5 Jahre 0625 – Restlaufzeit größer 5 Jahre
Verbindlichkeiten gegenüber Kreditinstituten oder *Schecks, Kassenbestand, Bundesbank- und Postgiroguthaben, Guthaben bei Kreditinstituten*		**0630 Verbindlichkeiten gegenüber Kreditinstituten** 0631 – Restlaufzeit bis 1 Jahr 0640 – Restlaufzeit 1 bis 5 Jahre 0650 – Restlaufzeit größer 5 Jahre 0660 Verbindlichkeiten gegenüber Kreditinstituten aus TZ-Verträgen 0661 – Restlaufzeit bis 1 Jahr 0670 – Restlaufzeit 1 bis 5 Jahre 0680 – Restlaufzeit größer 5 Jahre 0690 -98 (frei, in Bilanz kein Restlaufzeitvermerk)
Verbindlichkeiten gegenüber Kreditinstituten		0699 Gegenkonto 0630-0689 bei Aufteilung der Konten 0690-0698

Bilanz-Posten[2]	Programm-verbindung[4]	0 Anlage- und Kapitalkonten
Verbindlichkeiten gegenüber verbundenen Unternehmen oder *Forderungen gegen verbundene Unternehmen*		**0700 Verbindlichkeiten gegenüber verbundenen Unternehmen** 0701 – Restlaufzeit bis 1 Jahr 0705 – Restlaufzeit 1 bis 5 Jahre 0710 – Restlaufzeit größer 5 Jahre
Verbindlichkeiten gegenüber Unternehmen, mit denen ein Beteiligungsverhältnis besteht oder *Forderungen gegen Unternehmen, mit denen ein Beteiligungsverhältnis besteht*		**0715 Verbindlichkeiten gegenüber Unternehmen, mit denen ein Beteiligungsverhältnis besteht** 0716 – Restlaufzeit bis 1 Jahr 0720 – Restlaufzeit 1 bis 5 Jahre 0725 – Restlaufzeit größer 5 Jahre
Sonstige Verbindlichkeiten		**0730 Verbindlichkeiten gegenüber Gesellschaftern** 0731 – Restlaufzeit bis 1 Jahr 0740 – Restlaufzeit 1 bis 5 Jahre 0750 – Restlaufzeit größer 5 Jahre 0755 Verbindlichkeiten gegenüber Gesellschaftern für offene Ausschüttungen 0760 Darlehen typisch stiller Gesellschafter 0761 – Restlaufzeit bis 1 Jahr 0764 – Restlaufzeit 1 bis 5 Jahre 0767 – Restlaufzeit größer 5 Jahre 0770 Darlehen atypisch stiller Gesellschafter 0771 – Restlaufzeit bis 1 Jahr 0774 – Restlaufzeit 1 bis 5 Jahre 0777 – Restlaufzeit größer 5 Jahre 0780 Partiarische Darlehen 0781 – Restlaufzeit bis 1 Jahr 0784 – Restlaufzeit 1 bis 5 Jahre 0787 – Restlaufzeit größer 5 Jahre 0790 -98 (frei, in Bilanz kein Restlaufzeitvermerk) 0799 Gegenkonto 0730-0789 bei Aufteilung der Konten 0790-0798
		Kapital Kapitalgesellschaft
Gezeichnetes Kapital		**0800 Gezeichnetes Kapital**
Ausstehende Einlagen auf das gezeichnete Kapital		**0801 -09 Ausstehende Einlagen auf das gezeichnete Kapital,** nicht eingefordert (Aktivausweis) 0810 -19 Ausstehende Einlagen auf das gezeichnete Kapital, eingefordert (Aktivausweis)
Nicht eingeforderte ausstehende Einlagen		0820 -29 Ausstehende Einlagen auf das gezeichnete Kapital, nicht eingefordert (Passivausweis, von gezeichnetem Kapital offen abgesetzt; eingeforderte ausstehende Einlagen s. Konten 0830-0838), Ausstehende Einlagen auf das Kommanditkapital
Eingeforderte, noch ausstehende Kapitaleinlagen		0830 -38 Ausstehende Einlagen auf das gezeichnete Kapital, eingefordert (Forderungen, nicht eingeforderte ausstehende Einlagen s. Konten 0820-0829)
Eingeforderte Nachschüsse		0839 Eingeforderte Nachschüsse (Forderungen, Gegenkonto 0845)

Seite 2

Bilanz-Posten[2]	Programm-verbindung[4]	0	Anlage- und Kapitalkonten
			Kapitalrücklage
Kapitalrücklage	K	**0840**	**Kapitalrücklage**
	K	0841	Kapitalrücklage durch Ausgabe von Anteilen über Nennbetrag
	K	0842	Kapitalrücklage durch Ausgabe von Schuldverschreibungen für Wandlungsrechte und Optionsrechte zum Erwerb von Anteilen
	K	0843	Kapitalrücklage durch Zuzahlungen gegen Gewährung eines Vorzugs für Anteile
	K	0844	Kapitalrücklage durch andere Zuzahlungen in das Eigenkapital
	K	0845	Eingefordertes Nachschußkapital (Gegenkonto 0839)
			Gewinnrücklagen
Gesetzliche Rücklage	K	**0846**	**Gesetzliche Rücklage**
	K	0847	Gesetzliche Rücklage 45 % Vorbelastung
	K	0848	Gesetzliche Rücklage 30 % Vorbelastung
	K	0849	Gesetzliche Rücklage 0 % Vorbelastung
Rücklage für eigene Anteile	K	**0850**	**Rücklage für eigene Anteile**
Satzungsmäßige Rücklagen	K	**0851**	**Satzungsmäßige Rücklagen**
	K	0852	Satzungsmäßige Rücklagen 45 % Vorbelastung
	K	0853	Satzungsmäßige Rücklagen 30 % Vorbelastung
	K	0854	Satzungsmäßige Rücklagen 0 % Vorbelastung
Andere Gewinnrücklagen	K	**0855**	**Andere Gewinnrücklagen 45 % Vorbelastung**
	K	0856	Eigenkapitalanteil von Wertaufholungen
	K	0857	Eigenkapitalanteil von Preissteigerungsrücklagen
	K	0858	Andere Gewinnrücklagen 30 % Vorbelastung
	K	0859	Andere Gewinnrücklagen 0 % Vorbelastung
Gewinnvortrag oder *Verlustvortrag*	K	**0860**	**Gewinnvortrag vor Verwendung**
	K	0862	Gewinnvortrag 45 % Vorbelastung
	K	0864	Gewinnvortrag 30 % Vorbelastung
	K	0866	Gewinnvortrag 0 % Vorbelastung
	K	**0868**	**Verlustvortrag vor Verwendung**
Gewinnvortrag auf neue Rechnung oder *Verlustvortrag auf neue Rechnung*		**0869**	**Vorträge auf neue Rechnung (Bilanz)**
			Kapital Personenhandelsgesellschaft Vollhafter/Einzelunternehmer
		0870 -79	Festkapital
		0880 -89	Variables Kapital
		0890 -99	Gesellschafter-Darlehen
			Teilhafter
		0900 -09	Kommandit-Kapital
		0910 -19	Verlustausgleichskonto
		0920 -29	Gesellschafter-Darlehen

Bilanz-Posten[2]	Programm-verbindung[4]	0	Anlage- und Kapitalkonten
			Sonderposten mit Rücklageanteil
Sonderposten mit Rücklageanteil		**0930**	**Sonderposten mit Rücklageanteil**
		0931	Sonderposten mit Rücklageanteil nach § 6b EStG
		0932	Sonderposten mit Rücklageanteil nach Abschnitt 35 EStR
		0933	Sonderposten mit Rücklageanteil nach § 6d EStG
		0934	Sonderposten mit Rücklageanteil nach § 1 EntwLStG
Sonderposten aus der Währungsumstellung auf den Euro		0935	Sonderposten aus der Währungsumstellung auf den Euro[1]
Sonderposten mit Rücklageanteil		0936	Sonderposten mit Rücklageanteil nach § 7d EStG
		0937	Sonderposten mit Rücklageanteil nach § 79 EStDV
		0938	Sonderposten mit Rücklageanteil nach § 80 EStDV
		0939	Sonderposten mit Rücklageanteil nach § 81 EStDV
		0940	Sonderposten mit Rücklageanteil nach § 82 EStDV
		0941	Sonderposten mit Rücklageanteil nach § 82a EStDV
		0942	Sonderposten mit Rücklageanteil nach § 82d EStDV
		0943	Sonderposten mit Rücklageanteil nach § 82e EStDV
		0944	Sonderposten mit Rücklageanteil nach § 14 BerlinFG
		0945	Sonderposten mit Rücklageanteil für Förderung nach § 3 ZonenRFG/§ 4-6 FördergebietsG
		0946	Sonderposten mit Rücklageanteil nach § 52 Abs. 5 EStG
		0947	Sonderposten mit Rücklageanteil nach § 7g Abs. 1 EStG
		0948	Sonderposten mit Rücklageanteil nach § 7g Abs. 3, 7 EStG
		0949	Sonderposten mit Rücklageanteil nach § 74 EStDV (nur für Einzelunternehmen und Personengesellschaften)
			Rückstellungen
Rückstellungen für Pensionen und ähnliche Verpflichtungen		**0950**	**Rückstellungen für Pensionen und ähnliche Verpflichtungen**
Steuerrückstellungen		**0955**	**Steuerrückstellungen**
		0957	Gewerbesteuerrückstellung
		0963	Körperschaftsteuerrückstellung
		0969	Rückstellung für latente Steuern
Sonstige Rückstellungen		**0970**	**Sonstige Rückstellungen**
		0971	Rückstellungen für unterlassene Aufwendungen für Instandhaltung, Nachholung in den ersten drei Monaten
		0972	Rückstellungen für unterlassene Aufwendungen für Instandhaltung, Nachholung innerhalb des 4. bis 12. Monats
		0973	Rückstellungen für Abraum- und Abfallbeseitigung
		0974	Rückstellungen für Gewährleistungen (Gegenkonto 4790)
		0976	Rückstellungen für drohende Verluste aus schwebenden Geschäften
		0977	Rückstellungen für Abschluß- und Prüfungskosten
		0978	Aufwandsrückstellungen gemäß § 249 Abs. 2 HGB
		0979	Rückstellungen für Umweltschutz

Seite 3

Bilanz-Posten[2]	Programm-verbindung[4]	0 Anlage- und Kapitalkonten	
			Rechnungsabgrenzungsposten
Rechnungsabgrenzungsposten (Aktiva)		**0980**	**Aktive Rechnungsabgrenzung**
Abgrenzung latenter Steuern		0983	Abgrenzung aktive latente Steuern
Rechnungsabgrenzungsposten (Aktiva)		0984	Als Aufwand berücksichtigte Zölle und Verbrauchsteuern auf Vorräte
		0985	Als Aufwand berücksichtigte Umsatzsteuer auf Anzahlungen
		0986	Damnum/Disagio
Rechnungsabgrenzungsposten (Passiva)		**0990**	**Passive Rechnungsabgrenzung**
Sonstige Aktiva oder *sonstige Passiva*		**0992**	**Wertberichtigungen** (zur unterjährigen Kostenverrechnung für BWA)
Forderungen aus Lieferungen und Leistungen H-Saldo		0996	Pauschalwertberichtigung auf Forderungen mit einer Restlaufzeit bis zu 1 Jahr
		0997	Pauschalwertberichtigung auf Forderungen mit einer Restlaufzeit von mehr als 1 Jahr
		0998	Einzelwertberichtigungen auf Forderungen mit einer Restlaufzeit bis zu 1 Jahr
		0999	Einzelwertberichtigungen auf Forderungen mit einer Restlaufzeit von mehr als 1 Jahr

Bilanz-Posten[2]	Programm-verbindung[4]	1 Finanz- und Privatkonten	
			KU 1000-1509 V 1510-1520 KU 1521-1709 M 1710-1729 KU 1730-1999
			Schecks, Kassenbestand, Bundesbank- und Postgiroguthaben, Guthaben bei Kreditinstituten
Schecks, Kassenbestand, Bundesbank- und Postgiroguthaben, Guthaben bei Kreditinstituten		**F 1000**	**Kasse**
		F 1010	Nebenkasse 1
		F 1020	Nebenkasse 2
Schecks, Kassenbestand, Bundesbank- und Postgiroguthaben, Guthaben bei Kreditinstituten oder *Verbindlichkeiten gegenüber Kreditinstituten*		**F 1100**	**Postbank**
		F 1110	Postbank 1
		F 1120	Postbank 2
		F 1130	Postbank 3
		F 1190	LZB-Guthaben
		F 1195	Bundesbankguthaben
		F 1200	**Bank**
		F 1210	Bank 1
		F 1220	Bank 2
		F 1230	Bank 3
		F 1240	Bank 4
		F 1250	Bank 5
Forderungen aus Lieferungen und Leistungen oder *sonstige Verbindlichkeiten*		F 1300	Wechsel aus Lieferungen und Leistungen
		F 1301	– Restlaufzeit bis 1 Jahr
		F 1302	– Restlaufzeit größer 1 Jahr
		F 1305	Wechsel aus Lieferungen und Leistungen, bundesbankfähig
Forderungen gegen verbundene Unternehmen oder *Verbindlichkeiten gegenüber verbundenen Unternehmen*		1310	Besitzwechsel gegen verbundene Unternehmen
		1311	– Restlaufzeit bis 1 Jahr
		1312	– Restlaufzeit größer 1 Jahr
		1315	Besitzwechsel gegen verbundene Unternehmen, bundesbankfähig
Forderungen gegenüber Unternehmen, mit denen ein Beteiligungsverhältnis besteht oder *Verbindlichkeiten gegenüber Unternehmen, mit denen ein Beteiligungsverhältnis besteht*		1320	Besitzwechsel gegen Unternehmen, mit denen ein Beteiligungsverhältnis besteht
		1321	– Restlaufzeit bis 1 Jahr
		1322	– Restlaufzeit größer 1 Jahr
		1325	Besitzwechsel gegen Unternehmen, mit denen ein Beteiligungsverhältnis besteht, bundesbankfähig
Sonstige Wertpapiere		1327	Finanzwechsel
Schecks, Kassenbestand, Bundesbank- und Postgiroguthaben, Guthaben bei anderen Kreditinstituten		**F 1330**	**Schecks**
			Wertpapiere
Anteile an verbundenen Unternehmen		**1340**	**Anteile an verbundenen Unternehmen (Umlaufvermögen)**
		1344	**Anteile an herrschender oder mit Mehrheit beteiligter Gesellschaft**
Eigene Anteile		**1345**	**Eigene Anteile**

Seite 4

Bilanz-Posten[2)]	Programmverbindung[4)]	1 Finanz- und Privatkonten
Sonstige Wertpapiere		**F 1348 Sonstige Wertpapiere** **Forderungen und sonstige Vermögensgegenstände**
Sonstige Vermögensgegenstände		F 1350 GmbH-Anteile zum kurzfristigen Verbleib F 1352 Genossenschaftsanteile zum kurzfristigen Verbleib F 1355 Ansprüche aus Rückdeckungsversicherungen
Sonstige Vermögensgegenstände oder *sonstige Verbindlichkeiten*		F 1360 Geldtransit F 1370 Verrechnungskonto für Gewinnermittlung § 4/3 EStG, ergebniswirksam F 1371 Verrechnungskonto für Gewinnermittlung § 4/3 EStG, nicht ergebniswirksam F 1380 Überleitungskonto Kostenstelle F 1390 Verrechnungskonto Ist-Versteuerung
Forderungen aus Lieferungen und Leistungen oder *sonstige Verbindlichkeiten*		**S 1400 Forderungen aus Lieferungen und Leistungen** R 1401 -06 Forderungen aus Lieferungen und Leistungen F 1410 -49 Forderungen aus Lieferungen und Leistungen ohne Kontokorrent F 1450 Forderungen nach § 11 Abs. 1 Satz 2 EStG für § 4/3 EStG F 1451 Forderungen aus Lieferungen und Leistungen ohne Kontokorrent – Restlaufzeit bis 1 Jahr F 1455 – Restlaufzeit größer 1 Jahr F 1460 Zweifelhafte Forderungen F 1461 – Restlaufzeit bis 1 Jahr F 1465 – Restlaufzeit größer 1 Jahr
Forderungen gegen verbundene Unternehmen oder *Verbindlichkeiten gegenüber verbundenen Unternehmen*		F 1470 Forderungen aus Lieferungen und Leistungen gegen verbundene Unternehmen F 1471 – Restlaufzeit bis 1 Jahr F 1475 – Restlaufzeit größer 1 Jahr
Forderungen gegen verbundene Unternehmen H-Saldo		1478 Wertberichtigungen auf Forderungen mit einer Restlaufzeit bis zu 1 Jahr gegen verbundene Unternehmen 1479 Wertberichtigungen auf Forderungen mit einer Restlaufzeit von mehr als 1 Jahr gegen verbundene Unternehmen
Forderungen gegen Unternehmen, mit denen ein Beteiligungsverhältnis besteht oder *Verbindlichkeiten gegenüber Unternehmen, mit denen ein Beteiligungsverhältnis besteht*		F 1480 Forderungen aus Lieferungen und Leistungen gegen Unternehmen, mit denen ein Beteiligungsverhältnis besteht F 1481 – Restlaufzeit bis 1 Jahr F 1485 – Restlaufzeit größer 1 Jahr
Forderungen gegen Unternehmen, mit denen ein Beteiligungsverhältnis besteht H-Saldo		1488 Wertberichtigungen auf Forderungen mit einer Restlaufzeit bis zu 1 Jahr gegen Unternehmen, mit denen ein Beteiligungsverhältnis besteht 1489 Wertberichtigungen auf Forderungen mit einer Restlaufzeit von mehr als 1 Jahr gegen Unternehmen, mit denen ein Beteiligungsverhältnis besteht

Bilanz-Posten[2)]	Programmverbindung[4)]	1 Finanz- und Privatkonten
Forderungen aus Lieferungen und Leistungen oder *sonstige Verbindlichkeiten*		F 1490 Forderungen aus Lieferungen und Leistungen gegen Gesellschafter F 1491 – Restlaufzeit bis 1 Jahr F 1495 – Restlaufzeit größer 1 Jahr
Forderungen aus Lieferungen und Leistungen H-Saldo oder *sonstige Verbindlichkeiten S-Saldo*		1499 Gegenkonto 1451-1498 bei Aufteilung Debitorenkonto
Sonstige Vermögensgegenstände		**1500 Sonstige Vermögensgegenstände** 1501 – Restlaufzeit bis 1 Jahr 1502 – Restlaufzeit größer 1 Jahr 1503 Forderungen gegen Vorstandsmitglieder und Geschäftsführer – Restlaufzeit bis 1 Jahr 1504 Forderungen gegen Vorstandsmitglieder und Geschäftsführer – Restlaufzeit größer 1 Jahr 1505 Forderungen gegen Aufsichtsrats- und Beiratsmitglieder – Restlaufzeit bis 1 Jahr 1506 Forderungen gegen Aufsichtsrats- und Beiratsmitglieder – Restlaufzeit größer 1 Jahr 1507 Forderungen gegen Gesellschafter – Restlaufzeit bis 1 Jahr 1508 Forderungen gegen Gesellschafter – Restlaufzeit größer 1 Jahr
Geleistete Anzahlungen		**1510 Geleistete Anzahlungen auf Vorräte** AV 1511 Geleistete Anzahlungen, 7 % Vorsteuer R 1512 -15 AV 1516 Geleistete Anzahlungen, 15 % Vorsteuer AV 1517 Geleistete Anzahlungen, 16 % Vorsteuer R 1518
Sonstige Vermögensgegenstände		1521 Agenturwarenabrechnung 1525 Kautionen 1526 – Restlaufzeit bis 1 Jahr 1527 – Restlaufzeit größer 1 Jahr 1530 Forderungen gegen Personal 1531 – Restlaufzeit bis 1 Jahr 1537 – Restlaufzeit größer 1 Jahr 1540 Steuerüberzahlungen 1542 Steuererstattungsansprüche gegenüber anderen EG-Ländern 1545 Umsatzsteuerforderungen 1547 Forderungen aus entrichteten Verbrauchsteuern
Sonstige Vermögensgegenstände oder *sonstige Verbindlichkeiten*		1548 Vorsteuer im Folgejahr abziehbar
Sonstige Vermögensgegenstände		1549 Körperschaftsteuerrückforderung 1550 Darlehen 1551 – Restlaufzeit bis 1 Jahr 1555 – Restlaufzeit größer 1 Jahr

Seite 5

Bilanz-Posten[2]	Programmverbindung[4]	1 Finanz- und Privatkonten	
Sonstige Vermögensgegenstände oder *sonstige Verbindlichkeiten*		S 1560	Aufzuteilende Vorsteuer
		S 1561	Aufzuteilende Vorsteuer 7 %
		S 1562	Aufzuteilende Vorsteuer aus innergemeinschaftlichem Erwerb
		R 1563 -64	
		S 1565	Aufzuteilende Vorsteuer 16 %
		R 1566 -68	
	U	S 1570	Abziehbare Vorsteuer
	U	S 1571	Abziehbare Vorsteuer 7 %
	U	S 1572	Abziehbare Vorsteuer aus innergemeinschaftlichem Erwerb
	U	S 1573	Abziehbare Vorsteuer aus innergemeinschaftlichem Erwerb 16 %
		R 1574	
	U	S 1575	Abziehbare Vorsteuer 16 %
	U	S 1576	Abziehbare Vorsteuer 15 %
	U	F 1577	Vorsteuer nach allgemeinen Durchschnittsätzen UStVA KZ 63
		F 1578	Berichtigung des Vorsteuerabzugs früherer Jahre UStVA KZ 64
		R1579	
		1580	Gegenkonto Vorsteuer § 4/3 EStG
		1581	Auflösung Vorsteuer aus Vorjahr § 4/3 EStG
		R 1583	
	U	S 1584	Abziehbare Vorsteuer aus innergemeinschaftlichem Erwerb von Neufahrzeugen von Lieferanten ohne Umsatzsteuer-Identifikationsnummer
		1586	Kürzung BerlinFG
	U	F 1588	Bezahlte Einfuhrumsatzsteuer
		R 1589	
		1590	Durchlaufende Posten
Sonstige Verbindlichkeiten S-Saldo		1593	Verrechnungskonto erhaltene Anzahlungen bei Buchung über Debitorenkonto
Forderungen gegen verbundene Unternehmen oder *Verbindlichkeiten gegenüber verbundenen Unternehmen*		**1594**	**Forderungen gegen verbundene Unternehmen**
		1595	– Restlaufzeit bis 1Jahr
		1596	– Restlaufzeit größer 1 Jahr
Forderungen gegen Unternehmen, mit denen ein Beteiligungsverhältnis besteht oder *Verbindlichkeiten gegenüber Unternehmen, mit denen ein Beteiligungsverhältnis besteht*		**1597**	**Forderungen gegen Unternehmen, mit denen ein Beteiligungsverhältnis besteht**
		1598	– Restlaufzeit bis 1 Jahr
		1599	– Restlaufzeit größer 1 Jahr
			Verbindlichkeiten
Verbindlichkeiten aus Lieferungen und Leistungen oder *sonstige Vermögensgegenstände*		**S 1600**	**Verbindlichkeiten aus Lieferungen und Leistungen**
		R1601 -03	Verbindlichkeiten aus Lieferungen und Leistungen
		F 1610 -23	Verbindlichkeiten aus Lieferungen und Leistungen ohne Kontokorrent
		F 1624	Verbindlichkeiten aus Lieferungen und Leistungen für Investitionen für § 4/3 EStG
		F 1625	Verbindlichkeiten aus Lieferungen und Leistungen ohne Kontokorrent – Restlaufzeit bis 1 Jahr
		F 1626	– Restlaufzeit 1 bis 5 Jahre
		F 1628	– Restlaufzeit größer 5 Jahre

Bilanz-Posten[2]	Programmverbindung[4]	1 Finanz- und Privatkonten	
Verbindlichkeiten gegenüber verbundenen Unternehmen oder *Forderungen gegen verbundene Unternehmen*		F 1630	Verbindlichkeiten aus Lieferungen und Leistungen gegenüber verbundenen Unternehmen
		F 1631	– Restlaufzeit bis 1 Jahr
		F 1635	– Restlaufzeit 1 bis 5 Jahre
		F 1638	– Restlaufzeit größer 5 Jahre
Verbindlichkeiten gegenüber Unternehmen, mit denen ein Beteiligungsverhältnis besteht oder *Forderungen gegen Unternehmen, mit denen ein Beteiligungsverhältnis besteht*		F 1640	Verbindlichkeiten aus Lieferungen und Leistungen gegenüber Unternehmen, mit denen ein Beteiligungsverhältnis besteht
		F 1641	– Restlaufzeit bis 1 Jahr
		F 1645	– Restlaufzeit 1 bis 5 Jahre
		F 1648	– Restlaufzeit größer 5 Jahre
Verbindlichkeiten aus Lieferungen und Leistungen oder *sonstige Vermögensgegenstände*		F 1650	Verbindlichkeiten aus Lieferungen und Leistungen gegenüber Gesellschaftern
		F 1651	– Restlaufzeit bis 1 Jahr
		F 1655	– Restlaufzeit 1 bis 5 Jahre
		F 1658	– Restlaufzeit größer 5 Jahre
Verbindlichkeiten aus Lieferungen und Leistungen S-Saldo oder *sonstige Vermögensgegenstände H-Saldo*		1659	Gegenkonto 1625-1658 bei Aufteilung Kreditoren-Konto
Verbindlichkeiten aus der Annahme gezogener Wechsel und aus der Ausstellung eigener Wechsel		**F 1660**	**Schuldwechsel**
		F 1661	– Restlaufzeit bis 1 Jahr
		F 1680	– Restlaufzeit 1 bis 5 Jahre
		F 1690	– Restlaufzeit größer 5 Jahre
Sonstige Verbindlichkeiten		**1700**	**Sonstige Verbindlichkeiten**
		1701	– Restlaufzeit bis 1 Jahr
		1702	– Restlaufzeit 1 bis 5 Jahre
		1703	– Restlaufzeit größer 5 Jahre
		1704	Sonstige Verbindlichkeiten z. B. nach § 11 Abs. 2 Satz 2 EStG für § 4/3 EStG
		1705	Darlehen
		1706	– Restlaufzeit bis 1 Jahr
		1707	– Restlaufzeit 1 bis 5 Jahre
		1708	– Restlaufzeit größer 5 Jahre
Sonstige Verbindlichkeiten oder *sonstige Vermögensgegenstände*		1709	Gewinnverfügungskonto stiller Gesellschafter

Seite 6

Bilanz-Posten[2]	Programm-verbindung[4]	1 Finanz- und Privatkonten	
Erhaltene Anzahlungen auf Bestellungen (Passiva)		1710	**Erhaltene Anzahlungen (Verbindlichkeiten)**
	U	AM 1711	Erhaltene, versteuerte Anzahlungen 7 % USt (Verbindlichkeiten)
		R 1712 -15	
	U	AM 1716	Erhaltene, versteuerte Anzahlungen 15 % USt (Verbindlichkeiten)
	U	AM 1717	Erhaltene, versteuerte Anzahlungen 16 % USt (Verbindlichkeiten)
		R 1718	
		1719	Erhaltene Anzahlungen – Restlaufzeit bis 1 Jahr
		1720	– Restlaufzeit 1 bis 5 Jahre
		1721	– Restlaufzeit größer 5 Jahre
Erhaltene Anzahlungen auf Bestellungen (Aktiva)		1722	Erhaltene Anzahlungen (von Vorräten offen abgesetzt)
Sonstige Verbindlichkeiten		1731	Agenturwarenabrechnung
		1732	Erhaltene Kautionen
		1733	– Restlaufzeit bis 1 Jahr
		1734	– Restlaufzeit 1 bis 5 Jahre
		1735	– Restlaufzeit größer 5 Jahre
		1736	Verbindlichkeiten aus Betriebssteuern und Abgaben
		1737	– Restlaufzeit bis 1 Jahr
		1738	– Restlaufzeit 1 bis 5 Jahre
		1739	– Restlaufzeit größer 5 Jahre
		1740	Verbindlichkeiten aus Lohn und Gehalt
Sonstige Verbindlichkeiten oder *sonstige Vermögensgegenstände*		1741	Verbindlichkeiten aus Lohn- und Kirchensteuer
Sonstige Verbindlichkeiten		1742	Verbindlichkeiten im Rahmen der sozialen Sicherheit
		1743	– Restlaufzeit bis 1 Jahr
		1744	– Restlaufzeit 1 bis 5 Jahre
		1745	– Restlaufzeit größer 5 Jahre
		1746	Verbindlichkeiten aus Einbehaltungen
		1747	Verbindlichkeiten für Verbrauchsteuern
		1750	Verbindlichkeiten aus Vermögensbildung
		1751	– Restlaufzeit bis 1 Jahr
		1752	– Restlaufzeit 1 bis 5 Jahre
		1753	– Restlaufzeit größer 5 Jahre
		1754	Steuerzahlungen an andere EG-Länder[6]
Sonstige Verbindlichkeiten oder *sonstige Vermögensgegenstände*		1755	**Lohn- und Gehaltsverrechnung**
		F 1758	USt-Abzugsverfahren, 16 % Umsatzsteuer
		R 1759	
Steuerrückstellungen oder *sonstige Vermögensgegenstände*		S 1760	Umsatzsteuer nicht fällig
		S 1761	Umsatzsteuer nicht fällig 7 %
		S 1762	Umsatzsteuer nicht fällig aus im Inland steuerpflichtigen EG-Lieferungen
		S 1763	Umsatzsteuer nicht fällig aus im Inland steuerpflichtigen EG-Lieferungen 16 %
		R 1764	
		S 1765	Umsatzsteuer nicht fällig 16 %
		S 1766	Umsatzsteuer nicht fällig 15 %
Sonstige Verbindlichkeiten		S 1767	Umsatzsteuer aus im anderen EG-Land steuerpflichtigen Lieferungen
		S 1768	Umsatzsteuer aus im anderen EG-Land steuerpflichtigen sonstigen Leistungen/Werklieferungen[6]
		R 1769	

Bilanz-Posten[2]	Programm-verbindung[4]	1 Finanz- und Privatkonten	
Sonstige Verbindlichkeiten oder *sonstige Vermögensgegenstände*		S 1770	Umsatzsteuer
		S 1771	Umsatzsteuer 7 %
		S 1772	Umsatzsteuer aus innergemeinschaftlichem Erwerb
		S 1773	Umsatzsteuer aus innergemeinschaftlichem Erwerb 16 %
		R 1774	
		S 1775	Umsatzsteuer 16 %
		R 1776	
		S 1777	Umsatzsteuer aus im Inland steuerpflichtigen EG-Lieferungen
		R 1778	
		S 1779	Umsatzsteuer aus innergemeinschaftlichem Erwerb ohne Vorsteuerabzug
	U	1780	Umsatzsteuer-Vorauszahlungen
	U	F 1781	Umsatzsteuer-Vorauszahlung 1/11
	U	F 1782	Nachsteuer, UStVA KZ 65
	U	F 1783	In Rechnung unberechtigt ausgewiesene und geschuldete Steuerbeträge, UStVA KZ 69
	U	S 1784	Umsatzsteuer aus innergemeinschaftlichem Erwerb von Neufahrzeugen von Lieferanten ohne Umsatzsteuer-Identifikationsnummer
		1788	Einfuhrumsatzsteuer aufgeschoben bis
		1789	Umsatzsteuer laufendes Jahr
		1790	Umsatzsteuer Vorjahr
		1791	Umsatzsteuer frühere Jahre
Sonstige Vermögensgegenstände oder *sonstige Verbindlichkeiten*		1792	Sonstige Verrechnungskonten (Interimskonten)
Sonstige Vermögensgegenstände H-Saldo		1793	Verrechnungskonto geleistete Anzahlungen bei Buchung über Kreditoren-Konto
			Privat Vollhafter/Einzelunternehmer
		1800 -09	Privatentnahmen allgemein
		1810 -19	Privatsteuern
		1820 -29	Sonderausgaben beschränkt abzugsfähig
		1830 -39	Sonderausgaben unbeschränkt abzugsfähig
		1840 -49	Privatspenden
		1850 -59	Außergewöhnliche Belastungen
		1860 -69	Grundstücksaufwand
		1870 -79	Grundstücksertrag
		1880 -89	Eigenverbrauch
		1890 -99	Privateinlagen

Seite 7

Bilanz-Posten[2]	Programmverbindung[4]	1 Finanz- und Privatkonten
		Privat Teilhafter
		1900-09 Privatentnahmen allgemein
		1910-19 Privatsteuern
		1920-29 Sonderausgaben beschränkt abzugsfähig
		1930-39 Sonderausgaben unbeschränkt abzugsfähig
		1940-49 Privatspenden
		1950-59 Außergewöhnliche Belastungen
		1960-69 Grundstücksaufwand
		1970-79 Grundstücksertrag
		1980-89 Eigenverbrauch
		1990-99 Privateinlagen

GuV-Posten[2]	Programmverbindung[4]	2 Abgrenzungskonten
		M 2400-2449
		Außerordentliche Aufwendungen i.S.d. BiRiLiG
Außerordentliche Aufwendungen		2000 Außerordentliche Aufwendungen
		Betriebsfremde und periodenfremde Aufwendungen
Sonstige betriebliche Aufwendungen		2010 Betriebsfremde Aufwendungen (soweit nicht außerordentlich)
		2020 Periodenfremde Aufwendungen (soweit nicht außerordentlich)
		Zinsen und ähnliche Aufwendungen
Zinsen und ähnliche Aufwendungen		**2100 Zinsen und ähnliche Aufwendungen**
		2103 Steuerlich abzugsfähige, andere Nebenleistungen zu Steuern
	G K	2104 Steuerlich nicht abzugsfähige, andere Nebenleistungen zu Steuern
		2107 Zinsaufwendungen § 233a AO betriebliche Steuern
	G K	2108 Zinsaufwendungen § 233a, § 234, § 237 AO Personensteuern § 8 GewStG
		2109 Zinsaufwendungen an verbundene Unternehmen
		2110 Zinsaufwendungen für kurzfristige Verbindlichkeiten
	G K	2118 In Dauerschuldzinsen umqualifizierte Zinsen auf kurzfristige Verbindlichkeiten
		2119 Zinsaufwendungen für kurzfristige Verbindlichkeiten an verbundene Unternehmen
	G K	2120 Zinsaufwendungen für langfristige Verbindlichkeiten
	G K	2127 Renten und dauernde Lasten aus Gründung/Erwerb § 8 GewStG
	G	2128 Zinsaufwendungen an Mitunternehmer für die Hingabe von langfristigem Kapital § 15 EStG
	G K	2129 Zinsaufwendungen für langfristige Verbindlichkeiten an verbundene Unternehmen
		2130 Diskontaufwendungen
		2139 Diskontaufwendungen an verbundene Unternehmen
		2140 Zinsähnliche Aufwendungen
		2149 Zinsähnliche Aufwendungen an verbundene Unternehmen
Sonstige betriebliche Aufwendungen		2150 Aufwendungen aus Kursdifferenzen
		2165 Aufwendungen aus der Währungsumstellung auf den Euro (Artikel 43 Abs. 1 EGHGB)[1]
		2170 Nicht abziehbare Vorsteuer
		2171 Nicht abziehbare Vorsteuer 7 %
		2175 Nicht abziehbare Vorsteuer 16 %
		R 2176
		Steueraufwendungen
Steuern vom Einkommen und Ertrag	K	2200 Körperschaftsteuer
	K	2203 Körperschaftsteuer für Vorjahre
	G K	2205 Anrechenbare Körperschaftsteuer auf vereinnahmte Kapitalerträge
	K	2208 Solidaritätszuschlag
	K	2209 Solidaritätszuschlag für Vorjahre
	G K	2210 Kapitalertragsteuer
	G K	2213 Anrechenbarer Solidaritätszuschlag auf Kapitalertragsteuer
	G K	2215 Zinsabschlagsteuer
	G K	2218 Anrechenbarer Solidaritätszuschlag auf Zinsabschlagsteuer

Seite 8

GuV-Posten[2]	Programmverbindung[4]	2 Abgrenzungskonten	
Sonstige Steuern	K	2223	Vermögensteuer für Vorjahre
Steuern vom Einkommen und Ertrag		2280	Steuernachzahlungen Vorjahre für Steuern vom Einkommen und Ertrag
		2282	Steuererstattungen Vorjahre für Steuern vom Einkommen und Ertrag
		2284	Erträge aus der Auflösung von Rückstellungen für Steuern vom Einkommen und Ertrag
Sonstige Steuern		2285	Steuernachzahlungen Vorjahre für sonstige Steuern
		2287	Steuererstattungen Vorjahre für sonstige Steuern
		2289	Erträge aus der Auflösung von Rückstellungen für sonstige Steuern
			Sonstige Aufwendungen
Sonstige betriebliche Aufwendungen		**2300**	**Sonstige Aufwendungen**
		2307	Sonstige Aufwendungen betriebsfremd und regelmäßig
		2309	Sonstige Aufwendungen unregelmäßig
		2310	Anlagenabgänge (Restbuchwert bei Buchverlust)
Sonstige betriebliche Erträge		2315	Anlagenabgänge (Restbuchwert bei Buchgewinn)
Sonstige betriebliche Aufwendungen		2320	Verluste aus dem Abgang von Gegenständen des Anlagevermögens
		2325	Verluste aus dem Abgang von Gegenständen des Umlaufvermögens (außer Vorräten)
		2340	Einstellungen in Sonderposten mit Rücklageanteil (steuerfreie Rücklagen)
		2341	Einstellungen in Sonderposten mit Rücklageanteil (Ansparabschreibungen)
		2345	Einstellungen in Sonderposten mit Rücklageanteil (Sonderabschreibungen)
		2347	Einstellungen in Sonderposten mit Rücklageanteil (aus der Währungsumstellung auf den Euro)[1]
		2350	Grundstücksaufwendungen
Sonstige Steuern		2375	Grundsteuer

GuV-Posten[2]	Programmverbindung[4]	2 Abgrenzungskonten	
Sonstige betriebliche Aufwendungen	G K	2380	Spenden, steuerlich nicht abziehbar
	G K	2381	Beiträge und Spenden für wissenschaftliche und kulturelle Zwecke
	G K	2382	Beiträge und Spenden für mildtätige Zwecke
	G K	2383	Beiträge und Spenden für kirchliche, religiöse und gemeinnützige Zwecke
	G K	2384	Beiträge und Spenden an politische Parteien
	K	2385	Nicht abziehbare Hälfte der Aufsichtsratsvergütungen
		2386	Abziehbare Aufsichtsratsvergütungen
		2400	**Forderungsverluste (übliche Höhe)**
	U	AM 2401	Forderungsverluste 7 % USt (übliche Höhe)
	U	AM 2402	Forderungsverluste aus steuerfreien EG-Lieferungen (übliche Höhe)
	U	AM 2403	Forderungsverluste aus im Inland steuerpflichtigen EG-Lieferungen 7 % USt (übliche Höhe)
	U	AM 2404	Forderungsverluste aus im Inland steuerpflichtigen EG-Lieferungen 16 % USt (übliche Höhe)
	U	AM 2405	Forderungsverluste 16 % USt (übliche Höhe)
		R 2406	
	U	AM 2407	Forderungsverluste 15 % USt (übliche Höhe)
		R 2408	
	U	AM 2409	Forderungsverluste aus im Inland steuerpflichtigen EG-Lieferungen 15 % USt (übliche Höhe)
Abschreibungen auf Vermögensgegenstände des Umlaufvermögens, soweit diese die in der Kapitalgesellschaft üblichen Abschreibungen überschreiten		2430	Forderungsverluste, unüblich hoch
Sonstige betriebliche Aufwendungen		2450	Einstellungen in die Pauschalwertberichtigung zu Forderungen
		2451	Einstellung in die Einzelwertberichtigung zu Forderungen
Aufwendungen aus Verlustübernahme	K	2490	Aufwendungen aus Verlustübernahme
Aufgrund einer Gewinngemeinschaft, eines Gewinn- oder Teilgewinnabführungsvertrags abgeführte Gewinne		2492	Abgeführte Gewinne aufgrund einer Gewinngemeinschaft
	G K	2493	Abgeführte Gewinnanteile an stille Gesellschafter § 8 GewStG
	K	2494	Abgeführte Gewinne aufgrund eines Gewinn- oder Teilgewinnabführungsvertrags
Einstellungen in die Kapitalrücklage nach den Vorschriften über die vereinfachte Kapitalherabsetzung	K	2495	Einstellungen in die Kapitalrücklage nach den Vorschriften über die vereinfachte Kapitalherabsetzung
Einstellungen in Gewinnrücklagen in die gesetzliche Rücklage	K	2496	Einstellungen in die gesetzliche Rücklage

Seite 9

GuV-Posten[2]	Programmverbindung[4]	2	Abgrenzungskonten
Einstellungen in Gewinnrücklagen in satzungsmäßige Rücklagen	K	2497	Einstellungen in satzungsmäßige Rücklagen
Einstellungen in Gewinnrücklagen in die Rücklage für eigene Anteile	K	2498	Einstellungen in die Rücklage für eigene Anteile
Einstellungen in Gewinnrücklagen in andere Gewinnrücklagen	K	2499	Einstellungen in andere Gewinnrücklagen
			Außerordentliche Erträge i.S.d. BiRiLiG
Außerordentliche Erträge		2500	Außerordentliche Erträge
			Betriebsfremde und periodenfremde Erträge
Sonstige betriebliche Erträge		2510	Betriebsfremde Erträge (soweit nicht außerordentlich)
		2520	Periodenfremde Erträge (soweit nicht außerordentlich)
			Zinserträge
Erträge aus Beteiligungen		**2600**	**Erträge aus Beteiligungen**
	G K	2617	Gewinne aus Anteilen an nicht steuerbefreiten inländischen Kapitalgesellschaften § 9 Nr. 2a GewStG
	G K	2618	Gewinnanteile aus Mitunternehmerschaften § 9 GewStG
		2619	Erträge aus Beteiligungen an verbundenen Unternehmen
Erträge aus anderen Wertpapieren und Ausleihungen des Finanzanlagevermögens		**2620**	**Erträge aus anderen Wertpapieren und Ausleihungen des Finanzanlagevermögens**
		2649	Erträge aus anderen Wertpapieren und Ausleihungen des Finanzanlagevermögens aus verbundenen Unternehmen
Sonstige Zinsen und ähnliche Erträge		**2650**	**Sonstige Zinsen und ähnliche Erträge**
		2657	Zinserträge § 233a AO betriebliche Steuern
	G K	2658	Zinserträge § 233a AO Körperschaftsteuer/Vermögensteuer
		2659	Sonstige Zinsen und ähnliche Erträge aus verbundenen Unternehmen
Sonstige betriebliche Erträge		2660	Erträge aus Kursdifferenzen
		2665	Erträge aus der Währungsumstellung auf den Euro (Artikel 43 Abs. 1 EGHGB)[1]
Sonstige Zinsen und ähnliche Erträge		2670	Diskonterträge
		2679	Diskonterträge aus verbundenen Unternehmen
		2680	Zinsähnliche Erträge
		2689	Zinsähnliche Erträge aus verbundenen Unternehmen

GuV-Posten[2]	Programmverbindung[4]	2	Abgrenzungskonten
			Sonstige Erträge
Sonstige betriebliche Erträge		**2700**	**Sonstige Erträge**
		2705	Sonstige Erträge betrieblich und regelmäßig
		2707	Sonstige Erträge betriebsfremd und regelmäßig
		2709	Sonstige Erträge unregelmäßig
		2710	Erträge aus Zuschreibungen des Anlagevermögens
		2715	Erträge aus Zuschreibungen des Umlaufvermögens
		2720	Erträge aus dem Abgang von Gegenständen des Anlagevermögens
		2725	Erträge aus dem Abgang von Gegenständen des Umlaufvermögens (außer Vorräten)
		2730	Erträge aus Herabsetzung der Pauschalwertberichtigung zu Forderungen
		2731	Erträge aus Herabsetzung der Einzelwertberichtigung zu Forderungen
		2732	Erträge aus abgeschriebenen Forderungen
		2735	Erträge aus der Auflösung von Rückstellungen
		2737	Erträge aus der Auflösung von Sonderposten mit Rücklageanteil (aus der Währungsumstellung auf den Euro)[1]
		2739	Erträge aus der Auflösung von Sonderposten mit Rücklageanteil (Ansparabschreibungen)
		2740	Erträge aus der Auflösung von Sonderposten mit Rücklageanteil (steuerfreie Rücklagen)
		2741	Erträge aus der Auflösung von Sonderposten mit Rücklageanteil (Sonderabschreibungen)
		2742	Versicherungsentschädigungen
		2743	Investitionszuschüsse (steuerpflichtig)
	G K	2744	Investitionszulagen (steuerfrei)
Erträge aus Kapitalherabsetzung		2745	Erträge aus Kapitalherabsetzung
Sonstige betriebliche Erträge		2750	Grundstückserträge
Erträge aus Verlustübernahme	K	2790	Erträge aus Verlustübernahme
Aufgrund einer Gewinngemeinschaft, eines Gewinn- oder Teilgewinnabführungsvertrags erhaltene Gewinne		2792	Erhaltene Gewinne aufgrund einer Gewinngemeinschaft
	K	2794	Erhaltene Gewinne aufgrund eines Gewinn- oder Teilgewinnabführungsvertrags
Entnahmen aus der Kapitalrücklage	K	2795	Entnahmen aus der Kapitalrücklage
Entnahmen aus Gewinnrücklagen aus der gesetzlichen Rücklage	K	2796	Entnahmen aus der gesetzlichen Rücklage
Entnahmen aus Gewinnrücklagen aus satzungsmäßigen Rücklagen	K	2797	Entnahmen aus satzungsmäßigen Rücklagen

GuV-Posten[2]	Programmverbindung[4]	2 Abgrenzungskonten	
Entnahmen aus Gewinnrücklagen aus der Rücklage für eigene Anteile	K	2798	Entnahmen aus der Rücklage für eigene Anteile
Entnahmen aus Gewinnrücklagen aus anderen Gewinnrücklagen	K	2799	Entnahmen aus anderen Gewinnrücklagen
Gewinnvortrag oder *Verlustvortrag*	K	**2860**	**Gewinnvortrag nach Verwendung**
	K	2862	Gewinnvortrag 45 % Vorbelastung
	K	2864	Gewinnvortrag 30 % Vorbelastung
	K	2866	Gewinnvortrag 0 % Vorbelastung
	K	**2868**	**Verlustvortrag nach Verwendung**
Gewinnvortrag auf neue Rechnung oder *Verlustvortrag auf neue Rechnung*		**2869**	**Vorträge auf neue Rechnung (GuV)**
Ausschüttung	K	2870	Vorabausschüttung
			Verrechnete kalkulatorische Kosten
Sonstige betriebliche Aufwendungen		2890	Verrechneter kalkulatorischer Unternehmerlohn
		2891	Verrechnete kalkulatorische Miete und Pacht
		2892	Verrechnete kalkulatorische Zinsen
		2893	Verrechnete kalkulatorische Abschreibungen
		2894	Verrechnete kalkulatorische Wagnisse
		2895	Verrechneter kalkulatorischer Lohn für unentgeltliche Mitarbeiter
			R 2900-01
			R 2907
			R 2912-14
			R 2917
			R 2920-31
			R 2950-53
			R 2960-63
Sonstige betriebliche Erträge oder *sonstige betriebliche Aufwendungen*		2990	Aufwendungen/Erträge aus Umrechnungsdifferenzen[1]

GuV-Posten[2]	Programmverbindung[4]	3 Wareneingangs- und Bestandskonten	
		V	3000-3599
		V	3700-3959
		KU	3960-3999
			Materialaufwand
Aufwendungen für Roh-, Hilfs- und Betriebsstoffe und für bezogene Waren		3000	Roh-, Hilfs- und Betriebsstoffe
		3090	Energiestoffe (Fertigung)
Aufwendungen für bezogene Leistungen		**3100**	**Fremdleistungen**
		AV 3150	Leistungen von ausländischen Unternehmen (Nullregelung)
Aufwendungen für Roh-, Hilfs- und Betriebsstoffe und für bezogene Waren		**3200**	**Wareneingang**
		AV 3300-09	Wareneingang 7 % Vorsteuer
		R 3310-49	
		AV 3400-09	Wareneingang 16 % Vorsteuer
		R 3410-19	
	U	AV 3420-24	Innergemeinschaftlicher Erwerb 7 % Vorsteuer und 7 % Umsatzsteuer
	U	AV 3425-29	Innergemeinschaftlicher Erwerb 16 % Vorsteuer und 16 % Umsatzsteuer
	U	AV 3430	Innergemeinschaftlicher Erwerb ohne Vorsteuer 7 % Umsatzsteuer
		R 3431-34	
	U	AV 3435	Innergemeinschaftlicher Erwerb ohne Vorsteuer und 16 % Umsatzsteuer
		R 3436-39	
	U	AV 3440	Innergemeinschaftlicher Erwerb von Neufahrzeugen von Lieferanten ohne Umsatzsteuer-Identifikationsnummer 16 % Vorsteuer und 16 % Umsatzsteuer
		R 3441-49	
		AV 3500-04	Wareneingang 5 % Vorsteuer
		AV 3505-09	Wareneingang 6 % Vorsteuer
		R 3510-39	
		AV 3540-49	Wareneingang 10 % Vorsteuer
	U	AV 3550	Steuerfreier innergemeinschaftlicher Erwerb
		R 3551-59	
		3600-09	Nicht abziehbare Vorsteuer
		3610-19	Nicht abziehbare Vorsteuer 7 %
		3650-59	Nicht abziehbare Vorsteuer 16 %
		R 3660-69	
		3700	Nachlässe
		AV 3710-11	Nachlässe 7 % Vorsteuer
		R 3712-19	

Seite 11

Bilanz-/GuV-Posten[2)]	Programmverbindung[4)]	3 Wareneingangs- und Bestandskonten	
Aufwendungen für Roh-, Hilfs- und Betriebsstoffe und für bezogene Waren		AV 3720 -21	Nachlässe 16 % Vorsteuer
		R 3722	
		AV 3723	Nachlässe 15 % Vorsteuer
	U	AV 3724	Nachlässe aus innergemeinschaftlichem Erwerb 7 % Vorsteuer und 7 % Umsatzsteuer
	U	AV 3725	Nachlässe aus innergemeinschaftlichem Erwerb 16 % Vorsteuer und 16 % Umsatzsteuer
		R 3726	
	U	AV 3727	Nachlässe aus innergemeinschaftlichem Erwerb 15 % Vorsteuer und 15 % Umsatzsteuer
		R 3728 -29	
		S 3730	Erhaltene Skonti
		S/AV 3731	Erhaltene Skonti 7 % Vorsteuer
		R 3732 -34	
		S/AV 3735	Erhaltene Skonti 16 % Vorsteuer
		S/AV 3736	Erhaltene Skonti 15 % Vorsteuer
		R 3737 -38	
		3740	Erhaltene Boni
		AV 3750 -51	Erhaltene Boni 7 % Vorsteuer
		R 3752 -59	
		AV 3760 -61	Erhaltene Boni 16 % Vorsteuer
		R 3762 -63	
		AV 3764 -65	Erhaltene Boni 15 % Vorsteuer
		R 3766 -69	
		3770	Erhaltene Rabatte
		AV 3780 -81	Erhaltene Rabatte 7 % Vorsteuer
		R 3782 -89	
		AV 3790 -91	Erhaltene Rabatte 16 % Vorsteuer
		R 3792 -93	
		AV 3794 -95	Erhaltene Rabatte 15 % Vorsteuer
		R 3796 -99	
		3800	Anschaffungsnebenkosten
		3830	Leergut
		3850	Zölle und Einfuhrabgaben
		3960 -69	Bestandsveränderungen Roh-, Hilfs- und Betriebsstoffe sowie bezogene Waren
			Bestand an Vorräten
Roh-, Hilfs- und Betriebsstoffe		3970 -79	Bestand Roh-, Hilfs- und Betriebsstoffe
Fertige Erzeugnisse und Waren		3980 -89	Bestand Waren
			Verrechnete Stoffkosten
Aufwendungen für Roh-, Hilfs- und Betriebsstoffe und für bezogene Waren		3990 -99	Verrechnete Stoffkosten (Gegenkonto zu 4000-99)

GuV-Posten[2)]	Programmverbindung[4)]	4 Betriebliche Aufwendungen	
			V 4000-4099 V 4200-4299 V 4400-4819 V 4900-4989
			Material- und Stoffverbrauch
Aufwendungen für Roh-, Hilfs- und Betriebsstoffe und für bezogene Waren		4000 -99	Material- und Stoffverbrauch
			Personalaufwendungen
Löhne und Gehälter		4100	Löhne und Gehälter
		4110	Löhne
		4120	Gehälter
		4124	Geschäftsführergehälter der GmbH-Gesellschafter
		4125	Ehegattengehalt
	K	4126	Tantiemen
		4127	Geschäftsführergehälter
	G	4128	Vergütungen an angestellte Mitunternehmer § 15 EStG
Soziale Abgaben und Aufwendungen für Altersversorgung und für Unterstützung		4130	Gesetzliche soziale Aufwendungen
	G	4137	Gesetzliche soziale Aufwendungen für Mitunternehmer § 15 EStG
		4138	Beiträge zur Berufsgenossenschaft
Sonstige betriebliche Aufwendungen		4139	Ausgleichsabgabe i.S.d. Schwerbehindertengesetzes
Soziale Abgaben und Aufwendungen für Altersversorgung und für Unterstützung		4140	Freiwillige soziale Aufwendungen, lohnsteuerfrei
Löhne und Gehälter		4145	Freiwillige soziale Aufwendungen, lohnsteuerpflichtig
		4149	Pauschale Lohnsteuer auf sonstige Bezüge (z. B. Fahrtkostenzuschüsse)
		4150	Krankengeldzuschüsse
Soziale Abgaben und Aufwendungen für Altersversorgung und für Unterstützung		4160	Versorgungskassen
		4165	Aufwendungen für Altersversorgung
		4167	Pauschale Lohnsteuer auf sonstige Bezüge (z. B. Direktversicherungen)
	G	4168	Aufwendungen für Altersversorgung für Mitunternehmer § 15 EStG
		4169	Aufwendungen für Unterstützung
Löhne und Gehälter		4170	Vermögenswirksame Leistungen
		4175	Fahrtkostenerstattung - Wohnung/Arbeitsstätte
		4180	Bedienungsgelder
		4190	Aushilfslöhne
		4199	Lohnsteuer für Aushilfen

Seite 12

GuV-Posten[2]	Programmverbindung[4]	4 Betriebliche Aufwendungen	
			Sonstige betriebliche Aufwendungen und Abschreibungen
Sonstige betriebliche Aufwendungen		4200	Raumkosten
		4210	Miete
	G K	4218	Gewerbesteuerlich zu berücksichtigende Miete § 8 GewStG[5]
	G	4219	Vergütungen an Mitunternehmer für die mietweise Überlassung ihrer Wirtschaftsgüter § 15 EStG
		4220	Pacht
	G K	4228	Gewerbesteuerlich zu berücksichtigende Pacht § 8 GewStG[5]
	G	4229	Vergütungen an Mitunternehmer für die pachtweise Überlassung ihrer Wirtschaftsgüter § 15 EStG
		4230	Heizung
		4240	Gas, Strom, Wasser (Verwaltung, Vertrieb)
		4250	Reinigung
		4260	Instandhaltung betrieblicher Räume
		4270	Abgaben für betrieblich genutzten Grundbesitz
		4280	Sonstige Raumkosten
		4300	Nicht abziehbare Vorsteuer
		4301	Nicht abziehbare Vorsteuer 7 %
		4305	Nicht abziehbare Vorsteuer 16 %
		R 4306	
Steuern vom Einkommen und Ertrag	G K	4320	Gewerbesteuer
Sonstige Steuern		4340	Sonstige Betriebssteuern
		4350	Verbrauchsteuer
Sonstige betriebliche Aufwendungen		4360	Versicherungen
		4370	Nettoprämie für Rückdeckung künftiger Versorgungsleistungen
		4380	Beiträge
		4390	Sonstige Abgaben
		4396	Steuerlich abzugsfähige Verspätungszuschläge und Zwangsgelder
	G K	4397	Steuerlich nicht abzugsfähige Verspätungszuschläge und Zwangsgelder
		4400 -99	(zur freien Verfügung)
		4500	Fahrzeugkosten
Sonstige Steuern		4510	Kfz-Steuern
Sonstige betriebliche Aufwendungen		4520	Kfz-Versicherungen
		4530	Laufende Kfz-Betriebskosten
		4540	Kfz-Reparaturen
		4550	Garagenmieten
		4570	Fremdfahrzeuge
		4580	Sonstige Kfz-Kosten
		4600	Werbe- und Reisekosten
		4610	Werbekosten
		4630	Geschenke bis DM 75,-
	G K	4635	Geschenke über DM 75,-
		4638	Geschenke ausschließlich betrieblich genutzt
		4640	Repräsentationskosten
		4650	Bewirtungskosten
		4653	Aufmerksamkeiten
	G K	4654	Nicht abzugsfähige Bewirtungskosten
	G K	4655	Nicht abzugsfähige Betriebsausgaben
		4660	Reisekosten Arbeitnehmer
		AV 4666	Reisekosten Arbeitnehmer 13,1 % Vorsteuer Verpflegungsmehraufwand/Übernachtungsaufwand
		AV 4667	Reisekosten Arbeitnehmer 10,5 % Vorsteuer Gesamtpauschalierung
Sonstige betriebliche Aufwendungen		4670	Reisekosten Unternehmer
		AV 4675	Reisekosten Unternehmer 10,5 % Vorsteuer, sonstige bei Gesamtpauschalierung
		AV 4676	Reisekosten Unternehmer13,1 % Vorsteuer Verpflegungsmehraufwand
		AV 4677	Reisekosten Unternehmer 10,5 % Vorsteuer Verpflegungsmehraufwand bei Gesamtpauschalierung
		AV 4678	Kilometergelderstattung Unternehmer 6,1 % Vorsteuer
		AV 4685	Kilometergelderstattung Arbeitnehmer 8,7 % Vorsteuer
		4700	Kosten der Warenabgabe
		4710	Verpackungsmaterial
		4730	Ausgangsfrachten
		4750	Transportversicherungen
		4760	Verkaufsprovisionen
		4780	Fremdarbeiten
		4790	Aufwand für Gewährleistungen
		4800	Reparaturen und Instandhaltungen von technischen Anlagen und Maschinen
		4805	Reparaturen und Instandhaltungen von anderen Anlagen und Betriebs- und Geschäftsausstattung
		4809	Sonstige Reparaturen und Instandhaltungen
		4810	Mietleasing
	G K	4814	Gewerbesteuerlich zu berücksichtigendes Mietleasing § 8 GewStG[5]
Abschreibungen auf immaterielle Vermögensgegenstände des Anlagevermögens und Sachanlagen sowie auf aktivierte Aufwendungen für die Ingangsetzung und Erweiterung des Geschäftsbetriebs		4815	Kaufleasing
		4820	**Abschreibungen** auf Aufwendungen für die Ingangsetzung und Erweiterung des Geschäftsbetriebs
		4821	Abschreibungen auf Aufwendungen für die Währungsumstellung auf den Euro[1]
		4822	Abschreibungen auf immaterielle Vermögensgegenstände
		4824	Abschreibungen auf den Geschäfts- oder Firmenwert
		4826	Außerplanmäßige Abschreibungen auf immaterielle Vermögensgegenstände
		4830	Abschreibungen auf Sachanlagen
		4840	Außerplanmäßige Abschreibungen auf Sachanlagen
		4850	Abschreibungen auf Sachanlagen aufgrund steuerlicher Sondervorschriften
		4855	Sofortabschreibung geringwertiger Wirtschaftsgüter
		4860	Abschreibungen auf aktivierte, geringwertige Wirtschaftsgüter
		4865	Außerplanmäßige Abschreibungen auf aktivierte, geringwertige Wirtschaftsgüter
Abschreibungen auf Finanzanlagen und auf Wertpapiere des Umlaufvermögens		4870	Abschreibungen auf Finanzanlagen
	G K	4872	Abschreibungen aufgrund von Verlustanteilen an Mitunternehmerschaften § 8 GewStG
		4874	Abschreibungen auf Finanzanlagen aufgrund steuerlicher Sondervorschriften
		4875	Abschreibungen auf Wertpapiere des Umlaufvermögens
		4879	Vorwegnahme künftiger Wertschwankungen bei Wertpapieren des Umlaufvermögens
Abschreibungen auf Vermögensgegenstände des Umlaufvermögens, soweit diese die in der Kapitalgesellschaft üblichen Abschreibungen überschreiten		4880	Abschreibungen auf Umlaufvermögen ohne Wertpapiere (soweit unübliche Höhe)
		4882	Abschreibungen auf Umlaufvermögen, steuerrechtlich bedingt (soweit unübliche Höhe)

GuV-Posten[2]	Programmverbindung[4]	4 Betriebliche Aufwendungen	Bilanz-Posten[2]	Programmverbindung[4]	7 Bestände an Erzeugnissen
Sonstige betriebliche Aufwendungen		4885 Vorwegnahme künftiger Wertschwankungen im Umlaufvermögen außer Vorräte und Wertpapiere des Umlaufvermögens			KU 7000-7999
		4886 Abschreibungen auf Umlaufvermögen außer Vorräte und Wertpapiere des Umlaufvermögens (soweit übliche Höhe)	Unfertige Erzeugnisse, unfertige Leistungen		**7000 Unfertige Erzeugnisse, unfertige Leistungen (Bestand)** 7050 Unfertige Erzeugnisse (Bestand) 7080 Unfertige Leistungen (Bestand)
		4887 Abschreibungen auf Umlaufvermögen, steuerrechtlich bedingt (soweit übliche Höhe)	In Ausführung befindliche Bauaufträge		7090 In Ausführung befindliche Bauaufträge
Abschreibungen auf Vermögensgegenstände des Umlaufvermögens, soweit diese die in der Kapitalgesellschaft üblichen Abschreibungen überschreiten		4890 Vorwegnahme künftiger Wertschwankungen im Umlaufvermögen (soweit unübliche Höhe)	In Arbeit befindliche Aufträge		7095 In Arbeit befindliche Aufträge
			Fertige Erzeugnisse und Waren		**7100 Fertige Erzeugnisse und Waren (Bestand)** 7110 Fertige Erzeugnisse (Bestand) 7140 Waren (Bestand)
Sonstige betriebliche Aufwendungen		4900 Sonstige betriebliche Aufwendungen			
		4905 Sonstige Aufwendungen betrieblich und regelmäßig			
		4910 Porto			
		4920 Telefon			
		4925 Telefax			
		4930 Bürobedarf			
		4940 Zeitschriften, Bücher			
		4945 Fortbildungskosten			
		4946 Freiwillige Sozialleistungen			
	G	4948 Vergütungen an freiberufliche Mitunternehmer § 15 EStG			
		4950 Rechts- und Beratungskosten			
		4955 Buchführungskosten			
		4957 Abschluß- und Prüfungskosten			
		4960 Mieten für Einrichtungen			
	G K	4968 Gewerbesteuerlich zu berücksichtigende Miete für Einrichtungen § 8 GewStG[5]			
		4969 Aufwendungen für Abraum- und Abfallbeseitigung			
		4970 Nebenkosten des Geldverkehrs			
		4980 Betriebsbedarf			
		4985 Werkzeuge und Kleingeräte			
		Kalkulatorische Kosten			
Sonstige betriebliche Aufwendungen		4990 Kalkulatorischer Unternehmerlohn			
		4991 Kalkulatorische Miete und Pacht			
		4992 Kalkulatorische Zinsen			
		4993 Kalkulatorische Abschreibungen			
		4994 Kalkulatorische Wagnisse			
		4995 Kalkulatorischer Lohn für unentgeltliche Mitarbeiter			
		Kosten bei Anwendung des Umsatzkostenverfahrens			
Sonstige betriebliche Aufwendungen		4996 Herstellungskosten			
		4997 Verwaltungskosten			
		4998 Vertriebskosten			
		4999 Gegenkonto 4996-4998			

GuV-Posten[2]	Programmverbindung[4]	8 Erlöskonten	
		M 8000-8196 KU 8197-8198 M 8199-8611 KU 8612-8614 M 8615-8904 KU 8905-8909 M 8910-8936 KU 8937-8939 M 8940-8941 KU 8942-8944 M 8945-8946 KU 8947-8999	
			Umsatzerlöse
Umsatzerlöse		8000 -99	(Zur freien Verfügung)
	U	AM 8100	Steuerfreie Umsätze § 4 Nr. 8 ff. UStG
	U	AM 8110	Sonstige steuerfreie Umsätze Inland
	U	AM 8120	Steuerfreie Umsätze § 4 Nr. 1a UStG
	U	AM 8125	Steuerfreie innergemeinschaftliche Lieferungen § 4 Nr. 1b UStG
		R 8128	
	U	AM 8130	Lieferungen des ersten Abnehmers bei innergemeinschaftlichen Dreiecksgeschäften § 25 b Abs. 2 UStG
	U	AM 8135	Steuerfreie innergemeinschaftliche Lieferungen von Neufahrzeugen an Abnehmer ohne Umsatzsteuer-Identifikationsnummer
	U	AM 8140	Steuerfreie Umsätze Offshore usw.
	U	AM 8150	Sonstige steuerfreie Umsätze (z. B. § 4 Nr. 2-7 UStG)
		R 8190	
		R 8192 -93	
		R 8195	
	U	AM 8196	Erlöse aus Geldspielautomaten 16 % USt
		R 8197 -98	
		8200	Erlöse
	U	AM 8300 -09	Erlöse 7 % USt
	U	AM 8310 -14	Erlöse aus im Inland steuerpflichtigen EG-Lieferungen 7 % USt
	U	AM 8315 -19	Erlöse aus im Inland steuerpflichtigen EG-Lieferungen 16 % USt
		8320 -29	Erlöse aus im anderen EG-Land steuerpflichtigen Lieferungen[3]
		R 8330 -38	
		AM 8339	Erlöse aus im anderen EG-Land steuerpflichtigen sonstigen Leistungen (Nullregelung)
		R 8340 -49	
	U	AM 8400 -09	Erlöse 16 % USt
		R 8410 -49	
		8500	Provisionserlöse
	U	AM 8504	Provisionserlöse, steuerfrei (§ 4 Nr. 8 ff. UStG)
	U	AM 8505	Provisionserlöse, steuerfrei (§ 4 Nr. 5 UStG)
	U	AM 8506	Provisionserlöse 7 % USt
		R 8507	
	U	AM 8508	Provisionserlöse 16 % USt
		R 8509	
		8520	Erlöse Abfallverwertung
		8540	Erlöse Leergut

GuV-Posten[2]	Programmverbindung[4]	8 Erlöskonten	
Sonstige betriebliche Erträge		8590	Verrechnete sonstige Sachbezüge (keine Waren)
	U	AM 8591	Sachbezüge 7 % USt (Waren)
		R 8594	
	U	AM 8595	Sachbezüge 16 % USt (Waren)
		R 8596 -97	
		8600	Sonstige Erlöse betrieblich und regelmäßig
		8610	Verrechnete sonstige Sachbezüge
	U	AM 8611	Verrechnete sonstige Sachbezüge 16 % USt (z. B. Kfz-Gestellung)
		R 8612 -13	
		8614	Verrechnete sonstige Sachbezüge ohne Umsatzsteuer
	U	AM 8625 -29	Sonstige Erlöse betrieblich und regelmäßig, steuerfrei
	U	AM 8630 -34	Sonstige Erlöse betrieblich und regelmäßig 7 % USt
		R 8635 -39	
	U	AM 8640 -44	Sonstige Erlöse betrieblich und regelmäßig 16 % USt
		R 8645 -49	
Sonstige Zinsen und ähnliche Erträge		8650	Erlöse Zinsen und Diskontspesen
		8660	Erlöse Zinsen und Diskontspesen aus verbundenen Unternehmen
Umsatzerlöse		8700	Erlösschmälerungen
	U	AM 8705	Erlösschmälerungen aus steuerfreien Umsätzen § 4 Nr. 1a UStG
	U	AM 8710 -11	Erlösschmälerungen 7 % USt
		R 8712 -19	
	U	AM 8720 -21	Erlösschmälerungen 16 % USt
		R 8722	
	U	AM 8723	Erlösschmälerungen 15 % USt
	U	AM 8724	Erlösschmälerungen aus steuerfreien innergemeinschaftlichen Lieferungen
	U	AM 8725	Erlösschmälerungen aus im Inland steuerpflichtigen EG-Lieferungen 7 % USt
	U	AM 8726	Erlösschmälerungen aus im Inland steuerpflichtigen EG-Lieferungen 16 % USt
		8727	Erlösschmälerungen aus im anderen EG-Land steuerpflichtigen Lieferungen[3]
		R 8728	
	U	AM 8729	Erlösschmälerungen aus im Inland steuerpflichtigen EG-Lieferungen 15 % USt

Seite 15

GuV-Posten[2]	Programmverbindung[4]	8 Erlöskonten	
Umsatzerlöse		S 8730	Gewährte Skonti
	U	S/AM 8731	Gewährte Skonti 7 % USt
		R 8732 -34	
	U	S/AM 8735	Gewährte Skonti 16 % USt
	U	S/AM 8736	Gewährte Skonti 15 % USt
		R 8737 -38	
		8740	Gewährte Boni
	U	AM 8750 -51	Gewährte Boni 7 % USt
		R 8752 -59	
	U	AM 8760 -61	Gewährte Boni 16 % USt
		R 8762 -63	
	U	AM 8764 -65	Gewährte Boni 15 % USt
		R 8766 -69	
		8770	Gewährte Rabatte
	U	AM 8780 -81	Gewährte Rabatte 7 % USt
		R 8782 -89	
	U	AM 8790 -91	Gewährte Rabatte 16 % USt
		R 8792 -93	
	U	AM 8794 -95	Gewährte Rabatte 15 % USt
		R 8796 -99	
Sonstige betriebliche Aufwendungen		8800	Erlöse aus Anlagenverkäufen
	U	AM 8801 -09	Erlöse aus Anlagenverkäufen 16 % USt (bei Buchverlust)
		R 8810 -19	
Sonstige betriebliche Erträge	U	AM 8820 -28	Erlöse aus Anlagenverkäufen 16 % USt (bei Buchgewinn)
		8829	Erlöse aus Anlagenverkäufen (bei Buchgewinn)
		R 8830 -39	
Umsatzerlöse		8900	Eigenverbrauch
		8905	Entnahme von Gegenständen ohne USt
		R 8908 -09	
	U	AM 8910 -14	Entnahme von Gegenständen 16 % USt nach § 1 Abs. 1 Nr. 2a UStG (z. B. Warenentnahmen)
	U	AM 8915 -19	Entnahme von Gegenständen 7 % USt nach § 1 Abs. 1 Nr. 2a UStG (z. B. Warenentnahmen)

GuV-Posten[2]	Programmverbindung[4]	8 Erlöskonten	
Sonstige betriebliche Erträge	U	AM 8920 -29	Entnahme von sonstigen Leistungen 16 % USt nach § 1 Abs. 1 Nr. 2b UStG (z. B. Kfz- und Telefonkosten)
	U	AM 8930 -36	Entnahme von sonstigen Leistungen 7 % USt nach § 1 Abs. 1 Nr. 2b UStG
		R 8937 -38	
		8939	Entnahme von sonstigen Leistungen ohne USt nach § 1 Abs. 1 Nr. 2b UStG
	U	AM 8940	Eigenverbrauch 16 % USt, Aufwendungen i.S.d. § 4 Abs. 5 Nr. 1-7 EStG, Abs. 7 EStG, § 1 Abs. 1 Nr. 2c UStG
	U	AM 8941	Eigenverbrauch 7 % USt, Aufwendungen i.S.d. § 4 Abs. 5 Nr. 1-7 EStG, Abs. 7 EStG, § 1 Abs. 1 Nr. 2c UStG
		R 8942 -43	
		8944	Eigenverbrauch ohne USt, Aufwendungen i.S.d. § 4 Abs. 5 Nr. 1-7 EStG, Abs. 7 EStG, § 1 Abs. 1 Nr. 2c UStG
	U	AM 8945	Unentgeltliche Leistungen von Gesellschaften an Gesellschafter 16 % USt nach § 1 Abs. 1 Nr. 3 UStG
	U	AM 8946	Unentgeltliche Leistungen von Gesellschaften an Gesellschafter 7 % USt nach § 1 Abs. 1 Nr. 3 UStG
		R 8947 -48	
		8949	Unentgeltliche Leistungen von Gesellschaften an Gesellschafter ohne USt nach § 1 Abs. 1 Nr. 3 UStG
Umsatzerlöse		8950	Nicht steuerbare Umsätze
		8955	Umsatzsteuervergütungen
Erhöhung des Bestands an fertigen und unfertigen Erzeugnissen oder *Verminderung des Bestands an fertigen und unfertigen Erzeugnissen*		**8960**	**Bestandsveränderungen – unfertige Erzeugnisse**
		8970	**Bestandsveränderungen – unfertige Leistungen**
Erhöhung des Bestands in Ausführung befindlicher Bauaufträge oder *Verminderung des Bestands in Ausführung befindlicher Bauaufträge*		**8975**	**Bestandsveränderungen – in Ausführung befindliche Bauaufträge**
Erhöhung des Bestands in Arbeit befindlicher Aufträge oder *Verminderung des Bestands in Arbeit befindlicher Aufträge*		**8977**	**Bestandsveränderungen – in Arbeit befindliche Aufträge**

GuV-Posten[2]	Programmverbindung[4]	8 Erlöskonten	Bilanz-Posten[2]	Programmverbindung[4]	9 Vortragskonten – Statistische Konten
Erhöhung des Bestands an fertigen und unfertigen Erzeugnissen oder *Verminderung des Bestands an fertigen und unfertigen Erzeugnissen*		**8980 Bestandsveränderungen – fertige Erzeugnisse**			KU 9000-9999
					Vortragskonten
					S 9000 Saldenvorträge, Sachkonten
					F 9001 -07 Saldenvorträge, Sachkonten
					S 9008 Saldenvorträge, Debitoren
					S 9009 Saldenvorträge, Kreditoren
					F 9060 Offene Posten aus 1990
Andere aktivierte Eigenleistungen		**8990 Andere aktivierte Eigenleistungen**			**F 9069 Offene Posten aus 1999**[1]
					F 9085 Offene Posten aus 1985
					F 9086 Offene Posten aus 1986
					F 9087 Offene Posten aus 1987
					F 9088 Offene Posten aus 1988
					F 9089 Offene Posten aus 1989
					F 9090 Summenvortragskonto
					F 9091 Offene Posten aus 1991
					F 9092 Offene Posten aus 1992
					F 9093 Offene Posten aus 1993
					F 9094 Offene Posten aus 1994
					F 9095 Offene Posten aus 1995
					F 9096 Offene Posten aus 1996
					F 9097 Offene Posten aus 1997
					F 9098 Offene Posten aus 1998
					Statistische Konten für Betriebswirtschaftliche Auswertungen (BWA)
					F 9101 Verkaufstage
					F 9102 Anzahl der Barkunden
					F 9103 Beschäftigte Personen
					F 9104 Unbezahlte Personen
					F 9105 Verkaufskräfte
					F 9106 Geschäftsraum m^2
					F 9107 Verkaufsraum m^2
					F 9108 Veränderungsrate positiv
					F 9109 Veränderungsrate negativ
					F 9110 Plan-WE (in Prozent)
					9120 Erweiterungsinvestitionen
					F 9130 -31 [7]
					9135 Auftragseingang im Geschäftsjahr
					9140 Auftragsbestand
					F 9190 Gegenkonto für statistische Mengeneinheiten Konten 9101-9110
					9199 Gegenkonto zu Konten 9120, 9135-9140
					Statistische Konten für den Kennzifferntell der Bilanz
					F 9200 Beschäftigte Personen
					F 9201 -08 [7]
					F 9209 Gegenkonto zu 9200
					9210 Produktive Löhne
					9219 Gegenkonto zu 9210
					Statistische Konten zur informativen Angabe des gezeichneten Kapitals in anderer Währung
			Gezeichnetes Kapital in DM		F 9220 Gezeichnetes Kapital in DM (Art. 42 Abs. 3 S. 1 EGHGB)[1]
			Gezeichnetes Kapital in Euro		F 9221 Gezeichnetes Kapital in Euro (Art. 42 Abs. 3 S. 2 EGHGB)[1]
					F 9229 Gegenkonto zu 9220-9221[1]
					Passive Rechnungsabgrenzung
					9230 Baukostenzuschüsse
					9232 Investitionszulagen
					9234 Investitionszuschüsse
					9239 Gegenkonto zu Konten 9230-9238

Bilanz-Posten[2]	Programmverbindung[4]	9 Vortragskonten – Statistische Konten	
		9240	Investitionsverbindlichkeiten bei den Leistungsverbindlichkeiten
		9244	Gegenkonto zu Konto 9240
		9245	Forderungen aus Anlagenverkäufen bei sonstigen Vermögensgegenständen
		9249	Gegenkonto zu Konto 9245
			Eigenkapitalersetzende Gesellschafterdarlehen
		9250	Eigenkapitalersetzende Gesellschafterdarlehen
		9255	Ungesicherte Gesellschafterdarlehen mit Restlaufzeit größer 5 Jahre
		9259	Gegenkonto zu 9250 und 9255
			Aufgliederung der Rückstellungen
		9260	Kurzfristige Rückstellungen
		9262	Mittelfristige Rückstellungen
		9264	Langfristige Rückstellungen, außer Pensionen
		9269	Gegenkonto zu Konten 9260-9268
			Statistische Konten für in der Bilanz auszuweisende Haftungsverhältnisse
		9270	Gegenkonto zu 9271-9278 (Sollbuchung)
		9271	Verbindlichkeiten aus der Begebung und Übertragung von Wechseln
		9272	Verbindlichkeiten aus der Begebung und Übertragung von Wechseln gegenüber verbundenen Unternehmen
		9273	Verbindlichkeiten aus Bürgschaften, Wechsel- und Scheckbürgschaften
		9274	Verbindlichkeiten aus Bürgschaften, Wechsel- und Scheckbürgschaften gegenüber verbundenen Unternehmen
		9275	Verbindlichkeiten aus Gewährleistungsverträgen
		9276	Verbindlichkeiten aus Gewährleistungsverträgen gegenüber verbundenen Unternehmen
		9277	Haftung aus der Bestellung von Sicherheiten für fremde Verbindlichkeiten
		9278	Haftung aus der Bestellung von Sicherheiten für fremde Verbindlichkeiten gegenüber verbundenen Unternehmen
			Statistische Konten für die im Anhang anzugebenden sonstigen finanziellen Verpflichtungen
		9280	Gegenkonto zu 9281-9284
		9281	Verpflichtungen aus Miet- und Leasingverträgen
		9282	Verpflichtungen aus Miet- und Leasingverträgen gegenüber verbundenen Unternehmen
		9283	Andere Verpflichtungen gem. § 285 Nr. 3 HGB
		9284	Andere Verpflichtungen gem. § 285 Nr. 3 HGB gegenüber verbundenen Unternehmen
		F 9300 -20	[7]
		F 9326 -43	[7]
		F 9346 -49	[7]
		F 9357 -60	[7]
		F 9365 -67	[7]
		F 9371 -72	[7]
		F9399	[7]

Bilanz-Posten[2]	Programmverbindung[4]	9 Konten D-Markbilanz	
Ausstehende Einlagen gem. § 26 Abs. 3 des D-Markbilanzgesetzes		9410	Ausstehende Einlagen gem. § 26 Abs. 3 DMBilG nicht eingefordert (Aktivausweis)
		9411	Ausstehende Einlagen gem. § 26 Abs. 3 DMBilG eingefordert (Aktivausweis)
Aufwendungen für die Ingangsetzung und Erweiterung des Geschäftsbetriebs gem. § 31 Abs. 1 Nr. 2 des D-Markbilanzgesetzes		9413	Aufwendungen für die Ingangsetzung und Erweiterung des Geschäftsbetriebs gem. § 31 Abs. 1 Nr. 2 DMBilG
Nichtentgeltlich erworbene immaterielle Vermögensgegenstände gem. § 31 Abs. 1 Nr. 1 des D-Markbilanzgesetzes		9415	Nichtentgeltlich erworbene immaterielle Vermögensgegenstände gem. § 31 Abs. 1 Nr. 1 DMBilG
Grundstücke, grundstücksgleiche Rechte und Bauten einschließlich der Bauten auf fremden Grundstücken		9416	Nutzungsrechte gem. § 9 Abs. 3 Satz 2 DMBilG
Forderungen gegen verbundene Unternehmen aus Ausgleichsverbindlichkeiten gem. § 25 des D-Markbilanzgesetzes		9420	**Forderungen gegen verbundene Unternehmen aus Ausgleichsverbindlichkeiten gem. § 25 DMBilG**
		9421	- Restlaufzeit bis 1 Jahr
		9422	- Restlaufzeit größer 1 Jahr
Eingeforderte Einlagen gem. § 26 Abs. 3 des D-Markbilanzgesetzes		9426	Eingeforderte Einlagen gem. § 26 Abs. 3 DMBilG
Ausgleichsforderungen gem. § 24 des D-Markbilanzgesetzes		9427	**Ausgleichsforderungen gem. § 24 DMBilG**
		9428	- Restlaufzeit bis 1 Jahr
		9429	- Restlaufzeit größer 1 Jahr
Forderungen nach dem VermG gem. § 7 Abs. 6 DMBilG		9430	Forderungen nach dem VermG gem. § 7 Abs. 6 DMBilG
		9431	- Restlaufzeit bis 1 Jahr
		9432	- Restlaufzeit größer 1 Jahr
Vermögensvorteile gem. § 31 Abs. 1 Nr. 3 des D-Markbilanzgesetzes		9433	Vermögensvorteile gem. § 31 Abs. 1 Nr. 3 DMBilG
Kapitalentwertungskonto gem. § 26 Abs. 4 und § 28 Abs. 1 des D-Markbilanzgesetzes		9434	**Kapitalentwertungskonto**
		9435	Kapitalentwertungskonto gem. § 28 Abs. 1 DMBilG
		9436	Kapitalentwertungskonto gem. § 26 Abs. 4 DMBilG

Seite 18

Bilanz-Posten[2]	Programmverbindung[4]	9 Konten D-Markbilanz
Sonderverlustkonto aus Rückstellungsbildung gem. § 17 Abs. 4 des D-Markbilanzgesetzes		9438 Sonderverlustkonto aus Rückstellungsbildung gem. § 17 Abs. 4 DMBilG
Beteiligungsentwertungskonto gem. § 24 Abs. 5 des D-Markbilanzgesetzes		9440 Beteiligungsentwertungskonto gem. § 24 Abs. 5 DMBilG
Vorläufige Gewinnrücklage gem. § 31 Abs. 1 des D-Markbilanzgesetzes		9445 Vorläufige Gewinnrücklage gem. § 31 Abs. 1 DMBilG
Sonderrücklage gem. § 7 Abs. 6 des D-Markbilanzgesetzes		9446 Sonderrücklage gem. § 7 Abs. 6 Satz 2 DMBilG
Sonderrücklage gem. § 17 Abs. 4 des D-Markbilanzgesetzes		9447 Sonderrücklage gem. § 17 Abs. 4 Satz 3 DMBilG
Sonderrücklage gem. § 24 Abs. 5 des D-Markbilanzgesetzes		9448 Sonderrücklage gem. § 24 Abs. 5 Satz 3 DMBilG
Sonderrücklage gem. § 27 Abs. 2 des D-Markbilanzgesetzes		9449 Sonderrücklage gem. § 27 Abs. 2 Satz 3 DMBilG
Sonstige Rückstellungen		9450 Rückstellungen für Umweltbeeinträchtigungen gem. § 17 Abs. 2a DMBilG
Nachrangiges Kapital gem. § 16 Abs. 3 des D-Markbilanzgesetzes		9451 Nachrangiges Kapital gem. § 16 Abs. 3 Satz 2 DMBilG
Berichtigung von Wertansätzen gem. § 36 des D-Markbilanzgesetzes		Berichtigung von Wertansätzen gem. § 36 DMBilG 9453 - Erhöhung der Aktivposten 9454 - Verminderung der Aktivposten 9455 - Erhöhung der Passivposten 9456 - Verminderung der Passivposten

Bilanzposten/ GuV-Posten[2]	Programmverbindung[4]	9 Konten D-Markbilanz
Verbindlichkeiten gegenüber verbundenen Unternehmen aus Ausgleichsforderungen gem. § 24 des D-Markbilanzgesetzes		9457 **Verbindlichkeiten gegenüber verbundenen Unternehmen aus Ausgleichsforderungen gem. § 24 DMBilG** 9458 - Restlaufzeit bis 1 Jahr 9459 - Restlaufzeit 1 bis 5 Jahre 9460 - Restlaufzeit größer 5 Jahre
Verbindlichkeiten gegenüber verbundenen Unternehmen gem. § 26 des D-Markbilanzgesetzes		9462 **Verbindlichkeiten gegenüber verbundenen Unternehmen gem. § 26 DMBilG** 9463 - Restlaufzeit bis 1 Jahr 9464 - Restlaufzeit 1 bis 5 Jahre 9465 - Restlaufzeit größer 5 Jahre
Ausgleichsverbindlichkeiten gem. § 25 Abs. 1 des D-Markbilanzgesetzes		9467 **Ausgleichsverbindlichkeiten gem. § 25 Abs. 1 DMBilG** 9468 - Restlaufzeit bis 1 Jahr 9469 - Restlaufzeit 1 bis 5 Jahre 9470 - Restlaufzeit größer 5 Jahre
Verbindlichkeiten nach dem VermG gem. § 7 Abs. 6 DMBilG		9472 Verbindlichkeiten nach dem VermG gem. § 7 Abs. 6 DMBilG 9473 - Restlaufzeit bis 1 Jahr 9474 - Restlaufzeit 1 bis 5 Jahre 9475 - Restlaufzeit größer 5 Jahre
Verbindlichkeiten aus Rückzahlungsverpflichtungen gem. § 17 Abs. 4a DMBilG		9476 Verbindlichkeiten aus Rückzahlungsverpflichtungen gem. § 17 Abs. 4a DMBilG 9477 - Restlaufzeit bis 1 Jahr 9478 - Restlaufzeit 1 bis 5 Jahre 9479 - Restlaufzeit größer 5 Jahre
Auflösung Kapitalentwertungskonto		9480 Auflösung Kapitalentwertungskonto gem. § 28 Abs. 2 Satz 4 DMBilG
Entnahmen aus vorläufigen Gewinnrücklagen	K	9481 Entnahmen aus vorläufigen Gewinnrücklagen gem. § 31 Abs. 6 DMBilG
Entnahmen aus Sonderrücklagen	K	9482 Entnahmen aus Sonderrücklagen
Sonstige betriebliche Erträge		9486 Abschreibungen auf Ausgleichsforderungen gem. DMBilG 9487 Erträge aus der Auflösung von Rückstellungen gem. DMBilG

Bilanz-Posten[2]	Programmverbindung[4]	9 Vortragskonten – Statistische Konten
		Statistische Konten für die Kapitalkontenentwicklung
		9500 Anteil für Konto 0900-09
		-09 Teilhafter
		9510 Anteil für Konto 0910-19
		-19 Teilhafter
		9520 Anteil für Konto 0920-29
		-29 Teilhafter
		9530 Anteil für Konto 0830-39
		-39 Teilhafter
		9540 Anteil für Konto 0810-19
		-49 Vollhafter
		9570 Anteil für Konto 0870-79
		-79 Vollhafter
		9580 Anteil für Konto 0880-89
		-89 Vollhafter
		9590 Anteil für Konto 0890-99
		-99 Vollhafter
		9600 Name des Gesellschafters
		-09 Vollhafter
		9610 Tätigkeitsvergütung
		-19 Vollhafter
		9620 Tantieme
		-29 Vollhafter
		9630 Darlehensverzinsung
		-39 Vollhafter
		9640 Gebrauchsüberlassung
		-49 Vollhafter
		9650 Sonstige Vergütungen
		-89 Vollhafter
		9690 Restanteil
		-99 Vollhafter
		9700 Name des Gesellschafters
		-09 Teilhafter
		9710 Tätigkeitsvergütung
		-19 Teilhafter
		9720 Tantieme
		-29 Teilhafter
		9730 Darlehensverzinsung
		-39 Teilhafter
		9740 Gebrauchsüberlassung
		-49 Teilhafter
		9750 Sonstige Vergütungen
		-89 Teilhafter
		9790 Restanteil
		-99 Teilhafter
		9800 Lösch- und Korrekturschlüssel
		9801 Lösch- und Korrekturschlüssel
		9890 Statistisches Konto für passive Lohnveredelung
		9899 Gegenkonto zu 9890
		Personenkonten:
Sollsalden: Forderungen aus Lieferungen und Leistungen / *Habensalden: Sonstige Verbindlichkeiten*		10000 -69999 Debitoren
Habensalden: Verbindlichkeiten aus Lieferungen und Leistungen / *Sollsalden: Sonstige Vermögensgegenstände*		70000 -99999 Kreditoren

Erläuterungen zu den Bezeichnungen über den Kontenklassen und vor den fest vergebenen Konten:

KU Keine Errechnung der Umsatzsteuer möglich
V Zusatzfunktion „Vorsteuer"
M Zusatzfunktion „Umsatzsteuer"
AV Automatische Errechnung der Vorsteuer
AM Automatische Errechnung der Umsatzsteuer
S Sammelkonten
F Konten mit allgemeiner Funktion
R Diese Konten dürfen erst dann bebucht werden, wenn ihnen eine andere Funktion zugeteilt wurde.

1) Konto für das Buchungsjahr 1999 neu eingeführt
2) Bilanz- und GuV-Posten große Kapitalgesellschaft GuV-Gesamtkostenverfahren Tabelle S4003
3) Diese Konten können mit BU-Schlüssel 10 bebucht werden. Das EG-Land und der ausländische Steuersatz werden über das EG-Fenster eingegeben.
4) Kontenbezogene Kennzeichnung der Programmverbindung in PC-BILANZ zu UStE VB (U), GewSt VB (G) und KSt VB(K)
5) Programmseitige Reduzierung des vollen Betrags auf die gewerbesteuerlich relevante Hälfte
6) Konto 1769 wurde auf Konto 1754 verlegt
7) Diese Konten werden für die BWA-Formen 03, 10 und 70 mit statistischen Mengeneinheiten bebucht und wurden mit der Umrechnungssperre, Funktion 18000 belegt.

Bedeutung der Steuerschlüssel:

1 Umsatzsteuerfrei (mit Vorsteuerabzug)
2 Umsatzsteuer 7 %
3 Umsatzsteuer 16 %
4 gesperrt
5 Umsatzsteuer 15 %
6 gesperrt
7 Vorsteuer 15 %
8 Vorsteuer 7 %
9 Vorsteuer 16 %

Bedeutung der Berichtigungsschlüssel:

1 Steuerschlüssel bei Buchungen mit einem EG-Tatbestand ab Buchungsjahr 1993
2 Generalumkehr
3 Generalumkehr bei aufzuteilender Vorsteuer
4 Aufhebung der Automatik
5 Individueller Umsatzsteuer-Schlüssel
6 Generalumkehr bei Buchungen mit einem EG-Tatbestand ab Buchungsjahr 1993
7 Generalumkehr bei individuellem Umsatzsteuer-Schlüssel
8 Generalumkehr bei Aufhebung der Automatik
9 Aufzuteilende Vorsteuer

Erläuterungen zur Kennzeichnung von Konten für die Programmverbindung zwischen PC-Bilanz und Steuerprogrammen:

Die Erweiterung des Standardkontenrahmens um zusätzliche Konten und besondere Kennzeichen verbessert weiter die Integration der DATEV-Programme und erleichtert die Arbeit für Anwender von PC-Bilanz, die gleichzeitig DATEV-Steuerprogramme nutzen. Steuerliche Belange können bereits während des Kontierens stärker berücksichtigt werden.

In der Spalte Programmverbindung werden die Konten gekennzeichnet, die über die Schnittstelle in PC-Bilanz an das entsprechende Steuerprogramm UStE VB (U), GewSt VB (G) und KSt VB (K) weitergegeben und an entsprechender Stelle der Steuerberechnung zugrundegelegt werden.

Die Kennzeichnung „G" und „K" an Standardkonten umfaßt für die Weitergabe an GewSt VB und KSt VB auch die nachfolgenden Konten bis zum nächsten standardmäßig belegten Konto. Die Kennzeichnung „U" an Standardkonten stellt die Weitergabe an UStE VB dar. Kontenbereiche werden nur weitergegeben, wenn sie im Standardkontenrahmen ausgewiesen sind (z. B. AM 8400-09).

Wegen der über weite Bereiche geschlossenen Kontenabfrage für VSt VB wird auf eine einzelne Kennzeichnung verzichtet. An VSt VB werden folgende Bereiche an Aktiv- und Passivkonten weitergegeben:

0010-0799
0810-0819
0830-0838
0934-0934
0938-0938
0940-0940
0950-0982
0984-0991
0996-1799
3970-3989
7000-7999.

Nicht gekennzeichnet sind solche Konten, die lediglich eine rechnerische Hilfsfunktion im steuerlichen Sinne ausüben wie Löhne und Gehälter sowie Umsätze für die Berechnung des zulässigen Spendenabzugs im Rahmen von GewSt VB und KSt VB.

Abgebildet wird mit den Kennzeichen die Programmverbindung, nicht der steuerliche Ursprung. Die GewSt-Berechnung für Körperschaften ist in das Produkt KSt VB integriert. Daher ist an Konten mit gewerbesteuerlichem Merkmal auch ein „K" für diese Programmverbindung zu finden.

Abkürzungsverzeichnis

AfA	Absetzung für Abnutzung
AO	Abgabenordnung
BewG	Bewertungsgesetz
BFH	Bundesfinanzhof
BMF	Bundesministerium für Finanzen
BWA	Betriebswirtschaftliche Auswertung/Übersicht
EStG	Einkommensteuergesetz
EStR	Einkommensteuerrichtlinien
GbR	Gesellschaft des bürgerlichen Rechts
GewStG	Gewerbesteuergesetz
GmbH	Gesellschaft mit beschränkter Haftung
GoB	Grundsätze ordnungsgemäßer Buchführung
GoS	Grundsätze ordnungsgemäßer Speicherbuchführung
GuV	Gewinn-und-Verlust-Rechnung
GwG	Geringwertige Wirtschaftsgüter
HGB	Handelsgesetzbuch
KG	Kapitalgesellschaft
KStG	Körperschaftsteuergesetz
LStDV	Lohnsteuerdurchführungsverordnung
MwSt.	Mehrwertsteuer
oHG	offene Handelsgesellschaft
USt.	Umsatzsteuer
UStDV	Umsatzsteuerdurchführungsverordnung
UStG	Umsatzsteuergesetz

Wichtiger Hinweis

Alle Angaben in diesem Buch beruhen auf den bis Redaktionsschluss vorliegenden Informationen und wurden nach bestem Wissen und Gewissen gemacht. Bei allen Ratschlägen wurde darauf geachtet, dass sie sich im Einklang mit Rechtsprechung und geltenden Vorschriften befinden. Wegen der auf den Einzelfall oft nicht übertragbaren Umstände kann jedoch von Autoren, Produzenten, Redaktion oder Verlag keine Haftung für eventuelle Schäden übernommen werden, die aus den im Buch gegebenen HInweisen resultieren.

Konzeption und Realisation: Livingston Media, 20148 Hamburg

Redaktion: Cornelia Osterbrauck
Projektleitung: Antje Eszerski
Redaktionsleitung: Dr. Reinhard Pietsch
Umschlag: Till Eiden
Herstellung: H + G Lidl, München
DTP/Satz: Fotosatz Völkl, Puchheim
Printed in Italy

Gedruckt auf chlor- und säurefreiem Papier

ISBN 3-517-07850-6

Register